科技创新与人工智能法治发展系列丛书

本书受到"中央高校基本科研业务费专项资金"、
科技部"科技进步中知识产权问题研究"课题
和中国科学院学部科技与法治研究支撑中心的共同支持。

新科技革命、人工智能与知识产权制度的完善

尹锋林　著

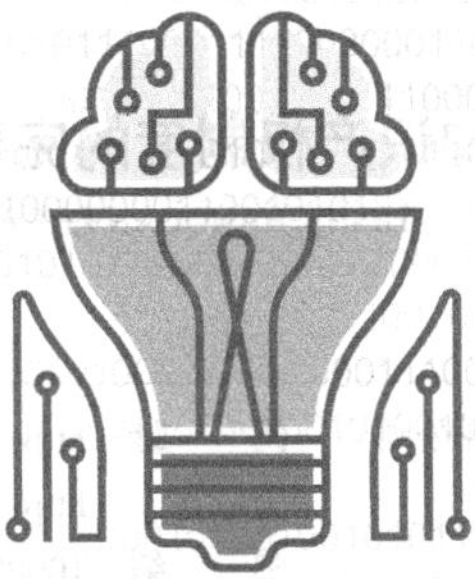

知识产权出版社
全国百佳图书出版单位
—北京—

图书在版编目（CIP）数据

新科技革命、人工智能与知识产权制度的完善 / 尹锋林著 . -- 北京：知识产权出版社，2021.8（2023.2 重印）

ISBN 978-7-5130-7641-8

Ⅰ . ①新… Ⅱ . ①尹… Ⅲ . ①新科技革命—影响—知识产权制度—研究—中国 ②人工智能—影响—知识产权制度—研究—中国 Ⅳ . ① D923.404-39

中国版本图书馆 CIP 数据核字（2021）第 153176 号

内容提要

本书分析了新科技革命对著作权制度、专利制度、商标制度的影响、挑战及相关实践，讨论了人工智能时代知识产权制度的未来发展趋势，不仅具有理论意义，而且在我国创新驱动发展战略的实施和经济转型升级等方面具有重要实践价值。

责任编辑：龚　卫　　**责任印制：刘译文**
执行编辑：吴　烁　　**封面设计：北京乾达文化艺术有限公司**

新科技革命、人工智能与知识产权制度的完善

XINKEJI GEMING、RENGONGZHINENG YU ZHISHICHANQUAN ZHIDU DE WANSHAN

尹锋林　著

出版发行：知识产权出版社 有限责任公司　　网　址：http：//www.ipph.cn
电　话：010-82004826　　http：//www.laichushu.com
社　址：北京市海淀区气象路50号院　　邮　编：100081
责编电话：010-82000860转8120　　责编邮箱：laichushu@cnipr.com
发行电话：010-82000860转8101　　发行传真：010-82000893
印　刷：北京中献拓方科技发展有限公司　　经　销：各大网上书店、新华书店及相关书店
开　本：880mm × 1230mm　1/32　　印　张：8.75
版　次：2021年8月第1版　　印　次：2023年2月第2次印刷
字　数：220千字　　定　价：48.00元

ISBN 978-7-5130-7641-8

自序

知识产权制度是科技发展和市场经济的产物，科技的发展与知识产权制度的发展相伴相随。当前，我国和世界其他各国知识产权制度的主要基础仍然是《保护工业产权巴黎公约》（1967 年文本，以下简称《巴黎公约》）和《保护文学艺术作品伯尔尼公约》（1971 年文本，以下简称《伯尔尼公约》）。《与贸易有关的知识产权协议》（以下简称《Trips 协议》）亦是全球基础性的知识产权国际公约，但《Trips 协议》的主要条款仍然以《巴黎公约》和《伯尔尼公约》为基础。在 21 世纪六七十年代，世界尚处于电气技术时代，《巴黎公约》和《伯尔尼公约》在此时产生，主要是为了适应电气技术时代的挑战。目前，各国知识产权保护制度和保护标准基本上都是以《巴黎公约》和《伯尔尼公约》为标准，除了在著作权方面有为了适应网络技术的发展而进行的调整之外，其他方面调整较少。

进入 21 世纪以来，人类正在进入一个新科技革命时代，全球科技创新进入空前密集活跃的时期，新科技革命和产业变革正在重构全球创新版图、重塑全球经济结构。我国与世界的科技进步正在从电气技术时代发展到以信息网络与人工智能为代表的新科技革命时代，在电气时代形成并适用于电气时代的知识产权制度，必然会在以信息网络与人工智能为代表的新科技革命时代遇到种种挑战和困难。例如，对人工智能生成物或人工智能发明创造是否应给予著作权保护或专利权保护，不仅理论界在进行深入讨论，世界知识产权组织及实务界亦愈来愈加以关注。

随着新科技革命的发展，新科技成果在知识产权工作中广泛应用。科技发展在对知识产权制度带来挑战的同时，也给知识产权工作和知识产权制度带来新的机遇和活力。特别是信息网络技术、人工智能技术和区块链、时间戳技术，在知识产权申请、审查、注册、授权、保护、运用等工作中的应用越来越广泛，对于提高知识产权工作的服务质量和效率具有重要作用。同时，由于这些新技术在知识产权工作中应用范围和程度的加大，极有可能对知识产权制度产生颠覆性影响。因此，研究新科技革命对知识产权制度所造成的挑战和新科技应用给知识产权工作带来的机遇，不仅具有理论价值，而且在我国创新驱动发展战略的实施和经济转型升级等方面具有重要实践价值。

本书的研究和出版得益于很多领导、专家、学者和有关专业人士的帮助和支持。首先，特别感谢中国科学院大学公共政策与管理学院法律与知识产权系李顺德教授。李老师学识渊博，为人谦和，在他的言传身教下，法律与知识产权系形成了一个和谐融洽、创新进取的知识产权研究团队。同时，感谢中国科学院大学公共政策与管理学院方新、穆荣平、叶中华、霍国庆、陈建明、王海燕、刘云、邢丽、闫文军、罗先觉、唐素琴、张艳、刘朝、李玲娟、张亚峰等领导和同志，感谢中国科学院科技战略咨询研究院刘海波、段异兵、宋河发、樊春良、温柯、肖尤丹等同志，感谢知识产权出版社龚卫编辑。另外，我的学生张嘉荣、曹鹏飞、李野、阎涵、麦迪娜、赵旖鑫、齐劲沣、王晓卉亦对本书提供了大量的帮助和支持，在此对他们表示感谢；同时，还要对虽未提及尊名但曾在学术或教学上给我提供帮助和支持的各位领导和学者一并表示感谢!

尹锋林

2021年3月15日

目录

第一章

知识产权视角下新科技革命的主要特征

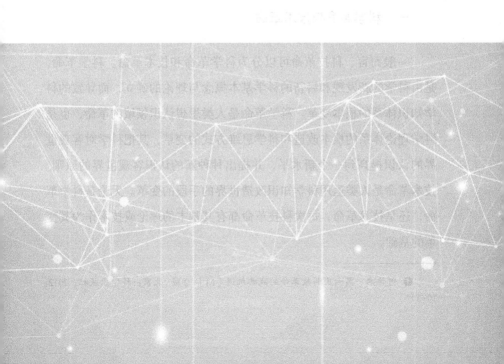

知识产权是权利人依法对其权利客体（智力成果）的某种方式的利用所享有的排他性的权利。知识产权制度是国家通过市场的方式对创新资源进行配置，并以市场的方式对创新者进行回馈的制度设计。因此，知识产权制度既是市场经济发展的产物，也是科技创新发展的历史需要。进入21世纪以来，在经历了五次科技革命的基础上，全球正在孕育并开始爆发新一轮的科技革命。[1]不同经济、科技发展水平和阶段，需要不同的知识产权制度与其相适应。为了适应和完善与当前科技发展水平相适应的知识产权制度，从知识产权视角分析新科技革命的主要特征就变得至关重要。

第一节　人工智能、信息网络技术与新科技革命

一、科学革命与技术革命

一般而言，科技革命可以分为科学革命和技术革命。科学革命，是由科学的新发现和崭新的科学基本概念与理论的确立，而导致的科学知识体系的根本变革。科学革命是人类思想认识领域的革命，也是科学理论体系的根本改造和科学思维方式的变革，其把科学对客观世界的认识提高到一个新水平，并提出种种新的认识客观世界的原则。技术革命是人类运用科学知识改造世界的手段的变革。无论是科学革命，还是技术革命，每次科技革命都有其基本的理论或技术作为其变革的基础。

---

[1] 何传启. 第六次科技革命的战略机遇［M］. 2版. 北京：科学出版社，2012：10-11.

例如，16—17 世纪近代物理学、天文学、生物学、医学及化学的确立和发展，通常被认为是人类历史上的第一次科学革命；20 世纪初期初步形成和发展起来以相对论和量子力学为基础的对宇宙事物的新认识则被认为是第二次科学革命。通常认为，人类已经经过了 18 世纪以蒸汽机技术为基础的第一次技术革命、19 世纪以电气技术为主导的第二次技术革命和 20 世纪以信息技术为主导的第三次技术革命。

与此同时，科技革命与经济和产业变革相伴而生。经济和产业的科技需求是引发科技革命的内生动力；而科学革命或技术革命的成果则会推动经济和产业的创新与发展。例如，19 世纪的电气技术革命，引发了电气化产业革命，形成并发展了电力、石化、钢铁、汽车和家电等多个产业。[1]因此，科技革命不仅与人类认识世界和改造世界的能力密切相关，而且与人类社会经济发展高度关联。

二、新科技革命的基础技术——信息网络技术与人工智能

进入 21 世纪以来，全球科技创新进入空前密集活跃的时期，新一轮科技革命和产业变革正在重构全球创新版图、重塑全球经济结构。以人工智能、量子信息、移动通信、物联网、区块链为代表的新一代信息技术加速突破应用，以合成生物学、基因编辑、脑科学、再生医学等为代表的生命科学领域孕育新的变革，融合机器人、数字化、新材料的先进制造技术正在加速推进制造业向智能化、服务化、绿色化转型，以清洁高效可持续为目标的能源技术加速发展将引发全球能源变革，空间和海洋技术正在拓展人类生存发展新疆域。

---

[1] 何传启．新科技革命引发新产业革命［A］// 新型工业化与工业现代化——第十三期中国现代化研究论坛论文集［C］. 2015：157-158.

在新科技革命过程中，有两项技术是本轮新科技革命的基础和核心：一是信息网络技术；二是人工智能技术。信息网络技术和人工智能技术，尤其是人工智能技术，既是新科技革命中需要进一步研发的重点，也是进行其他基础研究或应用研究的基础性工具。质言之，新科技革命中的其他科技领域，无论是致力于重大科学发现的基础研究，还是致力于产业应用的应用性研究，无论是物理、化学、数学，还是天文、地理、生物、医学等学科，在进行研究和产业应用时，均已经离不开信息网络技术和人工智能技术的支撑。如果人工智能技术或信息网络技术有了突破性的发展，那么仅仅将这些技术应用于其他技术领域研发之中，就有可能在其他技术领域产生创造性的成果。

当前，人工智能技术已经在药物挖掘和化合物筛选中开展应用，并且取得了理想的效果。例如，通过使用人工智能技术可以从大量的科学论文、专利文献、临床试验信息和非结构化信息中提取与目标技术领域相关联的有价值的信息，并对之进一步进行深度学习和优化分析，进而获得具有创造性的技术方案。2016 年，乐施人工智能公司（Benevolent AI）曾通过人工智能算法在一周内确定了 5 种药物，用于治疗肌萎缩侧索硬化。乐施人工智能公司还使用人工智能算法建模来确认化合物对睡眠的潜在影响，这是解决帕金森病相关嗜睡症状的一大机会。该公司目前的药物研发产品组合表明，可以将早期药物研发的时间缩短 4 年，并有可能在整个药物研发过程中将药物研发的平均效率提高 60%。[1] 当然，人工智能技术在辅助人类进行文学、艺术等领域的创作更是目前比较常见的应用。

与之前的科技革命相比，由于新科技革命中人工智能技术的快速

---

[1] 刘伯炎，王群，徐俐颖，等．人工智能技术在医药研发中的应用［J］．中国新药杂志，2020，29（17）：1979-1986.

发展和广泛应用，新科技革命更注重解放人的脑力劳动。之前的科技革命所引起的产业革命，如其所创造、发展的制造业、采掘业、建筑业和公共工程、水电油气、医药制造、交通运输等产业，其主要目的均在于解放人的双手，减轻人的体力劳动。而人工智能技术，则可以在一定程度上减轻人的脑力劳动，解放人的大脑。例如，利用人工智能技术进行自动的药物或化合物的筛选、利用人工智能技术进行作品的创造，这些均可以大大降低人的脑力劳动强度。因此，从这个意义来讲，本轮新科技革命与之前的科技革命具有本质的不同。而知识产权制度的主要目的就在于保护人类的智力劳动成果，在人工智能技术已经一定程度地替代人的脑力劳动的新科技革命时代，如何保护人类智力劳动成果，则是知识产权制度必须加以回应的一个问题。

第二节　集成创新、二次创新与新科技革命

一、原始创新、集成创新与引进消化吸收再创新

根据科技创新的原创性或创造性程度，一个国家的科技创新成果可以分为三种类型：一是原始创新，二是集成创新，三是引进消化吸收再创新。原始创新，是指前所未有的重大科学发现、技术发明、原理性主导技术等创新成果。例如，新的科学理论、科学规律；全新的技术、产品、方法等。集成创新，是指通过对各种现有技术的有效集成，形成有市场竞争力的产品或者新兴产业。与原始创新相比，集成创新的主要特点在于其所使用的各个单项技术并非原创的，而是都已经存在的。引进消化吸收再创新，是指在引进国内外先进技术、装备

的基础上，学习、分析、借鉴，进行再创新，在国内形成新技术、新产品。引进消化吸收再创新注重对外部知识的学习，在学习过程中不断增强自我的“消化吸收”能力，将外部知识转化为内在的创新积累及创新能力提升。[1]

从本质上讲，集成创新与引进消化吸收再创新在性质上是相同或相似的，二者均是主要利用已有成果进行创新，只不过二者强调的侧重点不相同而已。集成创新强调的是对现有技术的系统集成；而引进消化吸收再创新则强调的是从国外向国内引进技术并消化吸收适应国内的具体情况，并且引进消化吸收再创新也必须对国外和国内已有的技术进行系统集成，才能达到实用效果。因此，从这个意义上讲，集成创新和引进消化吸收再创新，也都可以被称为“二次创新”。

同时，还需要注意的是，即使是原始创新成果，也都是在原有科学技术智力成果的基础上作出的。例如，相对论是人类关于时空和引力认识的“全新”理论，属于公认的原始创新成果，但即使这个“全新”的理论，也是建立在当时已经存在的经典物理学、高等数学等智力成果基础之上的。所以，原始创新与集成创新、引进消化吸收再创新或二次创新相比，其不同点主要在于原始创新成果的创造性高度更高、更意想不到；而集成创新、引进消化吸收再创新或二次创新，相对应原始创新而言，其创造性高度较低，其大致方向和内容在一定程度上是可以预见的。比如，在人工智能技术有了快速发展之后，那么，对于人工智能技术在商标审查、专利检索和审查等工作中应用及相关新系统或新产品的出现，均是可以预测到的。这些新系统或新产品，亦是集成已有人工智能技术、信息技术等技术所形成的，属于集成创新或二次创新。

[1] 徐淑琴．原始创新、集成创新和引进消化吸收再创新［J］．广东科技，2013，22（17）：31.

二、以集成创新或二次创新为主的新科技革命

进入21世纪的新科技革命本质上是20世纪科技革命的延续和发展。融合是当今科技与经济发展普遍存在的一种趋势与现象。从科技自身发展及其与产业的发展角度来说，融合推动着学科交叉互涉、技术关联互动、产业相互影响，推动着产业组织方式及产业结构、产业地区布局等发生变化，推动着科技创新和经济社会全面发展。[1]

在当前科技革命过程中，人工智能技术、信息技术与传统技术领域的创新与研发进行融合，物联网、区块链、生物学、基因编辑、脑科学、再生医学均是上述融合的产物并正在快速发展；与此同时，机器人、数字化、新材料等技术融合加速了制造业向智能化、服务化、绿色化转型的推进；信息技术、人工智能技术、新材料技术与传统能源技术、空间技术和海洋技术亦在加速融合，形成新能源技术、新空间技术和新海洋技术，并发展迅猛。因此，学科之间、科学和技术之间、技术之间、自然科学和人文社会科学之间已经呈现出极为明显的交叉融合趋势，并且是当前新科技革命的显著特点。

由于融合是新科技革命的显著特点，所以，当前科技创新成果必然主要表现为集成创新或二次创新。质言之，至少从当前的发展态势来看，本轮科技革命将以集成创新或二次创新为主。在新科技革命时代，各个科学领域的技术呈现融合发展之势，大部分科技创新将不再是由某一学科、某一领域中的某个团队完全独立完成，而是需要不同领域、不同学科的研究人员共同参与、共同创造，很多时候甚至需要

---

[1] 赵若玺，徐治立．新科技革命背景下产业融合的效应与特征分析［J］．洛阳师范学院学报，2020，39（6）：67-72.

科学共同体内部与外部之间进行深度交叉融合。因此，当前虽然也会有很多重大科学发现、颠覆式技术发明、原理性主导技术等原始创新成果，但是由于当代科技发展的上述趋势及信息网络与人工智能技术的固有特点，绝大多数发明创造都将属于集成技术创新或二次创新。

具体到知识产权制度，事实上，知识产权制度亦主要在于保护集成创新成果或二次创新成果。与集成创新或二次创新成果相比，颠覆性的、突破性的原始创新成果虽然具有更加重大、更加广泛的科学价值、社会价值和经济价值，但是，重大的原始创新成果可能并不一定适合由知识产权制度加以经济回馈。其中的主要原因在于重大原始创新成果的科学价值、社会价值、经济价值意义非凡，中国有句俗谚叫“大恩不言谢”，如果利用知识产权制度给予经济回馈，可能会在总体上抑制科技、经济的发展，这样的知识产权制度是弊大于利的。因此，知识产权制度在发展过程中就会有意地通过制度调整避免这种情况发生。

当前，世界各国均不对科学发现授予专利权。专利法理论对这一具体制度的解释是：专利制度保护的是人类的发明创造，而科学发现是科学活动中对未知事物或规律的揭示，这些事物或规律虽然在被发现前是未知的，但却是已经客观存在的，并非人类的发明创造，因此，科学发现不能被授予专利权。但如果仔细分析这一解释，其逻辑可能还有不能自恰之处。因为虽然不能对已有的事物或规律授予专利权，但是，科学发现属于对已有事物或规律的认识，而并非已有事物或规律本身。因此，科学发现亦应属于人类的智力成果或智力创造物，如果法律对科学发现授予专利权，并对专利权的权利范围作出一定的限制，亦是可行的。

以基因为例，人类或动物的基因，是一种自然存在的事物，但基因本身或对基因的发现是否可以授予专利权却存在一定的分歧。以巨数遗传公司发现的两项人类基因（*BRCA*1 和 *BRCA*2）为例，*BRCA*1 基因和 *BRCA*2 基因的变异将极大增加人类乳腺癌和卵巢癌的风险，巨数遗传公司发现了 *BRCA*1 基因和 *BRCA*2 基因的准确位置和排列顺序，将这两项基因申请并被授予了专利权。该专利使得巨数遗传公司决定该基因的特定核苷酸序列，并且可以使得巨数遗传公司开发出特定的检测方法来检查某病人身上的上述基因的变异风险。关于该专利是否有效，美国联邦巡回上诉法院与美国最高法院的观点并不一致。美国联邦巡回上诉法院认为分离的 DNA 具有不同的化学结构，可以成为专利权的客体。而美国最高法院则认为，巨数遗传公司在这两项专利中所做的工作是发现了 *BRCA*1 和 *BRCA*2 基因的准确位置和基因序列，其既没有创造也未改变蕴含在这两项基因中的遗传信息和 DNA 的基因结构，因此，应该被无效。[1]

虽然美国最高法院与联邦巡回上诉法院关于巨数公司专利无效问题的主要法律分歧在于分离的 DNA 是否属于人类 DNA 的问题，但是其背后的实质在于是否可以给予科学发现专利保护。而且在这个案件中，美国最高法院认为巨数公司的发明创造属于科学发现或自然物质，而在美国最高法院宣告该专利无效之前，美国已经授予了专利权并且给予了专利保护。由此可见，在事实上，自然事物或科学发现并非在客观上不能给予专利保护，而国际社会之所以认为不应给予专利保护，主要还是出于政策或利益权衡的考量。

当然，对于具有重大价值的原始创新成果本身一般不适于通过知识产权制度给予经济上排他性权利，并非就是不给予原始创新成果发明创造人任何回报。原始创新成果发明创造人至少有以下可能的三种

---

[1] 王晔. 评美国最高法院巨数遗传公司基因专利无效案［J］. 中国知识产权杂志，2013，77（7）：45-49.

途径获得回报：一是如果原始创新成果可以在法律上被认为是技术方案，那么仍然可以获得专利保护；二是原始创新成果如果是科学发现，虽然科学发现本身不能获得专利保护，但是运用科学发现所作出的发明创造，仍然可以获得专利保护；三是通过科技奖励制度获得承认和回报。

同时，由于当代的新科技革命主要以集成创新和二次创新为主，集成创新和二次创新成果蓬勃发展，数量众多，因此，在知识产权领域的表现就必然是知识产权数量的大幅增长。近年来，我国知识产权数量快速发展，虽然存在一些刺激政策因素的影响，但是亦应看到新科技革命的特征，并正确理解和对待我国知识产权数量庞大这一历史现象。

第三节　迭代创新与新科技革命

一、“摩尔定律”与迭代创新

随着 20 世纪 50 年代集成电路的产生，集成电路的发展情况一直遵循着“摩尔定律”。摩尔定律，是指同样面积的电脑芯片上集成的晶体管的数量每隔 18 个月会增加一倍，也会将芯片的处理速度和处理能力提升一倍，而成本则会降低一半。摩尔定律由英特尔公司的创始人戈登·摩尔通过对 1959—1965 年芯片上晶体管的集成数据的观察发现，每隔 18 ~ 24 个月，芯片上集成的晶体管数目就会增加一倍，也就是说处理器的功能和处理速度会翻一番，而成本却会降低一半。1965 年，摩尔依据自己提出的摩尔定律就预测到 1975 年将会出现集成 6.5 万个元件的芯片，从而可以制造出高度复杂的集成电路，推动计算机的快速发展。经过行业内多年的实践经验和测算，认为每 18 个月翻一番相对更加准确，所以现在所认同的摩尔定律是经过修正和完善的。[1] 虽然有人一再预测“摩尔定律”将走到尽头，但是，事实却一再证明集成电路一直在遵循着“摩尔定律”的步伐前进。

集成电路是当代信息技术与人工智能技术的基础，如前文所述，信息技术和人工智能技术是当代科技创新的基础性工具，因此，集成电路则是新科技革命基础中的基础。只要集成电路继续遵循摩尔定律发展，那么计算的速度将逐年倍增，计算的成本将逐年下降，则以大量计算为基础的人工智能技术将越来越“聪明”，人类科技创新能力将会越来越呈现出迭代加速发展的势头。

“迭代”一词源自数学概念“迭代计算”，是指从一个初始估计出发，寻找一系列近似解，发现一定的问题求解区间，从而达到解决问题的目的。遗传算法是一种常见的迭代方法，它借鉴大自然生物进化规律，根据个体在问题域中的适应程度生成近似解，不断优化，最终从各种近似解中得出最优解决方案。迭代是一个反复、不断逼近最终目标的过程。当“迭代”与“创新”相结合时，就产生了一种新的创新模式——迭代创新。迭代创新，是指以加快创新速度为目标，以持续创新为导向，通过构建充分授权的小型创新团队，以最小成本和最低风险，采用多次迭代方式进行创新的模式。迭代创新将一次长周期创新变为多次短周期的叠加创新，通过多次迭代周期实现整体螺旋式上升的累计改进，并以最小成本、最低风险来快速达到创新的目标。迭代创新的特征有四点：参与的广泛性、创新的快速性、改进的持续

[1] 逄健，刘佳．摩尔定律发展述评［J］．科技管理研究，2015，35（15）：53-57.

性和反馈的及时性。[1]

事实上，正是由于以集成电路为基础的信息网络技术和人工智能技术的快速发展，迭代创新才成为可能，并且已经成为当代新科技革命的主流模式。例如，我国近年来重点强调的协同创新，本质上就是与迭代创新相类似的概念。协同创新是以知识增值为核心，企业、政府、大学、研究机构、中介机构和用户等为了实现重大科技创新而开展的大跨度整合的创新模式。[2]二者均强调创新参与者的广泛性、资源的有效整合性和反馈改进的及时性，进而快速达到持续创新的目标，而这一目标的主要基础就是信息网络技术和人工智能技术。

二、迭代创新对知识产权制度的新要求

在新科技革命时代，迭代创新的一个直接后果就是创新速度大大加快。无论是技术发明、作品创作，还是品牌建设、商业竞争，在现代社会都要求一个“快”字。国家之间经济、科技的竞争，唯“快”不破；市场主体之间的竞争，非“快”不胜。知识产权制度作为一种法律制度，需要具有一定的稳定性；同时知识产权制度作为市场经济中给予发明创造者经济回报的一种主要手段，如何让知识产权制度及时地响应和适应新科技革命时代的新要求，如何有效地保护和鼓励创新则是知识产权制度所面临的一个新问题。

迭代创新所导致的科技创新速度大幅提升，直接与专利授权、商

---

[1] 黄艳，陶秋燕．迭代创新：概念、特征与关键成功因素［J］．技术经济，2015，34（10）：24-28.

[2] 陈劲，阳银娟．协同创新的理论基础与内涵［J］．科学学研究，2012，30（2）：161-164.

标注册的时滞存在直接矛盾。在新科技革命时代，迭代创新导致市场主体的产品生命周期很短，有些创新产品的市场周期可能只有几年甚至几个月。而一件发明创造，从申请专利到专利授权，一般需要几年的时间。2016 年 10 月，美国乔治梅森大学知识产权保护中心（CPIP，George Mason University）发布《创新的漫长等待：全球专利积压问题报告》，对各国专利审查情况进行了统计分析，发现全球专利积压问题日益严峻。在 2015 年受调查国家中，韩国平均专利授权时间最快、为 2.8 年，中国需要 2.9 年，美国需要 3.2 年，巴西最慢、需要 11.4 年。在一些国家，某些特殊的技术领域的专利授权需要更长时间。例如，巴西移动技术专利平均授权时间为 14 年，泰国生命科学专利的平均授权时间则超过 16 年。[1]

因此，在现行专利制度下，有很多发明创造在被授予专利权之前，其市场寿命可能就已经结束了。在这种情况下，专利制度激励和保护创新的作用就可能会受到一定的减损。不仅在专利领域，在其他领域，如商标、版权、反不正当竞争领域，亦因创新和竞争的加速，而正在产生新的问题。

第四节　分段式成果与新科技革命

一、分段式成果

由于当代绝大多数发明创造属于集成技术创新或二次创新，加之

[1] 朱敏．美国乔治梅森大学发布全球专利积压问题报告［EB/OL］.（2016-10-26）［2020-02-11］. http：//www.casip.ac.cn/website/ipr/iprnewsview/1246.

当代科技研发工作分工越来越细化，因此，如果从市场全局角度观察每个创新个体（无论是企业还是个人）的发明创造，其通常具有“分段式”的特点，即：该个体发明创造仅仅是创新链条中的一部分或“一段”，如果该创新个体要将创新产品推向市场，则需要使用他人的“前段”或“后段”发明创造。在新科技革命时代，成果的“分段式”或不同创新个体创新成果之间的相互依附性，是当代创新成果的显著特征。

新科技革命二次创新的大量存在和迭代创新特征是导致分段式成果的主要原因。虽然探索、发现自然现象和发明能够解放人类双手和大脑的新技术、新产品在相当程度上来自人类好奇心的驱使，但自18世纪、19世纪科技革命之后，科技研发、科技革命已经不仅仅是科学家的学术兴趣或研究兴趣问题，而是成为涉及一个企业、一个民族、一个国家的生存和发展的问题。特别是进入21世纪以来，在新科技革命时代，科技创新的竞争大大加速，各国、各市场主体均高度重视科技创新，并大量而持续投入资源进行科技创新。

在这种背景下，加之新科技革命是以二次创新和迭代创新为主，因此，在绝大多数科技领域，科技研发活动非常密集，这样就必然会导致各主体的研发行为所产生的科技成果高度重叠或重复。在同一领域，不同研发主体很有可能会在相隔不长时间（如几个月、几周甚至几天）就会作出完全相同的发明创造。虽然由于数据的获取和检索的成本问题，笔者难以给出具体的数据，但是，如果专利审查部门进行统计，就可以发现各国的抵触申请数量（即不同主体就同一发明创造在某一专利申请日之前的在先申请）是增加的趋势。

笔者有一位同事曾就此有过一次真实的经历。这位同事主要研究网络搜索技术，在2009年曾作出一项有关网络搜索方面的发明创造，并在中国国家知识产权局申请了国内专利。在之后根据国内专利申请提交国际专利申请时，这位发明人通过检索发现，就在他提交中国国内申请之后的一周，就有美国申请人就同样的技术方案在美国专利商标局（USPTO）提出了美国专利申请。同时，需要指出的是，笔者的这位同事与美国的专利申请人和发明人并不认识，更无任何合作与交流，二者之间根本不可能存在任何借鉴或参考的可能。上述案例是发生在十几年之前，而随着近几年人工智能技术的快速发展，人工智能技术开始广泛应用于科技研发之中，在这种情况下，重复研发而导致的重复科技成果将会更加密集。

大量存在的重复研发和重叠的科技成果，将会导致各个市场主体所拥有的科技成果通常仅是某一完整发明创造的一部分或“一段”，笔者将之称为“分段式成果”。

二、“分段式成果”的治理

由于市场竞争的压力，不同主体之间的重复研发显然不能完全避免，“分段式成果”的大量存在亦将是一个长期的现象。“分段式成果”的治理应该重点关注两个方面的目标。

一方面，尽量减少不必要的重复研发。虽然由于市场竞争，重复研发不能完全避免，但是从国家和社会层面来讲，重复研发必定属于资源的重复投入和浪费；从研发主体来讲，重复研发亦在大多数情况下属于收益率极低的资源投入。因此，在可能的情况下，国家、社会和研发主体均应努力避免重复研发。当前，避免重复研发的主要手段是技术检索和查新，研发主体在进行研究之前进行检索和查新，了解之前的相关研发和进展情况，以便在已有的研究成果之上开展研究。

技术检索和查新的范围主要是已有的专利文献。根据世界知识产权组织的估计，全球大约 80% 的科技创新成果记载在专利文献之中，加之专利文献是标准化的技术文献，因此，各种技术检索和查新均以专利分析为主。

在科技研发尚不特别密集的时代，通过技术检索与查新避免重复研发，其效果是非常明显的。根据世界知识产权组织估计，在科研开发活动中，利用好专利文献可以节约 40% 的科研经费及 60% 的研发时间。北京大学王选教授之所以能够超越前三代而一步到位发明了世界领先的“激光照排技术”，正是因为他在开题之前用了一年的时间查阅了大量的专利文献，选择了最高起点。[1]

但是，在人工智能普遍应用于科技研发的新科技革命时代，由于研发和研发成果产生的密集，相同的研发成果有可能在几个月、几周或几天之内就会产生，同时，根据现有的专利制度，专利申请文献通常需要在专利申请日 18 个月之后才能被公开，在这种情况下，研发者通过专利检索所发现的现有技术不能覆盖到检索日之前 18 个月内已经存在并申请专利的技术。因此，在这种情况下，研发者就会继续投入并进行研发，而其即使产生研发成果，也是已经申请专利的，即属于重复研发。所以，从这个意义而言，当前的专利检索并不能有效地避免不必要的重复研发。而如何解决这个问题，就需要知识产权制度作出相应的调整。

另一方面，尽量避免“分段式成果”引起科技成果转化迟滞的问题。由于一个完整的发明创造是由不同研发主体“分段”拥有的，如果各研发主体对其“分段式成果”均申请了专利，那么这些研发主体

---

[1] 李建蓉. 专利文献与信息［M］. 北京：知识产权出版社，2002：531.

对其“分段式成果”的应用均享有排他性的权利。质言之，如果要实施这个完整的发明创造，将其投入市场，那么就必须获得每一个知识产权权利人的许可。这种情况就如同一条河流，从上游到下游建立了若干个拦河大坝，如果要将最上游的水流入下游的大海之中，就必须获得每个拦河大坝主人的许可；只要有任何一个大坝主人不同意，上游之水就不能到达下游的大海。同时，由于这种“许可”的价格从客观上讲是难以准确评估的，加之使用者需要同时获得多个权利的“许可”，其复杂度和难度亦将呈指数级增加，因此，“分段式成果”现象必然会导致科技成果转化更加困难。相应地，要解决这个问题，亦需要知识产权制度作出某些方面的变革，才能适应新科技革命发展的需要。

第二章

人工智能与著作权制度

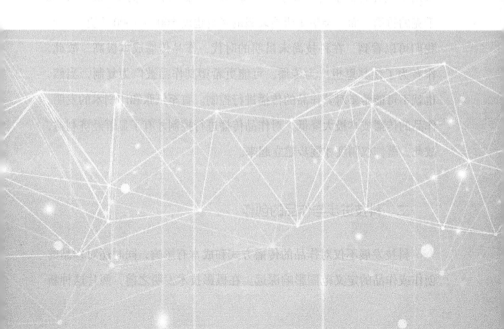

第一节　科技进步与作品的创作和利用

一、科技进步与作品的传播

虽然著作权制度所保护的客体——作品在人类远古时代，甚至在人类起源之初就已经存在了，但是著作权制度却与科技发展的关系极为紧密。可以说没有科技进步，就没有著作权制度存在的必要。试想在刀耕火种时代，人们创造出一首诗歌或民谣，那时文字都没有，这些诗歌或民谣只能靠人们口口相传进行记录和传播，这些诗歌或民谣的创造者怎么又可能在意他人的复制或模仿呢?

即使到了秦汉时期，彼时作品的记录也主要依靠竹简或布帛。如果用毛笔在竹简上记录文字，一部20万字的作品，需要500 ~ 1000千克的竹简，而一架牛车所能装载的货物也就500 ~ 1000千克。由此我们可以看到，在科技尚未昌明的时代，作品传播成本极高，故此，作者为了使其思想广为传播，可能更希望其作品被广为复制，当然，也就不可能希望对其作品的传播进行控制。直至纸张和印刷术的发明，作品的传播成本极大降低，对作品传播进行控制才有了显著经济利益，故此，著作权制度才逐步建立起来。

二、科技进步与作品的创作

科技发展不仅对作品的传播方式和成本有影响，同时还对作品的创作或作品的定义范围影响深远。在摄影技术发明之前，照片这种新类型的作品就不可能存在；同样，正是因为连续摄制技术和录音技术的发明和发展，电影作品、视听作品这种新类型作品才得以产生。由此可见，科技创新还有可能导致新类型作品的出现。在新科技革命时代，特别是随着能够部分替代人类脑力劳动的人工智能技术的发展，伴随而生的新作品类型、新兴作品利用方式将在权属、权利内容、保护方式等方面对现行著作权制度构成一定的挑战。

三、著作权与作品的利用方式

著作权是作者依法对其作品享有的以某种方式利用其作品的排他性权利。很多国家的著作权法以列举的方式规定作者对作品的哪些利用方式享有排他性权利。例如，我国《著作权法》规定作者对其作品享有排他性权利的利用方式有：复制、发行、出租、展览、表演、放映、广播、信息网络传播、摄制、改编、翻译、汇编等。

同时，值得注意的是，虽然有些利用方式的概念的字词未发生变化，但是该概念的实际内涵和外延却随着技术和情势的发展而发生变化。例如，关于“广播”的概念，2001 年修改的《著作权法》的规定是：“以无线方式公开广播或者传播作品，以有线传播或者转播的方式向公众传播广播的作品，以及通过扩音器或者其他传送符号、声音、图像的类似工具向公众传播广播的作品”，而 2020 年修改的《著作权法》则扩大了“广播”概念的外延，规定“广播”是“以有线或者无线方式公开传播或者转播作品，以及通过扩音器或者其他传送符号、声音、图像的类似工具向公众传播广播的作品（但不包括著作权法所规定的信息网络传播行为）”。

2020 年修改的《著作权法》之所以对“广播”概念进行如此修

改，主要是考虑到互联网的广泛应用和通信技术的发展，电台、电视台不仅可能会通过无线方式广播作品，还可能通过互联网以有线的方式广播作品。另外，对广播信号的转播不仅可以通过有线电视网络转播，还可以通过互联网转播或通过无线方式进行转播。而通过互联网广播作品的行为和通过无线方式转播广播信号的行为均未被包含到2001年修改的《著作权法》之中，而这两种行为的经济价值又越来越重要，因此，需要在2020年修改的《著作权法》中加以体现。

由于人工智能技术的发展，在人工智能自动学习过程中，人工智能系统利用已有作品进行机器学习的情况越来越普遍。这种利用已有作品进行机器学习的行为，必然会涉及将已有作品进行数字化以及对数字化后的作品进行复制的行为。这种利用已有作品进行机器学习的行为是否属于著作权法所能控制的利用方式，或者其中的复制行为是否属于著作权法意义上的“复制”？这些问题必须经过深入分析研究才能获得可信的结论。同时，由于人工智能技术的发展，作品的表演、改编和翻译方式越来越多样化，尤其是随着人工智能翻译的快速发展，普通用户不必再购买翻译书籍就可以比较通畅地阅读外文作品，这样，就必然对原作作者通过向翻译书籍出版者（或翻译者）收取版税的翻译权利用方式构成重要挑战。

第二节 人工智能对已有作品的使用

一、人工智能与机器学习

人工智能是研究开发能够模拟、延伸和扩展人类智能的理论、方法、技术及应用系统的一门新的技术科学，研究目的是促使智能机器会听（语音识别、机器翻译等）、会看（图像识别、文字识别等）、会说（语音合成、人机对话等）、会思考（人机对弈、定理证明等）、会学习（机器学习、知识表示等）、会行动（机器人、自动驾驶汽车等）。[1]

人工智能是对人类智能的模仿。人类智能主要包括归纳总结和逻辑演绎能力。人类大量的视觉听觉信号的感知处理都是下意识的，是基于大脑皮层神经网络的学习方法；大量的数学推导、定理证明是有强烈主观意识的，是基于公理系统的符号演算方法。因此，人工智能技术路线主要有如下两种。

一是通过符号推理，模仿人类的逻辑演绎能力。在人工智能中，符号推理的一个代表就是机器定理证明。目前，基于符号计算的机器定理证明的理论根基是希尔伯特定理：多元多项式环中的理想都是有限生成的。一个几何命题的条件可以转换成代数多项式，同时把结论也转换成多项式，然后证明条件多项式生成的根理想包含结论对应的多项式，即将定理证明转换为根理想成员判定问题。利用符号推理模拟人类智能的一个典型事例就是"专家系统"。

二是通过机器学习系统，模拟人类的归纳总结能力。机器学习的基本思想是模拟人类大脑的神经元网络。1959 年，休伯尔（Hubel）和维厄瑟尔（Wiesel）在麻醉的猫的视觉中枢上插入了微电极，然后在猫的眼前投影各种简单模式，同时观察猫的视觉神经元的反应。猫的视觉中枢中有些神经元对于某种方向的直线敏感，另外一些神经元对于另外一种方向的直线敏感；某些初等的神经元对于简单模式敏感，而另外一些高级的神经元对于复杂模式敏感，并且其敏感度和复杂模

[1] 谭铁牛．人工智能的历史、现状和未来［J］．中国科技奖励，2019（3）：6-10.

式的位置与定向无关。这证明了视觉中枢系统具有由简单模式构成复杂模式的功能，也启发了计算机科学家发明人工神经网络。[1]

二、已有作品在人工智能系统中的使用

无论是符号推理系统（以专家系统为主），还是机器学习系统，都需要使用已有的作品作为初始数据或学习素材。

专家系统本质上是一个计算机程序系统，其内部含有大量的某个领域专家水平的专门知识与经验，而这些专门知识和经验主要来自已有的专业文献。专家系统的开发者在进行系统开发时，需要收集大量的相关专业文献，并对这些专业文献进行判读，从中提取专家系统所需要的专业知识并输入专家系统之中。之后，专家系统的使用者在使用系统时，需要输入已知的数据，然后专家系统根据输入的已知数据检索与之相匹配的专业知识并输出，供使用者使用。

机器学习系统是模拟人类神经网络的计算机系统。机器学习系统首先需要对已经标注的结构化数据进行学习。这些已被标注的结构化数据，每条数据至少应包括两部分，一是输入数据，二是目标值。机器学习系统在进行学习时，将输入数据输入机器学习系统，机器学习系统根据已有参数给出输出值，将输出值与目标值进行比较，如果二者的误差在允许的范围之外，则机器学习系统需要根据一定的规则对系统中的某些参数进行随机调整，然后根据调整后的参数得出新的输出值，新的输出值再次与目标值进行比较。如此循环，直到最新的输出值与目标值的误差在允许的范围之内为止，对该条数据的学习才算

---

[1] 顾险峰．人工智能的历史回顾和发展现状［J］．自然杂志，2016，38（3）：157-166.

完成。由此可见，如果想让机器学习系统模拟人类的写作能力，首先就需要对已有的作品进行标注，然后将之输入系统中，以作为机器学习的素材供系统学习使用。不仅如此，机器学习系统学习素材的多寡，会直接影响该系统输出成果的质量。因此，机器学习系统必须大量学习和使用已有作品，才能创作出高质量的且与以往不同的作品。

三、欧盟有关数据挖掘系统使用已有作品及其他材料的法律规定

欧盟在 2019 年通过了《欧盟议会和欧盟理事会关于数字单一市场版权和有关权及修改 96/9/EC 号指令和 2001/29/EC 号指令的 2019 年 4 月 17 日（EU）2019/790 号指令》（以下简称《单一数字市场版权指令》）。[1] 96/9/EC 号指令是《欧盟议会和欧盟理事会关于数据库法律保护的 1996 年 3 月 11 日 96/9/EC 指令》（以下简称《数据库指令》），是欧盟有关数据库法律保护的指令，该指令除了要求成员国对符合条件的数据库提供版权保护之外，还要求成员国对虽然不能构成作品但是有实质性投入的数据库提供特殊权利保护。2001/29/EC 号指令是《欧盟议会和欧盟理事会关于在信息社会协调版权和有关权某些方面的 2001 年 5 月 22 日 2001/29/EC 号指令》（以下简称《信息社会版权指令》），该指令旨在协调各成员国有关版权和有关权保护方面的法律制度，以确保欧盟内部市场的竞争不被扭曲。

---

[1] DIRECTIVE（EU）2019/790 OF THE EUROPEAN PARLIAMENT AND OF THE COUNCIL of 17 April 2019 on copyright and related rights in the Digital Single Market and amending Directives 96/9/EC and 2001/29/EC［EB/OL］.（2019-05-17）［2020-12-15］.https：//eur-lex.europa.eu/legal-content/EN/TXT/PDF/？uri=CELEX：32019L0790&from=EN.

在《单一数字市场版权指令》中，欧盟认为，科技的快速发展不断地改变着作品和其他内容的创作、生产、发行和利用的路径。新的商业模式和创新主体不断涌现，相关立法应该具有前瞻性以防止限制技术的发展。虽然欧盟已有的版权保护目标和原则仍然有效，但是在数字环境中，对于权利人和用户而言，有关作品及其他内容的使用，特别是跨国使用问题，仍然存在法律的不确定性问题。因此，在保持高水平的版权及相关权利保护的前提下，有必要对欧盟的版权制度进行调整和完善。欧盟《单一数字市场版权指令》针对数字环境的特殊性制定了某些版权及相关权利保护方面的例外制度，同时，还规定了一些便于作品使用许可实践的措施，特别是从确保更广泛接触内容的角度对已经退出商业领域的作品及其他内容的分发和网络平台视听作品的可获得性作出了新的规定。因此，对版权及相关权利保护的例外和限制需要在权利人和使用者之间达到利益公平的平衡。

与此同时，新技术使得文本和数据挖掘成为可能。文本和数据挖掘，是指对数字形式的文本、声音、图像或数据进行自动化的分析。机器学习系统本质上就是一个文本和数据挖掘系统。文本和数据挖掘通过对大量的数字资料进行运算，可以获得新的知识，发现新的趋势或规律。文本和数据挖掘在数字经济中已经极为流行，尤其是对研究机构和科技创新具有重要支撑作用。然而，进行文本或数据挖掘的市场主体或科研机构却面临着法律的不确定性问题。在某些情况下，文本和数据挖掘会涉及版权或数据库特殊权利保护的行为。特别是文本和数据挖掘需要在正常状态下复制作品或从数据库中提取数据时，如果没有相关的权利例外或限制规定，那么就需要从权利人处获得从事该行为的许可。因此，为了便于文本和数据挖掘，需要对版权和数据库特殊权利规定必要且合理的限制和例外。

《单一数字市场版权指令》第 3 条、第 4 条对文本和数据挖掘系统使用已有作品和其他资料的行为规定了例外和限制制度，涉及科研目的的数据挖掘使用和商业目的的数据挖掘使用两大类。

一是科研目的的数据挖掘使用。《单一数字市场版权指令》第 3 条第 1 款规定，成员国应当为科研机构和文化遗产机构为科学研究目的而进行的文本和数据挖掘行为规定版权和数据库特别权利保护例外，即对于科研机构和文化遗产机构合法获取的作品或其他内容进行复制与提取的行为，属于《数据库指令》第 5 条（a）项与第 7 条第 1 款、《信息社会版权指令》第 2 条以及《单一数字市场版权指令》第 15 条第 1 款所规定的权利的例外。

《数据库指令》第 5 条（a）项规定，如果数据库的表达符合版权保护的条件，则数据库权利人应享有以任何方式或形式对数据库表达的全部或部分进行复制的排他性权利。《数据库指令》第 7 条第 1 款规定，如果数据库的制作者对数据库内容的获取、校验做了数量上或质量上的实质性投入，成员国应为数据库制作者提供禁止他人提取或再利用数据库全部内容或实质性内容的排他性权利。《信息社会版权指令》第 2 条规定，成员国应该为下列权利人提供允许或禁止他人以任何手段或方式、直接或间接、暂时或永久地复制其智力成果的排他性权利:（a）对作者而言，其作品;（b）对表演者而言，其表演的固定物;（c）对录音制作者而言，其录音;（d）对电影的首次固定的录制者而言，其电影的原始固定物或复制品;（e）对广播组织而言，其广播的固定物，无论该广播是通过有线或无线的方式（包括有线网络或卫星）。《单一数字市场版权指令》第 15 条规定了新闻出版物的在线使用保护，该条第 1 款规定，成员国应当规定在一个成员国成立的新闻出版物的出版者，对于信息社会服务提供者在线使用其新闻出版物，享有《信息社会版权指令》第2条和第3条第2款规定的权利（即复制权和向公众提供权）；但该款规定的权利不适用于个人使用者对于新闻出版物的私人或非商业使用，同时，这种权利保护也不适用于超链接行为、不适用于对新闻出版物的个别字词或非常简短摘录的使用。

由此可见，科研机构和文化遗产机构为科学研究目的进行文本或数据挖掘而使用已经出版的作品或其他不构成作品的内容，不侵犯版权人或有关权利人的复制权、数据库的权利人的特殊权利或新闻出版物的在线使用权利。另外，根据《单一数字市场版权指令》第7条的规定，权利人与使用者作出的任何与上述权利例外相反的约定均是不可执行的。质言之，即使版权人或有关权利人与科研机构或文化遗产机构有合同约定不允许他们为科研目的进行文本挖掘而使用作品或其他内容，这样的约定也是无效的、不可执行的。

同时，为了确保上述例外规定不被科研机构或文化遗产机构滥用，《单一数字市场版权指令》第3条进一步规定，科研机构或文化遗产机构对于根据上述例外而制作的作品或其他内容的副本负有适当的安全等级储存的义务，可保留作科学研究之用，包括为验证研究结果之用；权利人可以采取措施确保承载作品或其他受版权保护内容的网络和数据库的安全性和完整性，但该措施不应超过实现这一目标所必需的限度；成员国应鼓励权利人与研究机构、文化遗产机构共同商定关于适用上述义务和措施的最佳做法。

《单一数字市场版权指令》第3条所规定的出于科研目的的数据挖掘例外的适用对象是科研机构和文化遗产机构。关于科研机构，该指令在序言中指出，在欧盟范围内，科研机构既包括以科学研究为其主要目标的实体，还包括以提供教育、医疗等服务为其主要目标并同时进行科学研究的实体。该指令的“科学研究”术语应当被理解为既包括自然科学研究又包括人文科学研究。由于科学研究实体的多样性，所以对科研机构的理解的共识非常重要。例如，这里的科研机构应包括大学或其他高等教育机构及其图书馆，同时还应包括开展科学研究的机构和医院。尽管有不同的法律形式或结构，欧盟成员国境内的科研机构一般应是非营利性的或以公共利益为其目标。相反，如果一个受到商业企业决定性影响并会使该商业企业优先获得研究成果的机构，就不能被认为是该指令意义下的科研机构。

故此，《单一数字市场版权指令》第2条规定，“科研机构”指大学（包括其图书馆）、研究所，以及其他以进行科学研究或开展涉及科学研究的教育活动为主要目的的实体，并且该机构应当：（a）以非营利性为基础，或将所有利润再投资于其科学研究；或者（b）出于为成员国所承认的公共利益而进行研究；并且，对该机构有决定性（decisive）影响的主体不能够优先获取该机构产出的研究成果。另外，该条还规定，“文化遗产机构”是指公众可公开接触的图书馆、博物馆、档案馆或电影、音频遗产机构。

二是商业目的的数据挖掘的例外或限制。《单一数字市场版权指令》第4条第1款规定，成员国应当对于以文本和数据挖掘为目的对合法获取的作品或其他内容进行复制与提取的行为规定例外或限制，即对于属于《数据库指令》第5条（a）项与第7条第1款、《信息社会版权指令》第2条、《欧盟议会和欧盟理事会关于计算机程序法律保护的2009年4月23日2009/24/EC指令》（以下简称《计算机程序法律保护指令》）第4条第1款（a）和（b）项，以及《单一数字市场版权指令》第15条第1款所规定的权利规定例外或限制。

《计算机程序法律保护指令》第4条第1款（a）项和（b）项分别规定了计算机程序的权利人对其计算机程序应享有复制权和演绎权，

即任何人未经权利人允许，不得以任何手段或方式、永久或临时地复制计算机程序的全部或一部分（与之相应，装载、演示、运行、传输或存储计算机程序亦应获得权利人授权），也不得对计算机程序或其相关结果进行翻译、改编或其他改变。

因此,《单一数字市场版权指令》第 4 条要求成员国对商业目的数据挖掘规定的例外或限制涉及如下权利：数据库的提取权和再利用权、作品的复制权、计算机程序的复制权和演绎性权利、新闻出版机构的复制权和向公众提供权。

同时，与《单一数字市场版权指令》第 3 条要求成员国规定的“例外”（exception）不同，第 4 条要求成员国规定的是“例外”和“限制”（limitation）。版权及有关权保护的“例外”，是指按照法律规定某一行为如果没有“例外”规定则构成侵权，而有了“例外”规定则不构成侵权，这种行为不仅不需要获得权利人的许可，也不需要向权利人支付报酬；而版权及有关权保护的“限制”则与“例外”不同，“限制”仅是对权利人行使权利的能力作出一些限制，使用者要使用作品或其他内容，仍然需要履行法定的义务，如按照规定支付报酬。成员国依照《单一数字市场版权指令》第 4 条对商业目的的数据挖掘行为规定“例外”还是“限制”，则由成员国自主决定，只要在二者中选一个即可，该指令不做强制性要求。

《单一数字市场版权指令》第 4 条第 2 款规定，以进行文本和数据挖掘为目的，根据第 4 条第 1 款复制和提取的作品或其他内容可保留到必要时为止。为了平衡权利人与使用者的利益，该指令第 4 条第 3 款进一步规定，适用第 1 款规定的例外或限制的条件是，权利人没有以适当方式明确保留对其作品或其他内容的使用。例如，针对网上公开提供的内容采取机器可读的方式对其权利进行保留。质言之，对于商业性地使用作品或其他内容进行文本和数据挖掘，作品或其他内容的权利人有权通过明示的方式进行反对。只要权利人通过适当的明示方式进行反对，那么数据挖掘者未经许可就不得进行数据挖掘。

《单一数字市场版权指令》之所以为非科研目的的文本和数据挖掘设立限制和例外，根本目的在于适应和促进科技进步，有效平衡权利人和使用者之间的利益。因此，根据欧盟在该指令“序言”中的解释，上述限制和例外必须在满足以下两个条件时才能适用：一是被使用的作品或其他内容必须是使用者合法获得的，包括使用者获得的在公众网络上能够获取的材料；二是作品或其他内容的权利人未以适当的方式对于文本和数据挖掘方式复制或提取作品或其他内容的行为作出权利保留。在作品或其他内容可以在公开网络上被公众接触的情况下，只有使用机器可读的方式（包括元数据、网站或服务网络上条款及使用条件）才能被认为是适当的权利保留，才可以不适用例外或限制。质言之，如果权利人作出的权利保留不能被计算机识别，那么权利人就无权反对使用者以数据挖掘的方式复制或提取权利人在公开网络上提供的作品或其他内容。

当然，对于非公开网络上的作品或其他内容，通过合同条款或单方声明等方式作出权利保留，均应被认为是适当的方式，即权利人可以不受上述例外或限制的制约。同时，权利人还有权采取必要的措施确保其上述权利保留获得尊重。另外，商业性数据挖掘的例外和限制与科学研究目的的数据挖掘的强制性例外是相互独立的，二者互不影响。

四、美国关于人工智能使用已有作品的规则

美国关于人工智能使用已有作品的规则，*Authors Guild v. Google*

案是一个典型判例。[1]*Authors Guild v. Google* 案的起因是 2004 年 12 月谷歌（Google）公司宣布了一项图书扫描项目，该扫描项目计划与大型图书馆进行合作，扫描这些图书馆所收藏的图书，以建立一个可以进行网上检索的大规模图书数据库。在该项目执行之初，大多数图书馆（包括纽约公共图书馆和哈佛大学图书馆）将其与谷歌公司的合作限制在处于公共领域的图书。但是，在此之后，密歇根大学图书馆和其他一些图书馆同意将受版权保护的图书也提供给谷歌公司进行扫描。[2]这种做法就引起了美国作家协会（Authors Guild）的反对。2005 年 9 月 20 日美国作家协会向美国纽约南区联邦地区法院提起诉讼，起诉谷歌公司侵犯其版权。该案先后经美国联邦地区法院、第二巡回上诉法院审理，法院均作出有利于谷歌公司的判决；之后，美国作家协会向美国最高法院申请调卷令审理，美国最高法院在 2016 年 4 月驳回了美国作家协会的申请。

原告和被告双方对于 *Authors Guild v. Google* 案的事实没有争议，双方的争议焦点在于被告对作品的使用行为是否构成合理使用。被告谷歌公司被诉的行为源自该公司的两个项目：谷歌图书馆项目（Google Library Project）和谷歌图书项目（Google Books）。谷歌图书馆项目开始于 2004 年，涉及谷歌公司与世界主要图书馆之间的一系列双方合作合同。根据这些合同，参与合作的图书馆从其藏书中选择一些图书提交给谷歌图书馆项目。谷歌图书馆项目对合作图书馆提供的图书进行数字扫描，并从中提取机器可读的文本，为每本图书建立机器

---

[1] MATTHEW S. The New Legal Landscape for Text Mining and Machine Learning［J］. Journal of the Copyright Soci of the USA，2019（66）：291.

[2] AUTHOR S GUILD V. GOOGLE［EB/OL］.（2016-05-30）［2020-12-18］. https：//www.authorsguild.org/where-we-stand/authors-guild-v-google/.

可读的文本索引。

谷歌公司保存每本图书的原始扫描件，部分原因是为了随着图像向文本转化技术的改进而进一步提高机器可读文本和索引的准确性。自2004年以来，谷歌公司已经扫描了2000多万本图书，并使之机器可读、可索引。这些被扫描的图书既包括受版权保护的作品，也包括处于公有领域的作品。被扫描的图书大部分属于非小说类作品，且大部分已经停印。谷歌公司根据该项目所产生的数字信息均存在服务器的系统之中，存储该信息的系统受到与谷歌公司保护其保密信息的安全系统相同标准的安全保护。

谷歌公司通过谷歌图书馆项目所获得的数千万本图书的数字信息使得谷歌图书搜索引擎（Google Books Search Engine）得以实现。访问谷歌图书搜索引擎网站的网民可以输入他们选择的检索词或术语，谷歌图书搜索引擎会给出包括该检索词或术语的图书列表，以及该术语在每一本书中出现的次数。每本书有一个以“关于此书”为名的简要介绍，该简介同时包括该书使用频率最高的词语或术语的列表。有时，谷歌图书搜索引擎还会给出一本书的购买链接或可以借阅的图书馆链接。谷歌图书搜索引擎还可以允许研究人员在几千万本图书中发现哪些使用了某特定术语的图书或没有使用某特定术语的图书。当用户使用谷歌图书搜索功能时，谷歌公司没有进行广告展示；同时，当用户使用谷歌链接购买图书时，谷歌公司也没有因此而获得经济回报。

谷歌图书搜索引擎同时使一种“新的”研究方式——文本挖掘或数据挖掘——成为可能。谷歌图书搜索引擎的“Ngrams”工具通过对谷歌图书馆的巨量藏书进行分析，建立了规模庞大的语料库，可以向用户提供某一单词或短语在过去几个世纪的使用频率等统计信息。“Ngrams”工具通过向用户展示某一特定主题在不同时期、不同语言地域的引用和使用的频率的升降，可以让用户知晓某一感兴趣主题的波动情况。“Ngrams”工具还允许研究者通过对几千万册图书进行梳理，分析词频、词法和主题标记，获取有关词语命名、语言用法、文学风格发展变化情况的相关信息。

谷歌图书搜索引擎还允许用户阅读有限的图书文本。谷歌图书搜索引擎除了展示用户选定的单词或术语在某一图书中的出现频次之外，还向用户展示包括该单词或术语的片段（snippet），但所展示的片段最多不超过3个。谷歌图书搜索引擎所展示的片段通常是一页图书的1/8。在谷歌图书数据库中，普通图书格式的每一页被平均划分为8个部分，每个部分是一个片段（snippet）。因此，如果一本书的一页包含24行，那么一个片段就是3行。对每一个单词或术语的每次搜索，均会展示3个片段，并且不考虑发出搜索指令的计算机的数量。在某一特定页中，仅仅展示被搜索术语第一次出现的片段。因此，如果某一页的最上的片段包含用户检索的两个或两个以上的检索词，那么搜索引擎第一次搜索所展示的是最上的片段，第二次搜索所展示的仍然会是这个片段，即谷歌图书搜索引擎不会因为第一次搜索已经展示了最上的片段，而在第二次搜索时向下搜索并展示之下的片段。

谷歌图书搜索引擎也不允许用户通过增加搜索的次数或在不同的计算机进行搜索而增加某一搜索词所附带展示的片段数量。当然，用户可以通过不同的搜索词的搜索看到某一部图书多于3个的片段。但是，谷歌通过一种被称为“黑名单”的程序，能够永久使某一用户不能通过片段阅读的方式完整地看到任何一页（即至少不能看到该页的某一片段）。另外，对于那些通过片段阅读方式就有可能满足搜索者对图书的当前需求的情况，如词典、烹饪图书或短诗集，谷歌图书搜索引擎并未开放片段展示，即搜索者在检索时并不能看到这些图书的片段。另外，从2005年开始，谷歌公司根据图书权利人的申请已排除任何图书及其片段阅读功能。

根据谷歌公司与各图书馆的协议，谷歌公司允许参与该项目的图书馆下载该图书馆所提供藏书的数字影像扫描版本和机器可读的版本，但是谷歌公司不向该图书馆提供其他图书馆所提供藏书的扫描版本或机器可读版本。这一工作通过允许图书馆接入谷歌回馈界面（Google Return Interface，“GRIN”）而完成。谷歌公司与各图书馆之间的协议，尽管没有采取完全相同的方式，但是，均要求图书馆在使用其下载的数字复制件时应遵守版权法，并应尽最大努力采取必要措施防止数字复制件的扩散。截至美国作家协会起诉时，参与该项目的图书馆通过谷歌回馈界面已经下载了至少270万份图书的电子复制件。

与其他大学图书馆相比，谷歌公司与斯坦福大学的合作协议在版权限制方面更加宽松。该协议至少从字面上允许斯坦福大学图书馆提供数字版本阅读服务或数字版本复制件的用户范围更加广泛，该用户范围包括有权接触斯坦福大学网络的个人用户，“伙伴研究图书馆计划”（Partner Research Libraries）的个人用户和与斯坦福大学无关联的教育、研究、政府机构及图书馆；同时，该协议还允许授权的个人用户下载或打印图书数字版本的1/10。与此同时，该协议亦要求斯坦福大学在使用数字版本时必须遵守美国版权法。

在该案中，谷歌公司的主要抗辩理由是合理使用。美国联邦第二巡回上诉法院认为，版权法的终极目标是扩展公共知识和理解。该终极目标的实现是通过给予创作者对其作品的复制进行控制的权利来实现的，这样就可以给予创作者经济利益，以鼓励他们为了公众消费目的创作出富有智识的作品。因此，尽管作者无疑是版权制度的目标受益者，但是版权制度终极的、基本的受益者却应是公众，使公众可以接触到这些版权制度所激励创作的智识。所以，版权制度需要通过合理使用制度为版权人和公众确立更加合理、平衡的权利界限。

合理使用制度是英美普通法通过判例而发展起来的，1976 年美国修改版权法时，将判例法中的合理使用制度明确规定进了《美国版权法》第 107 条之中。《美国版权法》第 107 条规定，尽管有第 106 条和第 106A 条的规定，为了批评、评论、新闻报道、教学（包括为了课堂教学而复制多个复制件的使用）、学术或研究目的而对作品进行合理使用，包括通过复制作品复制件或录音制品的方式或以其他任何方式对作品进行合理使用，不属于著作权侵权行为。在个案中判断一个作品的使用行为是否构成合理使用时，需要考虑的因素应包括如下内容：① 使用的目的和特点，包括该使用是否具有商业性质或为了非营利的教育目的的使用；②版权作品的性质；③ 与版权作品的整体相比，被使用部分的数量和质量；④该使用行为对版权作品潜在市场或其价值的影响。

值得注意的是，《美国版权法》第 107 条将合理使用制度纳入其中，其目的仅在于在成文法中对普通法久经发展的合理使用制度进行承认，该立法是对当时存在的判例法中的合理使用制度进行成文法上的重复，而非为了修改、缩小或扩张合理使用制度。法院在裁判案件适用《美国版权法》第 107 条时，应根据个案具体情况适用该条，并且该条并非意在列出一条明确的合理使用界限。第 107 条的 4 个考虑因素仅是列举性的而非限定性的，该条的 4 个因素不应被单独地对待，而应以实现版权法的目的为基础进行整体判断。

同时，美国最高法院认为，在《美国版权法》第 107 条所列的 4 个考量因素中，相较于前 3 个因素，第 4 个因素——被告的使用行为——对原告作品市场或价值的影响更为重要。美国最高法院在

Harper & Row Publishers, Inc. v. Nation Enterprises 案中指出，评估被告行为对原告作品市场或价值的损害，显然是合理使用抗辩中最为重要的。[1]美国最高法院的立场是与“版权是一种商业性权利”这一事实相吻合的，版权制度的目的就在于给予作者商业性利用其作品的排他性权利从而使作者有能力从中获得经济利益。在 *Campbell v.Acuff-Rose Music, Inc.* 案中，美国最高法院还强调了《美国版权法》第 107 条第一个因素的重要性：被告使用原告作品的方式越具有新颖性、转换性目的，那么被告行为就越符合版权法的繁荣公共智识的目标，被告的使用行为就越不可能构成对原告作品及其合法衍生作品的替代，同时，也就越不可能削减原告作品的市场机会。如果被告使用行为是转换性使用，那么被告使用的市场替代作用至少是可能性很小的，这样，就很难从被告使用行为中直接推论出对原告作品的市场损害。[2]

在讨论谷歌图书馆项目以检索和片段展示的方式对原告作品的使用是否构成合理使用的问题时，美国第二巡回上诉法院分别根据《美国版权法》第 107 条所列举的 4 个因素进行了分析。针对第一个考量因素——使用的目的和特点，谷歌公司的抗辩是转换性使用目的。法院认为被告主张转换性使用必须证明其使用的目的具有正当性，具体到个案，需要判断谷歌公司对原告作品的使用行为是否向社会提供了如果不进行如此使用就不能提供的有关作品的信息。另外，由于对原作品进行演绎形成演绎作品，其行为亦属于一种对原作品的“转换”（transform）行为。例如，将小说改编成剧本，将剧本拍摄成电影，等等。因此，相比于其他合理使用抗辩，转换性使有抗辩亦具有复杂性。

《美国版权法》第 106 条规定，作者享有对其作品进行演绎的排他

---

[1] 471 U.S. 539, 566（1985）.

[2] 510 U.S. 591（1994）.

性权利。该条除列举了翻译、音乐改编、戏剧改编、小说改编、电影改编、录音、摘要、缩编行为，还规定了“任何对作品进行转换的其他方式”。但是，第二巡回上诉法院认为，尽管对原作进行翻译或拍摄可以被认为是对原作的“转换”，但是该种“转换”的目的并不涉及合理使用抗辩中的转换性使用目的。翻译、音乐改编、戏剧改编或电影改编等所形成的演绎作品通常是一种发生“形式改变”（changes of form）的转换行为。而与之相对应，合理使用抗辩中的转换性使用对原作品的复制或使用的目的在于对原作品进行批评、评论或提供新的相关信息。因此，作品演绎与转换性使用抗辩二者之间的主要区别在于：前者主要涉及对原作的“形式”变化；后者则在于对原作进行批评、评论或提供新的相关信息。

谷歌公司对图书馆提供的原告作品进行扫描并形成可以检索的数字文本，同时，允许检索者在作品中搜索其感兴趣的检索词；同时，谷歌公司还可以让检索者获得其所扫描的图书数据库中不同历史时期特定词语的使用频率。法院认为这种使用行为属于合理使用抗辩中的转换性使用。关于谷歌片段阅读功能是否属于合理使用，法院认为，检索功能仅在于告知用户某部作品中是否包含特定的检索词以及该检索词在该作品中出现的频率，而片段阅读功能则提供了比检索功能更多的服务和价值。因为检索功能只能让检索者知晓某一检索词是否出现在某一特定作品之中，但并不能让检索者知晓该检索词是否以检索者感兴趣的方式被作者在特定作品中被讨论。因此，仅根据检索功能并不能向检索者提供足够的信息，以使其判断是否有必要获得该作品。例如，某一拟研究爱因斯坦理论的检索者通过检索功能发现某一部书中包括39处“爱因斯坦”，如果检索者通过片段阅读的方式发现“爱因斯坦”仅是指作者宠物猫的名字，那么无疑该检索者就会略过该书；

而相反，如果检索者通过片段阅读的方式发现作者在该书中讨论了爱因斯坦理论，那么检索者就会希望获得该书。

谷歌公司将作品的每一页分割成很小的片段，其目的在于让检索者获得特定检索词的上下文内容，以使检索者可以评估该作品是否在其感兴趣的范围之内，同时披露的内容篇幅却达不到损害著作权人利益的程度。因此，谷歌公司的片段展示对于检索者检索图书的利益而言具有高度的转换性目的。所以，第二巡回上诉法院认为谷歌公司的片段展示功能符合《美国版权法》第107条所规定的“使用的目的与特点”的考量因素。

针对《美国版权法》第107条合理使用的第二个考量因素——被使用作品的性质，法院认为，被使用作品的性质这一考量因素极少在合理使用抗辩中占有显著的权重。尽管有时人们可能会认为使用事实性作品（factual works）比使用小说或臆造性作品（works of fiction or fantasy）更容易被认定为合理使用，但其真实的法律逻辑是：版权法只保护作品中作者对事实或思想的表达，而不保护作品中的事实或思想。除非使用者拥有具有说服力的正当性理由，事实性作品的作者就应与小说作品一样对其受保护的表达享有专有性权利。被使用的作品是事实性作品这一情节本身，不能仅仅根据该情节就推论出他人可以自由地复制该作品。因此，在判断某一行为是否构成合理使有时，必须将被使用作品性质这一考量因素与其他考量因素结合在一起进行考虑，以作出综合性的判断。

针对《美国版权法》第107条合理使用的第三个考量因素——被使用部分的数量和质量，法院认为，该考量因素意味着少量的、非重要部分的使用显然会比大量的、关键部分的使用更容易被认定为可以构成合理使用，其内在逻辑主要在于第三个考量因素与第四个考量因素的关系。如果被告作品复制原告作品的部分数量越多、越重要，显然被告作品就越有可能构成对原告作品有竞争力的替代物，进而会损害原告作品的销售和利益。但是，尽管如此，美国法院亦没有类型化地认为所有复制作品全部的行为就一定不构成合理使有。只要复制行为可以合理地、恰当地达到复制者转化性使用的目的，并且该复制行为也不构成对原告作品有竞争力的替代，那么，即使是全部的、未加改变的复制亦可以被认为是合理使用。甚至在某些情况下，对原告作品进行完全的复制还是构成合理使用的必要条件。[1]因此，谷歌公司尽管未经许可制作了原告作品的完整的电子复制件，但是谷歌公司并未将电子复制件向公众披露，同时，该电子复制件可以使公众获得有限的、重要的关于作品信息的检索功能成为可能，所以，法院认为谷歌公司制作电子复制件的行为满足《美国版权法》第 107 条的第三个考量因素。

关于谷歌的片段展示功能是否符合《美国版权法》第 107 条第三个考量因素，美国第二巡回上诉法院主要是从事实出发进行了具体分析。显然，片段展示功能使检索者可以阅读到作品的某些部分对于判断被告行为是否构成合理使用具有关键性影响。检索者能够看到的版权作品的部分数量越多，检索者越有能力控制其所阅读到的作品片段，则检索者就越有可能通过免费的片段展示功能替代购买原告的图书。美国第二巡回上诉法院认为谷歌公司所设计的片段展示功能所展示的作品片段并不能构成对原告作品的有效替代。谷歌公司为了达到上述效果，其所采取的措施包括缩小片段（一页的 1/8）、每页仅展示 1 个片段、每 10 页展示 1 页、每个检索词最多展示 3 个片段，并且，对于

---

[1] Bill Graham Archives v. Dorling Kindersley Ltd., 448 F.3d 605, 613 (2d Cir. 2006).

特定的检索词而言，无论检索多少次、无论使用哪个计算机进行检索，均展示相同的片段。

同时，考虑到某些特定类型的图书，如词典或菜谱，只要展示了某个检索词的片段，就可以满足检索者的阅读需求，因此，谷歌公司对词典或菜谱等特定类型的图书不提供片段展示服务。原告雇用研究人员对谷歌公司的片段展示功能进行了数周的测试，研究人员通过使用各种不同的检索词进行检索，发现通过谷歌片段检索功能无论使用任何检索词、检索多少次，研究人员所能阅读的任何一部图书的总量均不会超过该图书全部内容的 16%，并且研究人员所获得的作品片段并非连续的，而是随机、分散的。考虑到研究人员需要花费很多的时间，付出很多的努力才能通过片段展示功能阅读到不超过一部书 16% 的内容，同时，考虑到所阅读部分的分散性和随机性，因此，美国第二巡回上诉法院认为谷歌的片段展示功能可以满足《美国版权法》第 107 条的第三个考量因素。

针对《美国版权法》第 107 条合理使用的第四个考量因素——被告使用对于原告作品市场或价值的影响，美国第二巡回上诉法院认为该考量因素应主要聚焦于被告使用行为是否构成对原告作品的市场替代，或者潜在的消费者是否会从原告转向被告以获得作品，进而显著损害原告的利益。因为版权法是通过给予作者对其作品的排他性权利以使其可以获得经济利益并进而激励创作的一项制度，因此，第四个考量因素在判断合理使用时具有重要价值。

《美国版权法》第 107 条合理使用的第四个考量因素与第一个考量因素具有紧密的联系。一般而言，被告对作品使用的目的与原告作品的目的越不相同，则被告对作品的使用就越不可能构成对原告作品的替代，当然，对原告作品市场或价值的影响也就越小。正因为如此，如果被告对作品使用的目的仅仅是检索某部作品中是否包含某个特定的检索词，则就比较容易认定被告的使用基本不会对原告作品市场或价值产生影响。

在该案中，争议比较大的是片段展示是否会对原告作品的市场或价值产生实质性影响的问题。即使被告对原告作品使用具有有价值的转换性使用目的，如果被告的使用会导致原告作品相当部分的公开披露，以至于可以构成对原告作品的竞争性替代，那么这种转换性使用行为也会损害原告作品的市场价值。

因为为了使随机的、分散的多个谷歌片段形成有意义的作品所需要的人力成本明显高于购买一本图书的成本，所以，美国第二巡回上诉法院认为对于检索者而言，谷歌片段展示功能不会构成对原告作品的替代。即使尽最大努力且在最好的情况下，检索者通过谷歌片段展示功能也只能看到一部图书16%的、不连贯的且极为不完整的内容。这种情况显然不会对原告作品的市场价值造成显著的威胁。

当然，在某些特殊情形下，谷歌片段展示功能确实会导致原告作品的销售损失。在一些情况下，检索者对作品某些片段的需求确实有可能通过片段阅读的方式获得满足，这样，既有可能丧失检索者本人这个客户，也可能丧失图书馆订单 。但是，美国第二巡回上诉法院认为《美国版权法》第107条第四个考量因素的要求是有意义或显著的对原告作品市场或价值的影响，谷歌片段展示功能所导致的销售损失的可能性并不足以构成合理使用意义上的对原告作品有效的竞争性替代。

同时，原告上述销售的损失所涉及的利益往往并不是版权法所保护的利益。能够满足检索者对原告作品阅读需求的片段展示，有时是因为被展示的片段传递了检索者所需要寻找或确认的历史事实。例如，一位学生要撰写一篇有关富兰克林·罗斯福的论文，那么就可能需要查找罗斯福是哪一年患小儿麻痹症的。通过在谷歌图书搜索引擎中输入“Roosevelt polio”，该学生就会在众多搜索结果中获得理查德·塞耶·戈德堡（Richard Thayer Goldberg）所著图书 *The Making of Franklin D. Roosevelt* 中第 31 页的一个片段。通过该片段，该学生会知道罗斯福患小儿麻痹症的时间是 1921 年。该片段展示满足了该学生对该图书的需求，当然，也就不会再购买该图书或从图书馆借阅该图书。但是，该学生从谷歌片段展示中所获得的是一个历史事实，而该书作者的版权保护并不能延伸到作品所涉及的事实。另外，谷歌亦有权根据从该图书获得信息直接回答该学生有关罗斯福染病的相关事实，谷歌的这种行为并不会构成版权侵权。

因此，美国联邦第二巡回上诉法院在综合考虑《美国版权法》第 107 条的 4 个考量因素之后，认为谷歌公司为了关键词检索目的而制作完整的图书电子复制件并向公众提供检索和片段展示服务（该片段展示服务是该案中谷歌公司设计并提供的涉案片段展示服务）构成合理使用，并且不侵犯原告图书的版权。

美国联邦第二巡回上诉法院还在 *Authors Guild v. Google* 案中讨论了谷歌公司是否侵犯原告作品演绎权、谷歌公司电子复制件被黑客获取及公开、谷歌公司向合作图书馆提供电子复制件三个问题。

关于谷歌检索和片段展示功能是否侵犯原告作品演绎权问题，美国联邦第二巡回上诉法院认为《美国版权法》第 106（2）条之所以在对作品原样复制之外规定作品的演绎权利，因为作者对其作品享有的原样复制的排他性权利不应受到他人对其作品进行形式变换行为的侵蚀。例如，一部英文小说，如果他人将其翻译成其他语言文字并销售，那么就会减少英文版本小说的销售数量，并会相应地损害英文小说作者的版权利益，因此，需要赋予作者对其作品进行翻译的排他性权利。而此案中的谷歌检索和片段展示功能并不会构成对原告作品的实质性替代，因此，法院认为原告作品的演绎权利不能延伸到谷歌检索或片段展示。

同时，法院还指出虽然存在一些与该案案情看似相似的许可使用实践或判例，但是，这些实践或判例与该案相比存在实质不同，并不能简单类比。例如，亚马逊的图书内部搜索计划（Amazon's Search Inside the Book Program）虽然也是展示图书的一部分内容，但是，亚马逊图书内部搜索计划所展示的内容可以被认为是图书的实质部分，这种情况与谷歌片段展示功能截然不同。

又如，在ASCAP案中，使用者使用音乐作品片段作为手机铃声被判决构成版权侵权[1]，但是，ASCAP案与谷歌片段展示亦有本质区别。因为谷歌片段展示功能所展示的图书内容不在于传递受版权保护的表达，而是通过向检索者展示检索词所在的一小部分文本，提供最少的上下文信息，以帮助检索者了解该图书对于该检索词的使用是否使其感兴趣。与之相反，ASCAP案中使用者从受版权保护的音乐作品中截取一个片段作为铃声，使用者是经过仔细筛选的，是用户最希望在手机铃声响起时听到乐曲中的最著名、最受欢迎的一个片段。铃声对于手机用户的价值不仅在于它提供了信息，更在于它提供了作者表达性内容中最有吸引力的一小片段表演。如果使用者提供的服务仅仅是为了向用户表明音乐作品的写作风格、写作年份和创作人姓名，那么就不可能得出版权侵权的结论。

关于谷歌公司电子复制件被黑客获取的风险问题，原告诉称，谷歌公司储存原告作品电子复制件行为会导致黑客入侵、图书广泛流传的危险，从而损害原告作品的版权价值。美国联邦第二巡回上诉法院

---

[1] United States v. American Society of Composers, Authors and Publishers（ASCAP）, 599 F. Supp. 2d 415（S.D.N.Y. 2009）.

认为该项诉求尽管有其合理性，但是，谷歌公司电子复制件被黑客获取和传播的未来风险必须是“确定在即”（certainly impending）的，而非“臆想”（conjectural）或“假设”（hypothetical），才能获得救济。谷歌公司对图书电子复制件的存储采取了与保护其机密信息相同标准的安全保密措施，而且原告提供的证据也不能表明谷歌制作并存储的电子复制件有黑客泄露的客观风险，因此，法院认为原告的该项诉求不应获得支持。

关于谷歌公司向合作图书馆提供电子复制件问题，原告主张谷歌向合作图书馆提供作品电子复制件的行为不是合理使用，其理由是存在合作图书馆以侵权的方式使用电子复制件或不能安全保存电子复制件而被黑客泄露的风险。美国联邦第二巡回上诉法院认为谷歌公司与合作图书馆签订的协议表明其向合作图书馆提供作品电子复制件的目的在于使图书馆以非侵权的方式合理使用这些馆藏作品。

事实上，合作图书馆也是以与谷歌搜索和片段展示功能相同的方式向读者提供这些电子复制件的使用服务。如前所述，谷歌公司以该案所述的谷歌搜索和片段展示方式使用电子复制件可以构成合理使用；同样地，合作图书馆以与谷歌公司相同的方式使用电子复制件亦应构成合理使用。同时，假设合作图书馆自己制作馆藏图书的电子复制件以向其读者提供合理使用意义上的检索服务，那么该电子复制件的制作也不会被认定为侵权。

如果图书馆不是自己制作馆藏图书的电子复制件，而是与谷歌公司合作，由谷歌公司利用其专业知识和资源为图书馆制作并提供其馆藏图书的电子复制件，同样也不应构成侵权。另外，虽然不能完全排除合作图书馆以侵权方式使用电子复制件的可能性，也不能完全排除合作图书馆储存的电子复制件被黑客盗取的可能性，但是，上述可能性只是纯粹臆想的推测，原告没有提供任何证据能够证明上述可能性是现实的，因此，法院认为该项诉求亦不能获得支持。

虽然 *Authors Guild v. Google* 案涉及的主要是关键词检索与片段展示是否构成合理使用的问题，但是，该案对于人工智能系统利用已有作品进行机器学习的使用方式的法律性质问题亦有指导价值。在分析利用已有作品进行机器学习的作品使用方式的法律性质时，由于机器学习系统学习的范围通常不会受到作品数量和质量的限制，也较少考虑被使用作品的性质，因此，应主要分析作品使用的目的和特点、使用行为对版权作品市场或价值的影响两个方面。机器学习使用作品进行学习的目的在于分析不同作品之间、作品内部各部分之间的关联关系，这一目的与谷歌公司搜索引擎利用作品的目的相似，均是为了获得有关作品的信息，这一目的与作品本身的目的截然不同。同时，版权法保护的是思想的表达，作者是从控制作品的复制或接触以获得经济利益，因此，机器学习使用合法获得的作品并不会导致对版权人作品市场或价值的替代。所以，参考 *Authors Guild v. Google* 判例，从上述两点考量因素的分析，机器学习系统使用合法获得的作品通常应可以认定为构成合理使用。

第三节　机器翻译与翻译权保护

近年来，机器翻译随着人工智能的进步而快速发展。机器翻译为作品开辟了新的利用方式，然而这种新兴的作品利用方式所带来的利益给谁在我国现行《著作权法》中却并无明确的答案。技术的进步总会使权利人深陷权利被侵犯的担忧之中，这一问题的消解依赖于技术趋势的分析与权利脉络的研究。作为《伯尔尼公约》所承认的第一项权利，翻译权是将作品从一种语言文字转换成另一种语言文字的权利，作者因此可以自行翻译或授权他人在原作品的基础上创作演绎作品。作为机器翻译的基础——机器学习高度依赖于训练数据集，将含有作品在内的数据集储存于服务器、上传到开源平台或将非数字形式展现的作品转换为数字形式并将之以非人类阅读的方式供机器翻译系统进行学习和训练，这样的行为是否构成对翻译作品或其原作品复制权、演绎权等权利的侵犯，是事关机器翻译技术能否顺利发展的重大问题。同时，机器翻译的发展所催生的“个人翻译”行为使得著作权人行使翻译权的空间受到挤压，如何平衡著作权人、机器翻译系统开发商、机器翻译系统使用者之间的利益，亦是一个值得深入研究的问题。

一、机器翻译发展历史

机器翻译（Machine Translation）是指利用自然语言处理技术，由机器将某一语言文本或语音转换为另一语言文本或语音，进而实现不同语种人群间交流的技术。不同于由翻译记忆技术驱动的计算机辅助翻译技术（Computer Aided Translation），机器翻译的目标是由计算机独立实现文本输出任务，因而其发展表现为从规则驱动到统计驱动，再到神经网络驱动的进步过程。

1. 基于规则的机器翻译

基于规则的机器翻译（Rule-Based Machine Translation）的开发高度依赖于规则库与语料库的建构[1]，其在20世纪90年代前引领着机器

---

[1] 侯强，侯瑞丽．机器翻译方法研究与发展综述［J］．计算机工程与应用，2019，55（10）：30-35，66.

发展的主要研究方向。双语语言学家需将已有的翻译知识全部转换为翻译规则，然而，语言的翻译规则是无法被穷尽的，面对海量的翻译任务，语言学家定义规则的难度越来越高，非恰当定义的某个规则可能导致某一个或某几个规则的变化。基于规则的机器翻译因而呈现出开发成本高、开发周期长的特点，在面向具体场景应用时，这种翻译技术常常会面临“答非所问”的窘境。

2. 统计机器翻译

统计机器翻译（Statistical Machine Translation）对机器翻译进行了数学建模，谷歌翻译首席科学家弗朗茨·约瑟夫·奥赫（Franz Josef Och）曾言：“基于统计的谷歌翻译需要构建非常大的语言模型，比人类历史上任何人曾经构建的都要大。”[1]统计机器翻译对于语料库的读取集中于模型建构的前端而非处理翻译任务的过程中，因为双语文本的转换基于统计概率而非对于语料库的机械依赖。

3. 神经网络机器翻译

谷歌公司与蒙特利尔大学在2014年搭建出首个神经网络翻译模型。2015年，百度上线了首个互联网机器翻译系统，这标志着机器翻译步入新的发展阶段，深度学习算法（Deep Learning Algorithm）实现广泛应用，而统计机器翻译的地位迅速被取代。

神经网络机器翻译（Neural Machine Translation）通过算法模拟搭建人类大脑中的神经元结构，通过“编码—解码”的过程实现计算机对于目标语言的输出，其核心在于拥有海量节点、具有自组织和自学习能力的深度神经网络可直接从生数据中学习，且能有效捕获长距离

[1] 斯介生，宋大我，李扬．大数据背景下的谷歌翻译——现状与挑战［J］．统计研究，2016，33（5）：109-112.

依赖。[1]基于此，计算机能够自动在海量语料中获取语言特征与翻译规则，机器翻译因此逐渐克服了基于规则阶段时穷尽翻译规则之困境与统计阶段时搭建庞大语料库之困难。

4. 机器翻译发展的趋势与特征

从基于规则驱动，到统计驱动，再到神经网络驱动，机器翻译的开发周期不断缩短、开发成本逐渐降低，这一进步反映了半个世纪以来深度学习算法在人工智能技术发展中所凸显的强大作用。只要具备足够复杂的网络结构、难以想象的海量数据和高效的运算力，深度学习便能充分发挥出其强大的数据拟合能力。根据面向场景的不同，可以将机器翻译技术发展的趋势与特征总结为以下两点。

第一，在简单任务中，机器翻译的准确度越来越高，人类角色在机器翻译中的参与度越来越低。在机器翻译的开发过程中，人类角色的参与主要集中于训练阶段。应用无监督学习（Unsupervised Learning）算法训练时，算法工程师无须为数据“打标签”[2]，只需将相关语料转换成低维向量[3]，智能翻译机器便可自动识别特征、实现译文输出并将学习的经验保存下来。通过给定输入值与输出值，智能翻译机器可以拟合出某一函数表达式的系数，而这组函数将成为神经网络里新的神经元。因此，神经网络机器翻译模型得以被不断训练，进而不断学习新的规则。

目前，腾讯、百度等多家互联网企业均已上线在线机器翻译服务。

---

[1] 刘洋．神经机器翻译前沿进展［J］．计算机研究与发展，2017，54（6）：1144–1149.

[2] 此处所言之“打标签”，是指对于算法工程师对于数据的预处理行为。运用监督学习与半监督学习算法时，仍然需要人类将数据先行处理后再输入至机器学习。

[3] 蔡圆媛，卢苇．基于低维语义向量模型的语义相似度度量［J］．中国科学技术大学学报，2016，46（9）：719–726.

其中，百度在线翻译平台已经能够实现200余种语言的互译，并支持拍照、手动输入等多种形式的翻译。借助这些网络服务，人类基于出行、工作等需要时，可以在瞬时得到一个较为准确的翻译结果。

第二，在复杂任务中，机器翻译的表现能力有待提升，其主要作为人类译者的辅助工具出现。以百度在线翻译平台为例，用户虽可以在瞬间免费得到翻译结果，然而，当用户追求更高质量的翻译文本时，其只能点击“人工翻译”按钮载入付费翻译界面当中。

处理一些复杂的翻译任务时，机器翻译的发展还未达到一个完全理想化的水平。严复曾在《天演论》中提到:“译事三难：信、达、雅。”目前，机器翻译已经基本能够达到“信”的标准，即在某些领域中保证翻译内容的准确性；然而，要求其完全符合“达”（以接近母语的方式表达）和“雅”（追求文章本身的简明优雅）两个标准，还需等待一个奇点的到来。以文学作品为例，天马行空的想象力、起承转合的撰写风格与极具特色的表达方式是其主要特点，不同形式的作品展现独创性之方式有所不同。[1]由于“感知”能力的缺乏，智能翻译机器还不能较为出色地完成文学作品的语言转换。因此，完成一些复杂任务时，机器翻译主要作为人类译者或读者的辅助工具出现。

二、翻译权的发展与变迁

作为人类交流思想、传播文化的重要工具，语言在社会发展中起着举足轻重的作用。目前，世界上的现存语言已超7000种，事实证

---

[1] 李明德.美国知识产权法［M］.北京：法律出版社，2014.

明，翻译人类语言比20世纪的任何科学难题都更有挑战性。[1]翻译权的概念最早在《伯尔尼公约》中被确定下来，如今，授权他人翻译并出版传播其作品是当前著作权制度中作者行使翻译权的基本模式。翻译权的行使不仅是作者获取经济报酬的主要途径，还是打破贸易壁垒、促进文化交流和传播优质作品的重要渠道。

1. 国际公约中的翻译权

翻译权是《伯尔尼公约》所承认的第一项权利，1967年，被各国广泛认可为"经济权利之首"的复制权才被纳入《伯尔尼公约》。

19世纪，各国迫切需要打破文化贸易的壁垒，而事实上，作者通常并不会自行对作品进行翻译。因此，在当时的文化背景下，国际条约对于翻译权的承认就显得尤为重要。1886年《伯尔尼公约》第5条[2]划定翻译权的保护期限为作品发表后的10年，并将翻译权定义为自行或者授权他人对作者作品进行翻译的权利；同时，第6条对于翻译作品提供了保护，其享有与原作品同等的保护，这种保护不应带有任何偏见。

后来，该公约几经补充与修订，翻译权的相关内容也有所变化。1896年，公约成员国代表在巴黎举行了一次增补公约内容的会议，将翻译权的保护期限延长；1908年，《伯尔尼公约》进行第一次修订，翻

---

[1] Erik Ketzan. Rebuilding Babel: Copyright and the Future of Online Machine Translation［J］.Tulane Journal of Technology and Intellectual Property，2007 ,（205）: 206–234.

[2] 1886 Berne Convention，article 5: Authors who are subjects or citizens of any of the countries of the Union，or their lawful representatives，shall enjoy in the other countries the exclusive right of making or authorizing the translation of their works until the expiration of ten years from the publication of the original work in one of the countries of the Union.

译权的保护期限得以与复制权等其他权利的保护期限相统一；[1]1971年对该公约进行修订时，应发展中国家的强烈要求，《伯尔尼公约》附件中增加了对于翻译行为的强制许可证条款。[2]1995年，世界知识产权组织在《关于伯尔尼公约议定书的备忘录》中申明，“翻译”的概念过去和现在都针对实际语言即人类语言，[3]因此，“翻译权”的概念仅限于人类所使用语言间的相互转换。

《伯尔尼公约》作为一个整体，目的是在每个成员国中对与该国存在关联的外国作者提供保护，[4]这就要求其成员国按照《伯尔尼公约》之要求调整本国法律。以日本为例，虽然文学界人士一贯强调日语的特殊性及和西欧语之间的翻译差异，[5]但是，作为亚洲最早加入《伯尔尼公约》的国家，日本仍然需要主动修改其著作权法以履行成员国的义务。

为协调《伯尔尼公约》成员国与非成员国之间的关系，鼓励文学、科学与艺术的发展，在联合国教育、科学及文化组织的推动下，《世界版权公约》（*Universal Copyright Convention*）（以下简称《版权公约》）于1952年通过。同时，《版权公约》要求各成员国不作任何保留。

---

[1] 1908 Berne Convention，article 8：Authors of literary and artistic works protected by this Convention shall enjoy the exclusive right of making and of authorizing the translation of their works throughout the term of protection of their rights in the original works.

[2] 1971 Appendix of Berne Convention，article Ⅱ（2）（a）：Subject to paragraph（3），if, after the expiration of a period of three years...any nation of such country may obtain a license to make a translation of the work in the said language and publish the translation in printed of analogous forms of reproduction.

[3] 郑敬蓉，陈波．图书馆馆藏作品数字化的法律性质与立法完善［J］．新世纪图书馆，2020（11）：22–26.

[4] 乔治·库曼托，郑成思．国际私法与伯尔尼公约［J］．法律科学（西北政法学院学报），1992（3）：57–65.

[5] 李志红．翻译权在日本的变迁［J］．出版发行研究，1992（6）：56–59.

首先,《版权公约》明确提出对于翻译权、复制权、广播权及表演权 4 项经济权利的保护。其次,《版权公约》第 5 条第（二）款之甲提出了对于翻译权的限制措施：如果一部文字作品自首次出版算起 7 年期满而翻译权所有者或在其授权下尚未以该缔约国通用语文出版译本，该缔约国任何国民都可从主管当局得到用该国通用语文翻译该作品并出版译本的非专有许可证。当然，该许可证的颁发只能用于教学、学习或研究。[1]

2. 我国《著作权法》中翻译权的变迁

我国于 1992 年加入《伯尔尼公约》与《版权公约》。1990 年 9 月 7 日,《著作权法》于第七届全国人民代表大会常务委员会第十五次会议通过，其中，第 10 条提供了对于作者人身权和财产权的保护，复制、表演、播放、展览等使用作品的权利被统一称为“使用权与获得报酬权”。[2] 同时，第 12 条提供了对于翻译作品的保护，翻译、注释、改编、整理的行为被视作创作演绎作品的行为，相关行为应当尊重原作的著作权。这样，翻译的行为被规定于演绎行为之下，翻译作品与改编作品等共称为演绎作品。

---

[1]《世界版权公约》第 5 条的部分规定为：“（一）第 1 条所述各项权利，应包括作者翻译和授权他人翻译受本公约保护的作品，以及出版和授权他人出版上述作品译本的专有权利。（二）然而，任何缔约国根据其国内法可以对文字作品的翻译权利加以限制；但必须遵照如下规定：甲、如果一部文字作品自首次出版算起 7 年期满而翻译权所有者或在其授权下尚未以该缔约国通用语文出版译本，该缔约国任何国民都可从主管当局得到用该国通用语文翻译该作品并出版译本的非专有许可证。”

[2] 1990 年《中华人民共和国著作权法》第 10 条规定：“著作权包括下列人身权和财产权：（一）发表权，即决定作品是否公之于众的权利；（二）署名权，即表明作者身份，在作品上署名的权利；（三）修改权，即修改或者授权他人修改作品的权利；（四）保护作品完整权，即保护作品不受歪曲、篡改的权利；（五）使用权和获得报酬权，即以复制、表演、播放、展览、发行、摄制电影、电视、录像或者改编、翻译、注释、编辑等方式使用作品的权利；以及许可他人以上述方式使用作品，并由此获得报酬的权利。”

2001 年,《著作权法》进行第一次修改。其中，第 10 条采用列举的立法方式，将著作权中的经济权利分为 12 项权利，翻译权作为一项“将作品从一种语言文字转换成另一种语言文字的权利”被规定于该条第（十五）项当中。至此，我国《著作权法》对于翻译权的保护框架基本被确定下来，2010 年进行第二次修改、2020 年进行第三次修改时，2001 年《著作权法》中翻译权的原有条款被立法者保留下来。

因此，我国《著作权法》对于翻译权的保护主要分为以下两个维度：第一，著作权人的翻译权受法律保护，著作权人可以自己翻译或授权他人翻译作品。第二，翻译已有作品的行为会产生基于演绎作品的著作权，翻译作品的独创性在一定程度上受制于原作品的独创性。译者应尊重原作品的著作权，使用原作品需获得原著作权人的许可，并向其支付报酬。同时，第三方使用翻译作品时，需同时征求原作者与演绎作者的许可，并向二者支付报酬。

三、机器翻译的训练对于翻译作品的使用

机器翻译加快了世界一体化的进程，使人类遥不可及的梦想成为可能，但其也带来了一些著作权难题。目前，机器翻译技术以研究神经网络方法最为盛行，具体之训练依靠深度学习算法。神经网络是模拟人脑搭建的类神经元结构，深度学习算法则是帮助机器实现智能的主要驱动力。

日本于 2018 年开始“大刀阔斧”地进行著作权法改革，允许互联网及高科技企业直接使用作品而无须经作者同意，[1]这传递出一个信号：

---

[1] 国家版权局．日本大尺度修改《著作权法》[EB/OL]．(2018-10-30)[2020-10-30].http：//www.ncac.gov.cn/chinacopyright/contents/519/364099.html.

于机器学习而言，作品的自由使用存在着一些障碍；于著作权人而言，机器对于作品的使用存在着“隐秘的风险”。

1. 机器翻译的训练过程将不可避免地使用现有翻译作品

机器翻译的训练目标是帮助计算机独立、准确且快速地实现译文输出，其开发与改进需要学习海量数据。基于规则和统计的翻译机器需要语言学家与算法工程师共同协力，将翻译规则转化为储存在机器内部的语料库，而神经网络机器翻译能够自动识别输入数据的特征并进行学习，通过学习经验的累积实现翻译文本的准确输出。

2017 年，由微软开发的机器人小冰出版“诗集”《阳光失了玻璃窗》，据开发者所言，小冰的训练量达到 1 万多次，其共学习了 1920 年以来 500 余位现代诗人的作品。[1]人工智能的“创作”不是简单的大数据组合，而是一种基于数学模型的再数据化输出，[2]因此，表达型人工智能的训练将会不可避免地使用现有作品和其他文本。

然而，文字是人类可以理解的表示符号，为实现机器的自我学习，训练者需将文本语句向量化并层层传递直至转化为机器可以理解的机器语言，再经过多重传导运算，最终生成译文。[3]诸如小冰一类的诗歌创作型机器的训练以学习诗歌作品为主要途径，通过分析不同流派（作者）的不同表达方式，小冰得以在选定的参数下输出类似风格的诗歌作品。智能翻译机器以学习双语或单语语料为主要路径：理想状态

---

[1] 新华网．微软（亚洲）互联网工程院微软小冰诗集《阳光失了玻璃窗》[EB/OL]．(2017-05-22)[2020-10-30].http://www.xinhuanet.com/fashion/2017-05/22/c_1121012177.htm.

[2] 马忠法，肖宇露．论人工智能学习创作的合理使用[J]．山东科技大学学报（社会科学版），2020，22（5）：32-38，47.

[3] 刘友华，魏远山．机器学习的著作权侵权问题及其解决[J]．华东政法大学学报，2019，22（2）：68-79.

下，输入双语平行语料能够在最短时间内实现训练目标；以上语料匮乏时，以单语语料训练机器也可以帮助其了解该种语言的表达规则与撰写逻辑。

智能翻译机器的训练需要数以万计的数据辅助之，且训练数据以存在双语形式为最佳。虽然著作权的保护只是公有领域中的几座“孤岛”[1]，但仅仅从公有领域中抓取双语训练数据恐难以满足其数量和质量要求，因此，许多人工智能公司选择使用包含作品的训练数据集，而这些数据本身可能又是利用爬虫技术从其他数据库中非法抓取的。[2]当这些公司未经权利人许可并支付报酬，将一篇中文文章与其英文译文（或者其他平行语料）转化为低维向量训练机器学习时，这一行为可能会落入著作权法的保护范围中。

机器学习的过程主要表现为“输入数据—机器分析—输出结果”的过程，这一过程高度依赖训练数据集与测试数据集。训练过程中，包含某一翻译作品（与其原作品）的训练数据集可能被储存于某人工智能公司的服务器中用以反复训练一台或多台机器，同时，这一训练数据集也可能被上传到某一开源平台中，这时，以上行为触犯了复制权[3]的边界。

2020年《著作权法》第10条第1款第（五）项实现了复制权权利范围的扩大，“数字化”这一方式被纳入复制权的保护范围中。[4]有

---

[1] 李明德.美国知识产权法［M］.北京：法律出版社，2014：229.

[2] 刘友华，魏远山.机器学习的著作权侵权问题及其解决［J］.华东政法大学学报，2019，22（2）：68-79.

[3] 同时，其也可能面临着侵犯信息网络传播权的指控。

[4]《中华人民共和国著作权法》（2021年6月1日实施）第十条第（五）项规定：“复制权，即以印刷、复印、拓印、录音、录像、翻录、数字化等方式将作品制作一份或者多份的权利。”

研究认为“数字化”是指依靠计算机技术把一定形式的信息输入计算机系统并转换成二进制数字编码的技术。[1]总而言之，“数字化”是将人类语言转换为机器语言并储存在机器中的行为，当训练者将非数字形式存在的作品转换为以数字形式存在的作品并储存在服务器中时，其也会面临着侵犯复制权的指控。

同时，机器学习以模仿为主要手段，译文的输出以在训练数据中抽取可供优化翻译模型的特征为基础，这一行为中抽取了原属于翻译作品的表达。翻译作品的独创性主要体现在译词的选择、译文的编排上，其独创性在某种程度上受制于原作品的独创性。[2]机器对于双语语料的分析并非针对体现于作品当中的思想，而是基于其表达。与人类利用参考文献写作文章的机理相同，海量数据的输入也使得机器增长了新的知识并实现了知识增值，这些“知识”将转化为机器内部新的模型参数。

2. 现行合理使用制度难以包容此种行为

2010 年《著作权法》第 22 条以封闭列举的方式将合理使用限定在 12 种情形中，机器翻译的训练对于作品的使用行为并不包含在此范围内。近年来，有法院主张对于封闭列举立法例的突破，[3]这一声音为2020 年《著作权法》所回应。2020 年《著作权法》第 24 条将《中华人民共

---

[1] 应明. 数字化技术的发展对现行著作权制度带来的新问题［J］. 知识产权，1994（6）：7-10，13.

[2] Matthew Sag. The New Legal Landscape for Text Mining and Machine Learning［J］. Journal of the Society of the U.S.A.，2019（66）：291-365.

[3] 参见覃某殷诉北京荣宝拍卖有限公司侵犯著作权纠纷案，北京市第一中级人民法院（2003）一中民初字第 12064 号民事判决书；参见吴某诉北京世纪读秀技术有限公司侵犯著作权纠纷案，北京市海淀区人民法院（2007）海民初字第 8079 号民事判决书。

和国著作权法实施条例》（以下简称《著作权法实施条例》）第21条[1]的内容移入，并扩大了合理使用制度适用的情形，第（十三）项“法律、行政法规规定的其他情形”作为一条封闭性兜底条款被引入。

然而，在“音乐喷泉案”中，北京知识产权法院明确表达了适用此类兜底条款之态度：“能否作为著作权法所称的其他作品，必须由法律、行政法规规定，不能由其他规范性文件规定，以保证法制的统一。”[2]北京知识产权法院的上述态度虽然针对的是2010年《著作权法》有关作品种类相关规定的态度，但对于合理使用法律条文的解释问题亦有借鉴价值。2020年《著作权法》第24条第（十三）项的设立试图在新技术的发展与著作权保护间找寻平衡，因为合理使用的判断标准产生变动的原因，是新技术背景下对作品全新利用方式的激励。[3]但是，缺乏其他法律、行政法规的指引时，不能直接引用该条进行合理使用的辩解。

不过，神经网络技术具有不可解释性，在人工智能系统输入的数据和其输出的结果之间，存在着无法洞悉的“隐层”，即“算法黑箱”。[4]因此，认定具体侵权行为时，仅从某一次或某几次的译文输出判断，无法推知机器学习了哪一部或哪几部作品，更无法推知机器为何生成这一翻译结果。这时，应要求训练者提供原始训练数据集。虽

---

❶《著作权法实施条例》第二十一条规定：“依照著作权法有关规定，使用可以不经著作权人许可的已经发表的作品的，不得影响该作品的正常使用，也不得不合理地损害著作权人的合法利益。”

❷ 参见杭州西湖风景名胜区湖滨管理处等与北京中科水景科技有限公司纠纷案，北京知识产权法院（2017）京73民终1404号民事判决书。

❸ 徐小奔，杨依楠．论人工智能深度学习中著作权的合理使用［J］．交大法学，2019（3）：32-42.

❹ 徐凤．人工智能算法黑箱的法律规制——以智能投顾为例展开［J］．东方法学，2019（6）：78-86.

然机器翻译技术的发展有其政治、军事及文化意义，未经著作权人许可而对他人作品加以利用的行为却不能因此得到著作权法的豁免，然而，基于人工智能训练行为的非公开性，这种风险总是隐秘存在的。

四、机器翻译的发展与翻译权行使的挑战

在*Dreamwriter*案中，Dreamwriter系腾讯科技（北京）有限公司开发并授权给原告深圳市腾讯计算机系统有限公司使用的智能新闻写作软件，该软件可以自动撰写股市财经综述类文章，且原告的创作人员每年可在该软件的协助下完成大约30万篇作品。深圳市南山区人民法院否认了该软件独立为“创作”行为的正当性，但其认为，作为创作人员的工作助手，Dreamwriter参与撰写的文章是具有独创性的法人作品。[1]人工智能技术正不断迈入文学、艺术领域当中，虽然其“作者”地位并不为《著作权法》所包容，利用其进行创作却已成为一种新的风尚。

神经网络机器翻译的开发成本低，运行速度快。由翻译记忆技术驱动的计算机辅助翻译技术与专业译者的配合度更高，自动生成翻译结果的机器翻译则面向更多非专业译者。目前，准确度不断提升的机器翻译对于翻译权行使的挑战主要有二。

1. 机器翻译的普及打破了翻译权行使的固有模式

知识产权的客体是无形的智力活动成果，它以信息的方式存在于那里，虽然其具有鲜明的地域性，但对于相关智力活动成果的利用却

---

[1] 参见深圳市腾讯计算机系统有限公司与上海盈讯科技有限公司著作权权属、侵权纠纷、商业贿赂不正当竞争纠纷，深圳市南山区人民法院（2019）粤0305民初14010号民事判决书。

是没有国界的，这为某一作品在世界范围内的传播提供了可能。然而，作品的广泛传播存在一个前提：该作品需被译为多国语言，基于此，作者得以通过授权他人翻译或自行翻译（若其掌握该门语言的话）的方式行使翻译权，并获取经济报酬。

当读者对某一部外国作品产生兴趣时，其会产生阅读该作品的文学性需求，这种需求的实现以将该部作品翻译为本国通行语言为前提。神经网络机器翻译的普及与发展使读者的私人翻译行为成为可能。当某一读者对于某部外国作品的需求仅限于了解其基本含义而非欣赏文学性、准确度更高的专业译本时，其可以借助机器翻译将部分或全部作品翻译成其熟练使用的语言，当然，这一行为应基于个人欣赏或学习之目的。长此以往，读者对于外国作品的本国译本的需求将相应下降，这时，著作权人行使翻译权的空间相应缩小。即使作者仍通过翻译权的行使在该国出版了该译本，该译本的销量可能也会因机器翻译的迅速普及而不甚理想。

2. 机器翻译为侵权者提供了便利

继续上文的假设，某一外文作品在某读者所在国家依据国际公约或双边条约享有著作权，某读者非基于个人欣赏或学习之目的，未经著作权人许可，擅自借助机器翻译实现了该外文作品的语言转换以获取非法收益时，这名读者无疑将面临侵犯著作权人翻译权之指控，其应承担直接侵权之责任。

无论基于合法或非法的目的，当用户将需要翻译的文本输入在线翻译平台中并点击“翻译”按钮时，机器翻译将在几秒钟之内生成翻译结果。因此，当用户未经许可翻译他人作品时，机器只能别无选择地继续完成辅助工作。以百度翻译为例，对于这一法律风险，百度公司在《百度翻译用户使用协议》中指明：“其对于键入内容和翻译结果造成的侵权、纠纷、损失概不负责，亦不承担任何法律责任。”[1]

当用户基于未经许可的翻译行为构成直接侵权时，智能翻译机器实际上成了直接侵权者的“侵权工具”，其训练者或所有者开发新技术的行为客观上为直接侵权者提供了侵权的便利，这一技术支持行为可能面临着承担间接侵权责任中辅助侵权之指控，[2]这一行为无法通过以上的免责条款进行规避。面对浩如烟海的“私人翻译”行为，权利人直接起诉机器翻译用户是不明智的，因此，其有可能将诉讼的矛头指向训练者或所有者。这时，机器翻译便面临着美国“索尼案”中的尴尬处境。

作为“索尼案”的原告，环球影视公司和迪士尼公司就一系列电视节目享有版权。由于索尼公司生产的家用录像机的购买者通过电视广播录制了原告享有版权的节目，1976 年，二原告在地方法院提起了针对被告索尼公司的诉讼，并向法院控告索尼公司售卖的录像机构成辅助侵权。在该案的审判中，地方法院作出了有利于被告的判决，然而，上诉法院的判决则主要支持了原告的诉求。当案件进入美国最高法院的审理程序时，美国最高法院再次支持了被告的主张，认定改变观看时间使用录像机录制电视节目的行为构成合理使用，而录像机具有除侵权外的其他用途，被告的行为并没有构成帮助侵权。通过索尼案可知，只要产品能够具有一种潜在的“实质性非侵权用途”，产品的制造商和经销商就无须承担辅助侵权之责任。[3]

若按照“实质性非侵权用途”标准，机器翻译的开发者或许无须

[1] 百度翻译 . 百度翻译用户使用协议［EB/OL］.（2017-05-22）［2020-10-30］. https：//fanyi.baidu.com/static/webpage/agreement.html.

[2] 刘文杰 . 信息网络传播行为的认定［J］. 法学研究，2016，38（3）：122-139.

[3] See：Sony Corporation of America et al.v .Universal City Studios，Inc，.et al.464 U. S. 417 at 586（ 1984）.

承担间接侵权之责任。然而，这一技术的发展与普及带给著作权人的冲击却是切实存在的。间接侵权责任以直接侵权责任的成立为前提，[1]索尼案中，改变观看时间使用录像机录制电视节目的行为构成合理使用，然而，非基于个人欣赏、学习之目的，未经许可利用机器翻译实现他人作品语言转换的行为却不具有适用合理使用进行抗辩的空间。

同时，索尼案中所确立的“实质性非侵权用途”标准为故意设计一种主要用途在于侵权，却具有至少“一种”“潜在”的合法用途的产品打开了方便之门，[2]其正当性也有待一事一论的探讨。事实上，本案中持不同观点的法官曾发表这样的言论：“可以认定被告构成帮助侵权，但是可以通过判给损害赔偿金或权利金的方式维持被告的生产与售卖行为，这样，购买者也可以继续使用录像机而不受打搅。”[3]

五、利益平衡视角下的风险应对路径：版权补偿金制度的借鉴

技术中立原则与利益平衡原则是著作权法始终应遵循的两大原则。著作权法基于回应印刷技术的发展而产生，基于回应网络技术的发展而变化，也将基于回应人工智能技术的发展而面临挑战。

1. 版权补偿金制度产生于利益平衡的需要

20世纪60年代，德国正面临着这样一个问题：伴随着各种复制

---

[1] 刘平．著作权“间接侵权”理论之检讨与展望［J］．知识产权，2018（1）：67-79，96.

[2] 罗斌．云计算环境下的著作权间接侵权规则探讨——从“索尼案”到“Cablevision案”的适用原则变更［J］．中国版权，2012（3）：48-51.

[3] 王迁．“索尼案”二十年祭——回顾、反思与启示［J］．科技与法律，2004（4）：59-68.

设备的普及，私人复制的成本愈发低廉，大量的私人复制作品涌现出来，这严重冲击了正版作品销售的市场。然而，依据当时的《德国著作权及邻接权法》，个人复制行为并不具有非法性。因此，这样一个问题被置于立法者眼前：当私人复制行为不具有法律上的可责性，却又切实影响作者的收益时，该采取何种措施来平衡二者之间的利益关系？

1965年，《德国著作权及邻接权法》吸收了1955年*Grunding Reporter*案与1964年*Personalawsweise*案中法院的基本做法，将版权补偿金制度从立法的层面确定下来。由此，复制设备的生产商与进口商需要缴纳不超过销售额5%的补偿金，该补偿金的收取由著作权集体管理组织承担。后续，伴随着科技的发展，德国又将该制度进行了两次革新，该制度的征收对象（复印设备等也被纳入征收对象中）不断扩大，受益人范围不断被扩展（邻接权人被纳入受益人范围），同时，该制度开始对不同设备收取不同金额的版权补偿金。

在美国，“索尼案”的判决虽然释明了“帮助侵权”与“合理使用”的问题，但是，这一判决并没有完全把握住新技术发展与著作权保护间的微妙关系。1990年，索尼公司再次陷入诉讼中，以作曲家萨米·卡恩（Sammy Cahn）为首的大量音乐版权人认为索尼公司生产的数字录音机影响了作品的“潜在市场”。[1]这场诉讼虽以原告方萨米·卡恩的撤诉结案，却在客观上推动了《家庭录音法案》（*Audio Home Recording Act of* 1992）的通过，该法案后成为《美国版权法》中的内容。《家庭录音法案》要求在数字录音设备中设置控制复制行为的技术措施，并要求其制造、销售商按照申报的销售数量缴纳版税。[2]

试图弥补合理使用偏差的版权补偿金制度的导入，在某种程度上

---

[1] See：Cahn v .Sony Corp.，90 Ci v.4537（S .D .N .Y.filed July 9，1990）.

[2] 李明德.美国知识产权法［M］.北京：法律出版社，2014：314.

缓解了模拟复制技术条件下的权利人与使用人之间的紧张关系，[1]复制设备的生产者可能并不携有生产侵权工具的目的，消费者在购买设备时也并非都携有使用该设备为侵权行为之目的，但是，为应对私人复制行为带给著作权制度的冲击，版权补偿金制度所采取的“一刀切”设计符合利益平衡原则。一方面，私人复制行为仍具有合法性，但是，版权补偿金最后都将转换为设备的成本，该部分金额实际上被转嫁到了购买产品的消费者身上，这在一定程度上约束了消费者的行为；另一方面，著作权人的潜在利益或许因私人复制行为受到影响，但是，该制度使其获得应有的经济补偿，这在另一种维度上维护了其合法权益。

2. 应借鉴版权补偿金制度建立我国的“人工智能税”

版权补偿金制度是数字技术时代调和不同主体间利益冲突的重要路径，[2]随着新一代科技革命的到来，其还应被赋予更多的内涵。尽管许多欧洲国家参考《德国著作权及邻接权法》建立了各具特色的版权补偿金制度，但由于种种原因，我国著作权法中并未建立起这一制度。

文学艺术作品在本质上是流动的、无形的、共享的且不会被消耗，具有公共产品属性。[3]神经网络机器翻译和其他人工智能技术在其训练、商业性应用过程中对于作品的利用、翻译行为对著作权人的潜在利益造成了影响，而这些行为却总是隐秘发生的。新技术的发展与培育，使著作权人的利益长期处于不安宁的状态之中，某一作品被纳入机器的训练数据集时，该作品的权利人往往难以发现或举证这一侵权行为。同时，由于作品自由利用的障碍性，训练人工智能模型时常会

---

[1] 曹世华．论数字时代的版权补偿金制度及其导入［J］．法律科学．西北政法学院学报，2006（6）：143-151.

[2] 张今．数字环境下的版权补偿金制度［J］．政法论坛，2010，28（1）：80-87.

[3] 尹锋林，肖尤丹．以人工智能为基础的新科技革命对知识产权制度的挑战与机遇［J］．科学与社会，2018，8（4）：23-33.

面临数据稀缺问题。因此，应在人工智能时代下建立与我国国情相适应的版权补偿金制度，可以称之为“人工智能税”。

人工智能的训练者、所有者寻求作品等数据的开放获取以实现相关模型的训练与提升，著作权人则迫切希望智力成果能够得到合法、理性的使用。因此，人工智能训练者与所有者是该种版权税的义务主体，著作权人相应作为受益主体，同时，该种版权税应由我国的著作权集体管理组织进行征收。不过，在我国设立“人工智能税”的前提是以下两个问题顺利解决：

第一，加强著作权集体管理组织的建设。2020年《著作权法》第8条确定了集体管理组织的非营利性特征，该集体管理组织的成立目标应是通过使用费的代收取与维权诉讼行为保障著作权人合法利益的实现。在我国，基于制度环境与自利动机，[1]著作权集体管理组织缺乏相应的市场基础，目前，这一制度设计并未实现著作权法的预期目标。赋予著作权集体管理组织收取版权税义务的前提应是相关组织具有一定的市场接受度，并且能最大化地维护著作权人利益的实现。

第二，确定一个合适的征收税率。版权补偿是一种折中方案，赔偿基于著作权人的实际损失，而补偿则基于法律的例外规定。因此，这一制度设计不应将更多的砝码加于著作权的保护之上，而应在市场规律的指导下，确定一个折中、合理的征收税率。“人工智能税”中的版权补偿基于具体的开发、销售行为，补偿金额则以开发商、服务商的申报数量为主要计算基点。过高的税率无疑是为新技术的发展增加了新的负担，这一负担不应重于单独为作品的利用而支付的费用，同时，过低的税率无法弥补著作权人潜在市场受到挤压而带来的利益受损。

---

[1] 向波．著作权集体管理组织：市场功能、角色安排与定价问题［J］．知识产权，2018（7）：68-76.

虽然，新技术的发展总能为人类带来生产、生活方式上的变革，但革新中的“阵痛”应得到理性的分析与对待。智能翻译机器的训练需要海量的平行双语语料，在深度学习中，其将会不可避免地复制、改编某部作品与其翻译作品，这一行为无法为现行的合理使用制度所包容。同时，伴随着神经网络技术的普及与应用，当用户基于合法或非法目的使用机器翻译实现某部作品的语言转换时，著作权人的潜在市场及利益会因此受到影响，其作品面临着被擅自翻译并利用的风险。技术中立视角要求著作权法在新技术的发展与著作权的保护间寻求微妙的平衡。版权补偿金制度的借鉴既可以扫清人工智能开发者使用作品进行深度学习的法律障碍，扩充其训练数据集，又给予深陷担忧权利被侵犯的不安宁情绪中的著作权人以合理补偿，著作权制度似应朝着这一方向迈出步伐。

第四节　人工智能生成物与著作权保护

一、人工智能系统创作作品的发展

随着人工智能技术的发展，人工智能系统越来越广泛地运用于作品的创作之中。自 2017 年微软机器人“小冰”创作的诗集出版以来，关于人工智能生成物版权保护的讨论日渐增多。目前，人工智能技术已悄然拿起自己的“笔”，走入文学和艺术领域。与此同时，人工智能技术在新闻撰写领域亦有广泛应用，其生成物的数量也与日俱增。例如，美联社、腾讯等纷纷运用人工智能技术，进行实时新闻的播报。面对实践中出现的新问题，法律若想予以回应，应首先回答两个方面的问题：其一，人工智能生成物是否符合著作权法中的作品特征？其二，若第一个问题条件满足，应如何设计权利主体的归属方案？

有学者对人工智能生成物是否享有著作权问题持否定的观点，认为作品的作者应为人，起码也应为法律拟制的法人。因此，上述学者将其作为否定人工智能生成物具有可版权性的理由。然而，从外观来看，部分人工智能生成物的外观和人类创作的作品外观可能并无二致，直接从创作主体进行否定可能会导致法律在保护优秀“作品”时的缺位，从而消减人们利用新技术创作作品的热情，对于鼓励文学艺术领域内的创作可能会利弊参半。

2018 年，中国电子技术标准化研究院发布的《人工智能标准化白皮书 2018》中指出，人工智能是指利用数字计算机或者数字计算机控制的机器模拟、延伸和扩展人的智能，感知环境、获取知识并使用知识获得最佳结果的理论、方法、技术及应用系统。[1]由此可以得知，人工智能技术的发展目标是通过不断强化学习能力，模拟人的智能实现的，其通常先由开发者开发出一套相关算法，再由训练师“喂”以海量的数据，后其运用自身的逻辑推理运算能力找出数据之中的规律进行学习，再进行相应的“创作”。所以，讨论配备人工神经网络的人工智能技术进行“创作”的生成物是否具有“独创性”，核心是要解决一个问题，即是否能够认定由算法驱动，以海量数据为基础的生成物符合“作品”的构成要件。

据李开复博士的论述，人工智能发展分为四波浪潮：互联网智能化（internet AI）、商业智能化（business AI）、实体世界智能化

---

❶ 百度网．中国《人工智能标准化白皮书 2018》发布完整版［EB/OL］.（2018-01-19）［2020-12-22］.https：//baijiahao.baidu.com/s? id=1589996219403096393&wfr=spider&for=pc.

（perception AI）、自主智能化（autonomous AI）。目前，我们正处于“弱人工智能时代”，即人工智能技术仍首先需要人类先将数据“贴上标签”，再将其与特定的行为连接起来，然后进行数据的海量灌溉，教会其进行学习。[1]事实上，人工智能技术系通过为计算机建立模拟神经网络，让其模拟人类思考的能力，系用算法程序来对生物学概念进行量化。其对于数据可以进行编排、运算，并可以不断聚焦于相关性更高的数据上，自主学习的能力实际上在不断增强，并可能不断趋进“深度学习”的能力。[2]

目前，在“弱人工智能”时代，人工智能系统并无自己独立的意识和独立的行动能力。所谓的“人工智能作品”仍然首先需要由自然人为人工智能系统确定创作的主题、采集数据的范围甚至创作的思路和作品框架，人工智能系统才能从指定的数据范围内采集数据、进行深入学习进而形成作品。由此可见，在人工智能系统“创作”作品过程中，其实并不能离开人的主观判断、选择和智慧。因此，从这个意义上讲，人工智能系统主要仍是由人进行创作的辅助工具，进而人工智能作品也就是人的作品，只不过是相对于传统的作品创作辅助工具（如字典、工具书等）而言，人工智能系统对人的创作的帮助更大而已。所以，至少在“弱人工智能”时代，讨论人工智能作品是否具有可版权性，仍然具有重要价值。

随着人工智能技术的发展，人工智能系统对人进行创作的辅助作用越来越强，人工智能系统对作品的独创性贡献也越来越大，因此，关于人工智能作品权属问题也逐渐引起某些讨论。在2016年，欧盟委

---

[1] 李开复．AI·未来［M］．杭州：浙江人民出版社．2018：128–133.

[2] 李宗辉．人工智能生成发明专利授权之正当性探析［J］．电子知识产权，2019（1）：12–21.

员会法律事务委员会甚至提交动议，建议赋予机器人“电子人”的身份。[1]但是，从客观上讲，尽管人工智能生成物在某些条件下可以满足作品的构成要件，但直接赋予人工智能的著作权人身份可能还会存在一定的障碍。虽然人工智能是在模仿人类大脑的神经网络，但其始终不是人，无法享有权利和承担义务，更无法受到著作权法给予作品创作者的激励。因此，人工智能生成物能否构成作品及其权利归属问题仍有必要进一步讨论。

二、菲林律所与百度网讯案

我国司法实践对人工智能生成物是否可以受到著作权保护的问题亦存在一定的分歧。由北京互联网法院一审、北京知识产权法院二审的菲林律所诉百度网讯著作权侵权案在一定程度上代表了否定论的观点。[2]该案原告是北京菲林律师事务所，被告是北京百度网讯科技有限公司。

原告提出的主要事实和理由如下：原告系涉案文章的著作权人，涉案文章系法人作品，于 2018 年 9 月 9 日首次在原告微信公众号上发表。2018 年 9 月 10 日，网名为“点金圣手”的网络用户未经许可在被告经营的百家号平台上发布被诉侵权文章，涉案文章系文字作品和图形作品的结合，文字共计 4511 字，图形共计 15 个，因此，原告主张被告侵害了原告的著作权。

---

[1] AMIR H，KHOURY. Intellectual property rights for “hubots”：on the legal implications of human-like robots as innovators and creators［J］. Cardozo Arts and Entertainment Law Journal，2017（35）：635-668.

[2] 北京菲林律师事务所诉北京百度网讯科技有限公司著作权侵权纠纷一案民事判决书，（2018）京 0491 民初 239 号。

被告最主要的抗辩理由是涉案文章不具有独创性，不属于著作权法的保护范围。被告主张，从原告提交的涉案文章显示，文章内容包括数据和图表形式，这是采用法律统计数据分析软件（即威科先行法律信息库，简称“威科先行库”）获得的报告，报告中的数据并不是原告经过调查、查找或收集获得的，报告中的图表也不是由其绘制所得，而是由威科先行库自动生成的。因此，被告认为，涉案文章不是由原告通过自己的智力劳动创造获得，不属于著作权法的保护范围。

在该案中，原告和被告均认可涉案文章在创作过程中使用了威科先行库，故法院主持原告、被告对威科先行库相关功能应用情况进行了勘验。威科先行库作为一款专业法律信息查询工具，可提供法律法规、裁判文书、常用法律文书模板、实务指南、法律英文翻译等各类法律信息的服务。经原、被告同意，原告代理人通过 Alpha 法律智能操作系统登录威科先行库，按照被告的指令进行了以下操作：在“威科案例”中设置检索条件，关键词为“电影”，审理法院为北京市法院，审判日期为 1995 年 1 月 1 日至 2017 年 12 月 31 日，搜索后点击“可视化”，生成大数据报告 1。大数据报告 1 主要内容包括：数据来源，检索结果可视化（整体情况分析、案由分布、行业分布、程序分类、裁判结果、标的额可视化、审理期限可视化、法院、法官、律师律所、高频法条）和附录。该报告同时生成了曲线图、柱状图、圆环图等形式的可视化分析图形，并对图形上显示的数据进行了分析。

检索相应关键词将涉案文章与大数据报告 1 进行对比，具体情况如下：（1）涉案文章中的“图 2 北京各级法院审理电影行业案件数量分布图”显示了北京市朝阳区人民法院、北京市海淀区人民法院等 17 个法院受理电影行业案件的数量，大数据报告 1 中的“法院”部分的图形显示北京市朝阳区人民法院、北京市海淀区人民法院等 5 个法院受理电影行业案件的数量，二者均显示出北京市朝阳区人民法院受理案件数量最多，其次为北京市海淀区人民法院。（2）涉案文章对行业企业聘请律师的比例、侵权案件行业企业聘请律师的比例进行了图形展示和文字分析，大数据报告 1 对律师、律所代理案件的次数进行了图形展示和文字分析，二者的图形数据和构成、文字分析内容均不相同；涉案文章中的“图 1 电影行业案件数量年度趋势图”显示 1995 年至 2017 年电影行业逐年案件数量和增减趋势，并对此进行了原因分析，大数据报告 1 中的“整体情况分析”显示 2009 年至 2017 年案件数量的变化趋势，并进行文字分析，二者在图形数据、图形类别和文字分析内容等方面均不相同；涉案文章对侵权案件判令赔偿的金额范围进行了图形展示和文字分析，大数据报告 1 没有涉及该内容。（3）检索“身份”“原告”“案由”“标的”“合同”“劳动”等关键词，显示二者的上述内容均不相同。

在“威科案例”中设置检索条件，关键词为“电影”，审理法院为北京市法院，审判日期为 1995 年 1 月 1 日至 2017 年 12 月 31 日，案由为著作权权属、侵权纠纷，搜索后点击“可视化”生成大数据报告 2。大数据报告 2 主要内容包括：数据来源，检索结果可视化（整体情况分析、案由分布、行业分布、程序分类、裁判结果、标的额可视化、审理期限可视化、法院、法官、律师律所、高频法条）和附录。该报告生成了曲线图、柱状图、圆环图等形式的可视化分析图形，并对图形上显示的数据进行了分析。检索相应关键词将涉案文章与大数据报告 2 进行对比，具体情况如下：涉案文章中的“图 4 行业案件案由数量分布图”（柱状图）显示著作权权属、侵权纠纷、作品信息网络传播权纠纷等 10 个案由的案件数量值，大数据报告 2 中的“案由分布”显示著作权权属纠纷、侵害作品信息网络传播权纠纷等 5 个案由的案件数量比重（圆环图）及案件数量值（柱状图），二者在图形数据、图形类别、图形分析维度和文字分析内容等方面均不相同。

对于上述勘验结果，原告认为涉案文章具有独创性，并非由威科先行库生成，具体理由如下：涉案文章与威科先行库自动生成的大数据报告1和大数据报告2在内容上并不相同；在图形的类别上，涉案文章使用了正态分布图，大数据报告1和大数据报告2使用了曲线图，且威科先行库无法自动生成正态分布图；涉案文章的图形系先由威科先行库生成基础的图形，再由人工进行线条、颜色等外观美化。原告主张涉案文章系其原创，通过在威科先行库中按照一定条件检索裁判文书，然后按原告设定的电影行业案件标准，经过人工逐份审阅，剔除不相关的案件，人工筛选出属于电影行业的案件，总计2589件。然后针对上述裁判文书进行统计分析，形成最终的涉案文章。创作过程中使用了Microsoft Excel工作表进行统计分析，使用Microsoft Excel工作表、Microsoft PowerPoint演示文稿绘制图形。

同时，被告认为涉案文章不具有独创性，是由威科先行库生成的，具体理由如下：涉案文章与威科先行自动生成的大数据报告1和大数据报告2在文章结构、图形类别、案件类型、案由分布和审理法院内容、先展示图形后进行文字分析的模式等方面相同或类似；威科先行库的内容是不断更新的，故涉案文章与大数据报告1和2会存在不相同的地方；图形及数据来自威科先行库，不是原告经过调查、查找或收集获得的，图形也不是原告绘制的；著作权法只保护自然人的创作，不保护人工智能生成的内容。

根据上述事实和证据，法院针对原告主张的图形是否构成作品认为图形作品是指为施工、生产绘制的工程设计图、产品设计图，以及反映地理现象、说明事物原理或结构的地图、示意图。图形构成作品需具有独创性。工程设计图、产品设计图中包含的技术方案、实用功能、操作方法等及地图、示意图中包含的客观地理要素、事实等，不受著作权法保护。就该案来说，相关图形是原告基于收集的数据，利用相关软件制作完成，虽然会因数据变化呈现出不同的形状，但图形形状的不同是基于数据差异产生，而非基于创作产生。针对相同的数据，不同的使用者应用相同的软件进行处理，最终形成的图形应是相同的；即使使用不同软件，只要使用者利用常规图形类别展示数据，其表达也是相同的，故上述图形不符合图形作品的独创性要求。

原告虽然主张对上述图形的线条、颜色进行了人工美化，但未提交证据予以证明。经勘验，法院将涉案文章中的图形与威科先行库生成的大数据报告 1 和大数据报告 2 的相关图形进行对比，涉案文章中北京各级法院审理电影行业案件数量分布图与大数据报告 1 中“法院”部分的图形均为柱状图，数据均体现出北京市朝阳区人民法院受理案件数量最多，其次为北京市海淀区人民法院。上述 2 个图形显示的法院数量、每个法院受理案件的数量有所不同。除上述 2 个图形的差异外，涉案文章中的其他图形和大数据报告 1 和大数据报告 2 的其他图形在图形数据、图形类别上亦存在不同之处。但是，上述差异是由不同的数据选择、软件选择或图形类别选择所致，不能体现原告的独创性表达。因此，涉案文章中的图形不构成图形作品，原告对其享有著作权的主张不能成立，对原告相关诉讼请求，法院不予支持。

针对原告主张的文字是否构成文字作品，法院认为，文字作品是指小说、诗词、散文、论文等以文字形式表现的作品。审查相关文字内容是否构成作品，一般考虑如下因素：（1）是否属于在文学、艺术和科学范围内自然人的创作；（2）是否以文字形式表现；（3）是否可复制；（4）是否具有独创性。就该案来说，涉案文章文字内容涉及对电影娱乐行业的司法分析，属于科学范围的创作，以文字形式表现且可复制。因此，原告、被告的争议焦点在于涉案文章的文字内容是否具有独创性。

涉案文章系对一定期间内北京法院受理电影作品案件情况、律师代理情况等方面进行阐述的文字表达，原告主张为创作涉案文章，选定了与创作目的相契合的关键词并利用上述关键词对威科先行库中的数据进行搜索、筛选，再对搜索结果涉及的裁判文书进行梳理、判断、分析，最终形成了涉案文章。但是被告认为，涉案文章是采用威科先行库“可视化”功能自动生成的，并非原告通过自己的智力劳动创作获得的，涉案文章不具有独创性，不能构成作品。基于被告的抗辩，应先对由威科先行库自动生成的分析报告的性质、该分析报告的权益归属等问题进行分析判断。

关于威科先行库自动生成的分析报告是否构成作品的问题，从分析报告生成过程来看，选定相应关键词，使用“可视化”功能自动生成的分析报告，其内容涉及对电影娱乐行业的司法分析，符合文字作品的形式要求，涉及的内容体现出针对相关数据的选择、判断、分析，具有一定的独创性。

但是，具备独创性并非构成文字作品的充分条件，根据现行法律规定，文字作品应由自然人创作完成。虽然随着科学技术的发展，计算机软件智能生成的此类“作品”在内容、形态，甚至表达方式上日趋接近自然人，但根据现实的科技及产业发展水平，若在现行法律的权利保护体系内可以对此类软件的智力、经济投入予以充分保护，则不宜对民法主体的基本规范予以突破。

因此，法院认为自然人创作完成仍应是著作权法上作品的必要条件。上述分析报告的生成过程有两个环节有自然人作为主体参与，一是软件开发环节，二是软件使用环节。软件开发者没有根据其需求输入关键词进行检索，该分析报告并未传递软件研发者的思想、感情的独创性表达，故不应认定该分析报告为软件开发者创作完成。同理，软件用户仅提交了关键词进行搜索，应用“可视化”功能自动生成的分析报告亦非传递软件用户思想、感情的独创性表达，故该分析报告亦不宜认定为使用者创作完成。综上所述，软件研发者和使用者均不应成为软件直接生成的分析报告的作者。

分析报告系威科先行库利用输入的关键词与算法、规则和模板结合形成的，某种意义上讲可认定威科先行库“创作”了该分析报告。由于分析报告不是自然人创作的，因此，即使威科先行库“创作”的分析报告具有独创性，该分析报告仍不是著作权法意义上的作品，依然不能认定威科先行库是作者并享有著作权法规定的相关权利。

关于涉案文章是否为威科先行库自动生成。该案中，为查明相关事实，法院组织双方当事人对威科先行库“可视化”功能进行了勘验，由被告提供相应搜索关键词，依次自动生成大数据报告 1 和大数据报告 2。经比对，涉案文章与大数据报告 1 在分析北京法院审理电影行业案件数量时，均只用一句话进行了文字描述，均传递出受理案件数量最多的是北京市朝阳区人民法院、其次是北京市海淀区人民法院的含义，但是二者的文字表达不同，文字内容所占比例极小。除此之外，涉案文章与大数据报告 1、2 的文字内容及表达完全不同。因此，法院认为涉案文章的文字内容并非威科先行库“可视化”功能自动生成，而是原告独立创作完成，具有独创性，可以构成文字作品。

由该案可见，北京知识产权法院和北京互联网法院关于利用人工智能系统创作作品的观点有三：第一，对于人类通过向人工智能系统输入关键词从而自动生成的图表，裁判法院认为这些图表不具有独创性，因此，不能获得著作权保护。第二，对于人类通过向人工智能系统输入关键词从而自动地获得相关信息，并由人类对该相关信息进行描述或展开所形成的内容，裁判法院认为这些内容可以具有独创性，可以作为文字作品获得著作权的保护。第三，对于人类通过向人工智能系统输入关键词从而自动获得的相关分析报告，裁判法院认为虽然这些分析报告有可能具有独创性，但是按照现行法律仍不应作为著作权法意义的作品给予保护，而可以寻求其他法律制度（如《反不正当竞争法》）进行保护。

三、腾讯与上海盈讯著作权纠纷案

腾讯与上海盈讯著作权纠纷案是我国法院明确承认人工智能生成物可以受到著作权保护的一个案例。[1]该案原告是深圳市腾讯计算机系统有限公司，被告是上海盈讯科技有限公司，并由深圳市南山区人民法院一审审理。

原告所主张的基本事实是：Dreamwriter 计算机软件系由原告关联企业腾讯科技（北京）有限公司自主开发的一套基于数据和算法的智能写作辅助系统，是满足规模化和个性化内容业务需求的高效助手。腾讯科技（北京）有限公司已将上述“Dreamwriter”计算机软件著作权许可给原告使用。

自 2015 年以来，原告主持创作人员使用 Dreamwriter 智能写作助手每年可以完成大约 30 万篇作品，原告于 2018 年 8 月 20 日在腾讯证券网站上首次发表的标题为《午评：沪指小幅上涨 0.11% 报 2671.93

[1] 深圳市腾讯计算机系统有限公司与上海盈讯科技有限公司著作权权属、侵权纠纷、商业贿赂不正当竞争纠纷一审民事判决书，(2019）粤 0305 民初 14010 号。

点通信运营、石油开采等板块领涨》的财经报道文章（以下简称“涉案文章”）也由原告主持创作人员使用 Dreamwriter 智能写作助手完成，故原告在官网发表涉案文章时采用末尾注明“本文由腾讯机器人 Dreamwriter 自动撰写”的方式表达文章属原告法人意志创作。涉案文章系由原告主持，代表原告意志创作，并由原告承担责任的作品，原告依法应视为涉案文章的作者，涉案文章作品的著作权归原告。

原告发现被告未经原告许可在原告文章发表当日复制了原告涉案文章（以下简称“侵权文章”），并在被告运营的“网贷之家”网站通过网络向公众传播。侵权文章的内容与原告享有著作权的《午评：沪指小幅上涨 0.11% 报 2671.93 点通信运营、石油开采等板块领涨》作品内容完全相同。因此，原告认为被告的行为侵犯了原告的信息网络传播权。此外，原告对于财经报道内容的高效产出是原告通过一系列创造性劳动所累积形成的竞争优势，被告未经智力劳动创作，直接复制原告的工作成果用于被告网站获取网络流量攫取竞争利益，违背了诚信信用原则和商业道德，扰乱了财经媒体市场的公平竞争秩序，构成不正当竞争行为。

关于涉案文章的生成过程，原告陈述如下：涉案文章是由原告利用 Dreamwriter 软件在大量采集并分析股市财经类文章的文字结构、不同类型股民读者需求的基础上，根据原告独特的表达意愿形成文章结构，并利用原告收集的股市历史数据和实时收集的当日上午的股市数据，于 2018 年 8 月 20 日 11 点 32 分（即股市结束的 2 分钟内）完成写作并发表。

Dreamwriter 软件由原告组织的相关主创团队主持运行，主创团队包括编辑团队、产品团队和技术开发团队。具体而言，编辑团队主要负责提出需求和提供根据其经验认为比较好的样例文章，参与文章模板升级迭代和设定触发条件，并进行内容复审；产品团队主要负责评估产品需求，设计产品方案，把编辑团队的智能写作需求转变为可实施的产品方案；技术开发团队则负责具体实施系统开发落地、迭代和维护。

涉案文章的创作流程主要经历数据服务、触发和写作、智能校验和智能分发四个环节。首先，Dreamwriter 软件的数据服务模块会收集多个维度的数据，并通过机器学习算法对数据进行解析，分析其中有价值的数据，并结合历史统计数据等维度的内容，形成一定格式的待检测数据库。其次，Dreamwriter 软件的触发器模块中设定了规则引擎和触发条件，智能化判断待检测数据库中的内容是否满足文章生成要求。当遍历规则引擎设定的各类触发条件时，满足触发条件的便进入写作引擎模块撰写文章。Dreamwriter 软件将前述数据服务模块生成的数据输入写作引擎，写作引擎首先进行数据校验，然后通过模板撰写涉案文章。涉案文章生成后，会进入智能校验模块进行审核校对，审校完成后智能分发到腾讯网等相关平台发表。

上述环节中，数据类型的输入与数据格式的处理、触发条件的设定、文章框架模板的选择和语料的设定、智能校验算法模型的训练等均由主创团队相关人员选择与安排。

关于涉案文章是否构成文字作品，深圳市南山区人民法院认为："《中华人民共和国著作权法实施条例》第 2 条规定：'著作权法所称作品，是指文学、艺术和科学领域内，具有独创性并能以某种有形形式复制的智力成果。'第 4 条第（一）项规定：'文字作品，是指小说、诗词、散文、论文等以文字形式表现的作品。'涉案文章是一篇股市财经综述文章，属于文学领域的表达，具备可复制性。因此，涉案文章是否构成文字作品的关键在于判断涉案文章是否具有独创性。"

首先，判断涉案文章是否具有独创性，应当从是否独立创作及外在表现上是否与已有作品存在一定程度的差异，或具备最低程度的创造性进行分析判断。涉案文章由原告主创团队人员运用 Dreamwriter 软件生成，其外在表现符合文字作品的形式要求，其表现的内容体现出对当日上午相关股市信息和数据的选择、分析、判断，文章结构合理、表达逻辑清晰，具有一定的独创性。

其次，从涉案文章的生成过程来分析是否体现了创作者的个性化选择、判断及技巧等因素。根据原告的陈述，原告组织包含编辑团队、产品团队和技术开发团队在内的主创团队运行 Dreamwriter 软件生成包含涉案文章在内的财经新闻类文章。涉案文章的生成过程主要经历数据服务、触发和写作、智能校验和智能分发四个环节。在上述环节中，数据类型的输入与数据格式的处理、触发条件的设定、文章框架模板的选择和语料的设定、智能校验算法模型的训练等均由主创团队相关人员选择与安排。涉案文章的创作过程与普通文字作品创作过程的不同之处在于创作者收集素材、决定表达的主题、写作的风格及具体的语句形式的行为即原告主创团队为涉案文章生成作出的相关选择与安排和涉案文章的实际撰写之间存在一定时间上的间隔。

法院认为，涉案文章这种缺乏同步性的特点是由技术路径或原告所使用的工具本身的特性所决定的。原告主创团队相关人员的上述选择与安排符合著作权法关于创作的要求，应当将其纳入涉案文章的创作过程。《中华人民共和国著作权法实施条例》第 3 条规定：“著作权法所称创作，是指直接产生文学、艺术和科学作品的智力活动。”据此，具体认定是否属于创作行为时应当考虑该行为是否属于一种智力活动及该行为与作品的特定表现形式之间是否具有直接的联系。

根据该案查明的事实，显然，该案中原告主创团队在数据输入、触发条件设定、模板和语料风格的取舍上的安排与选择属于与涉案文章的特定表现形式之间具有直接联系的智力活动。

从整个生成过程来看，如果仅将 Dreamwriter 软件自动生成涉案文章的这两分钟时间视为创作过程，确实没有人的参与，仅仅是计算机软件运行既定的规则、算法和模板的结果，但 Dreamwriter 软件的自动运行并非无缘无故或具有自我意识，其自动运行的方式体现了原告的选择，也由 Dreamwriter 软件这一技术本身的特性所决定。如果仅将 Dreamwriter 软件自动运行的过程视为创作过程，这在某种意义上是将计算机软件视为创作的主体，这与客观情况不符，也有失公允。

因此，从涉案文章的生成过程来分析，该文章的表现形式是由原告主创团队相关人员个性化的安排与选择所决定的，其表现形式并非唯一，但具有一定的独创性。至于 Dreamwriter 软件研发人员的相关工作与涉案文章的独创性之间有无直接的关联，考虑到该案的实际情况以及软件著作权人已和原告约定其使用授权软件所创作的作品的著作权归原告所有，已无查明必要，在所不问。

综上所述，从涉案文章的外在表现形式与生成过程来分析，该文章的特定表现形式及其源于创作者个性化的选择与安排，并由 Dreamwriter 软件在技术上“生成”的创作过程均满足著作权法对文字作品的保护条件，法院认定涉案文章属于我国著作权法所保护的文字作品。

四、人工智能生成物的可版权性及其权利归属

客观地说，腾讯诉上海盈讯案所涉及的 Dreamwriter 软件比菲林律所与百度网讯案所涉及的威科先行库软件在写作方面的自动化程度更高、人工参与度更低。根据相关判决认定的事实，威科先行库软件首

先需要使用者输入特定的关键词和变量，该软件才能输出特定的图表或数据报告。而对于 Dreamwriter 软件而言，Dreamwriter 软件的写作过程主要涉及三个模块，即数据模块、写作触发模块和写作模块，数据模块自动采集数据并提供给写作触发模块，写作触发模块根据收到的数据自动分析判断是否进行写作，如果写作触发模块认为可以写作，则将相关数据提供给写作模块，则写作模块通过模板撰写完成特定的文章。由此可见，Dreamwriter 软件撰写特定的文章并不需要人类输入特定的关键词或变量。

学界通说认为著作权法意义上的作品是人类思想的表达，是人类对其思想和表达进行判断和选择的结果，特定的作品代表作者对其思想、表达的特定的选择和判断。根据威科先行库软件形成的特定图表或数据报告，我们似乎还能看到特定使用者对其思想和表达进行特定判断、选择的影子，因为特定图表或数据报告的生成需要该特定使用者输入特定的关键词或变量。

从 Dreamwriter 软件所形成的特定文章中则很难找到某位特定个体的特定的判断或选择，因为无论是数据收集、写作触发，还是具体写作，均是自动进行的，没有特定自然人的特别干预。菲林律所与百度网讯案的判决认为由威科先行库软件形成的图表和数据报告不构成作品，不应获得著作权保护；而腾讯诉上海盈讯案的判决却认为由 Dreamwriter 软件所形成的文章可以构成作品，应当受到著作权法保护。由这一事实，可以看到司法实务界对这一问题认识上的分歧。

另外，虽然菲林律所与百度网讯案判决认为由威科先行库所形成的数据报告不构成作品，但是，该判决又指出："虽然分析报告不构成作品，但不意味着其进入公有领域，可以被公众自由使用。分析报告的产生既凝结了软件研发者（所有者）的投入，也凝结了软件使用者的投入，具备传播价值。如果不赋予投入者一定的权益保护，将不利于投入成果（即分析报告）的传播，无法发挥其效用。”由此可以看出，法院对人工智能生成物可版权性问题的纠结。

腾讯诉上海盈讯案判决虽然对人工智能生成物的可版权性问题有了明确判断，但是，该判决却对人工智能生成物构成作品的下一个问题——著作权权属的问题产生了纠结。Dreamwriter 软件生成作品，至少在以下 4 个环节需要人类的间接介入。

一是 Dreamwriter 软件的编写及完善。这个环节是最基础的环节，需要人类的介入，特别是软件的初始编写环节，人类的介入是必需的，而软件的完善、升级随着技术的进步，有可能由人工智能软件自动完成。在软件的编写与完善环节，人类的介入与该软件所生成的特定创作物之间的因果关系是最远的，特定创作物与软件编写者、完善者的判断和选择关系也是最远的。

二是数据模块的数据收集环节。虽然数据模块收集数据是自动进行的，但是，人类可以对模块进行干预，比如调整该模块收集数据的范围、调整关键词及权重等。在此环节，相对于软件编写者而言，收集环节的人类的选择和判断与特定创作物之间的关系可能更近一些，但是，仍然是非常间接的。而且在未来，这个环节的人类介入很有可能被人工智能所替代，因为人工智能系统可以自动检索、分析其所输出的创作物的市场接受情况，并有针对性地调整其数据来源、关键词及权重等参数。

三是写作触发环节。在此环节，人类亦可以进行干预和介入，比如调整触发的标准、类别及权重等参数。同样，该环节与特定创作物的关系虽然比软件编写者的距离近，但是，仍然非常间接。同时，该环节的人类介入更容易被人工智能所替代。

四是写作环节。在写作环节，Dreamwriter 软件根据系统所自动收集的数据通过模板生成特定文章。因此，在写作环节，人类介入的一个关键事项就是写作模板的确定。写作模板的来源有两个：一是人类根据已有的文章直接形成不同种类的写作模板；二是人工智能系统通过智能分析形成写作模板草稿，然后再由人类进行完善、校对形成写作模板。无论是哪个来源，目前写作模板的完成似乎都还需要人类的参与，只不过人类介入的程度不同而已。当然，也不能排除未来人工智能系统自动生成写作模板的可能性。

与前三个环节相比，写作模板环节中人类的介入与特定创作物的完成之间的关系是最近的，而且特定创作物在一定程度上也体现了模板完成人的判断和选择。但是，模板完成人的这种判断和选择是否属于著作权法意义上所要求的判断和选择，可能仍然是存在一定疑问的。

写作模板与词牌非常类似，通常也可以认为词牌就是一种类型的写作模板。以“念奴娇”词牌为例，该词牌包含着词牌完成人对其格式、律韵等方面的判断和选择，但是，该词牌完成人对其格式、律韵的判断和选择显然与苏轼对其《念奴娇 · 赤壁怀古》的判断和选择不同，而苏轼对《念奴娇 · 赤壁怀古》的判断和选择不同也显然与李清照对《念奴娇 · 萧条庭院》的判断和选择、姜夔对《念奴娇 · 闹红一舸》的判断和选择、毛泽东对《念奴娇 · 昆仑》的判断和选择不相同。因此，我们可以得出结论：写作模板的创作不能等同于按照写作模板而完成特定作品的创作。所以，在写作环节，写作模板的完成人不能被认为是人工智能软件特定生成物的作者。

在认为人工智能生成物可以构成作品并受到著作权法保护的前提下，虽然腾讯诉上海盈讯案的判决以涉案人工智能生成物为法人作品的理由回避了关于作者和著作权权属问题的讨论，但是，在人工智能软件的开发者、所有者、后期维护者、使用者不是同一人的情况下，人工智能生成物的作者身份认定问题、权属问题将会更加复杂，需要进行更加深入的讨论和分析。

第五节　网络游戏直播与著作权保护

近年来，随着网络技术、人工智能技术的迅猛发展，网络游戏与网络游戏直播产业加快发力并呈现出爆发性增长势头。网络游戏产业与网络游戏直播产业属于上下游市场关系，涉及市场主体众多，并且关涉到复杂的著作权关系。

一、网络游戏直播涉及的著作权客体

在网络游戏直播过程中，涉及的著作权客体主要有以下几类。

1. 网络游戏软件

在网络游戏直播著作权纠纷中，由游戏开发商开发并向游戏玩家开放的网络游戏软件本身，作为计算机软件而受到著作权保护，通常并无争议。与游戏软件有关的游戏名称、背景介绍、技能说明、人物对话、背景音乐等游戏元素是否构成文字作品，则需要根据个案的具体情况判断这些元素是否体现了游戏开发商的个性化取舍、选择、安排或设计，以及是否能够完整地表达一定的信息。

2. 游戏单帧静态画面

游戏开发商为了提高软件运行效率并使游戏画面富有美感，需要在游戏软件中预置大量的单帧静态画面，如游戏界面、游戏标识、游

戏地图、场景以及角色形象等，以供游戏玩家在玩游戏时通过软件指令进行调用并呈现在屏幕上。

3. 游戏动态画面

游戏玩家在玩游戏过程中，通过游戏控制器或图形用户界面输入玩家指令，游戏软件根据玩家指令对游戏内置的相关静态画面进行操作和渲染及变换以形成多帧连续的画面。[1]这些多帧连续画面实时地显示在屏幕上，就构成了我们可以观看到的游戏动态画面。另外，游戏开发商为了提高游戏运行效率，也会制作一些短暂的动态画面，供玩家在玩游戏时直接调用。

4. 游戏直播画面

直播者在对游戏玩家玩游戏的过程进行直播时亦会形成连续的动态画面，这个连续动态画面即为游戏直播画面。由于直播玩家在直播时，很可能会加入解说，与观众互动时的弹幕文字、表情、头像等元素，因此，游戏直播画面与游戏动态画面也可能存在明显的区别。

二、游戏静态画面著作权保护分析

游戏单帧静态画面能否获得著作权保护，其首要问题在于该静态画面是否具有独创性。美术作品的表达并非通过文字来体现，而主要是通过作者对于色彩、线条、造型等具有艺术美感表达形式的选择和布局来实现的。[2]如果该静态画面体现了作者对于色彩、线条、造型等独特的选择或布局，那么就应认为其具有独创性，可以作为美术作品

[1] 王双林．计算机动画原理与实现方法［J］．计算技术与自动化，1994（3）：38–41.

[2] 陈燕萍．陶瓷美术作品的独创性及权属认定［J］．山东审判，2016，32（3）：93–95.

获得著作权保护。

由于游戏玩家在玩游戏过程中必然会调用游戏软件预置的单帧静态画面，因此，如果玩家运行网络游戏是经游戏软件著作权人许可的合法行为，那么至少就应认为游戏软件著作权人默示许可了玩家使用静态画面的行为。所以，游戏软件开发商与游戏玩家之间通常不会因运行游戏使用静态画面问题而产生著作权纠纷。游戏静态画面的著作权纠纷主要涉及两个方面的行为：一是被告的网络游戏使用了与原告游戏相同或相似的静态画面；二是游戏直播者在直播时使用了原告的游戏静态画面。

在判断被告行为是否构成侵权时，应重点考虑被告与原告的静态画面在线条、色彩、图案、布局等方面是否相同或实质相似，以及被告使用原告静态画面行为的目的。在暴雪娱乐有限公司、上海网之易网络科技发展有限公司与上海游易网络科技有限公司著作权权属纠纷一案中，原告暴雪娱乐有限公司、上海网之易网络科技发展有限公司对于网络游戏《炉石传说》拥有著作权，被告上海游易网络科技有限公司开发了一款名为《卧龙传说》的网络游戏，原告指控被告游戏使用了其炉石标识、游戏界面等多个静态画面。[1]

法院经审理后认为，原告的上述静态画面虽然可以作为美术作品享有著作权，但是在判断美术作品是否被复制时，应重点关注线条、色彩等方式构成的造型是否相同或者实质性相同，是否向公众传递了相同或者实质相同的审美意义。由于被告在网络游戏中所使用的标识与原告炉石标识在线条、色彩组成的造型及其美感上没有实质性差异，其在细节上的细微差别，不足以形成不同造型，也不足以为公众带来

[1] 暴雪娱乐有限公司与上海游易网络科技有限公司著作权权属纠纷案，(2014) 沪一中民五（知）初字第23号。

不同的美感，因此，法院认为被告侵犯了原告炉石标识的著作权；而由于原告游戏界面作品的独创性不高，在侵权比对上认定相同或实质相同的标准应当相应提高，根据法院比对，被控侵权的界面虽然在布局上与原告界面相似甚至实质性相似，但在组成界面的图案、色彩等方面有实质不同，故此认为被告相关界面不构成侵权。

在游戏直播时，由于直播者必然会使用游戏动态画面，而游戏动态画面中则必然会包含游戏开发商预置在游戏中的静态画面，因此，直播者在进行游戏直播时就必然会使用到游戏开发商的静态画面。在这种情况下，如果直播者未经许可而使用游戏静态画面，那么游戏开发商是否有权根据静态画面著作权主张权利，则应根据直播者对静态画面的使用方式的不同而区别对待。

第一，如果直播者在直播过程中单独地展示某帧静态画面，那么，在直播行为不能进行合理使用抗辩的情况下，游戏开发商就可以仅根据静态画面著作权向直播者主张权利。

第二，如果直播者是通过播放游戏动态画面而间接地使用了静态画面，那么由于游戏动态画面对静态画面的使用至少是经过了游戏开发商的默示许可，因此，在这种情况下，游戏开发商就不能仅根据静态画面著作权而向直播者主张权利。当然，如果游戏动态画面可以构成著作权意义上的视听作品，且该视听作品的著作权属于游戏开发商而直播者的使用也不属于合理使用，那么游戏开发商就有权依据动态画面著作权向直播者主张权利。

三、游戏动态画面著作权保护分析

关于游戏动态画面的著作权问题，在理论和实践上主要存在两点争议：一是游戏动态画面是否可以构成视听作品；二是在认为游戏动态画面构成视听作品的情况下，该视听作品的著作权应归属于谁。

游戏动态画面的作品性质问题之所以存在巨大争议，其根本原因在于游戏动态画面的形成过程及生成目的与传统电影作品相比明显不同，但二者的最终表现形式却极为相似。

从目的论角度而言，制作视听作品的目的在于吸引他人欣赏。视听作品的制作大致可分为三个步骤：一是拍摄前的工作，包括提构想、写故事、签导演、编剧本、看外景、找演员等工作；二是拍摄中的工作，即在导演指挥下演员表演、摄像拍摄等活动；三是拍摄后的工作，包括剪接、配音、配乐、设计字幕等工作。由此可见，视听作品一般要经过周密、复杂的制作流程，并最终需要呈现给观众一场富有美感和艺术感的视觉盛宴。

而网络游戏动态画面的形成则很简单，游戏动态画面仅是游戏玩家玩游戏的结果而已。玩家玩游戏的根本目的在于自身的游戏体验，在绝大多数情况下并非为了让他人欣赏，其主观上并无创作视听作品之目的。同时，即使有观众观看玩家玩游戏的过程，观众观看的目的主要是欣赏玩家玩游戏的技巧、过程及最终游戏结果，而并非为了欣赏游戏动态画面本身。

正是因为视听作品与游戏动态画面的生成目的存在本质不同，因此，亦有观点认为游戏动态画面不能构成视听作品。在上海耀宇文化传媒有限公司与被告广州斗鱼网络科技有限公司著作权侵权及不正当竞争纠纷一案中，法院即认为，网络游戏赛事的比赛本身并无剧本之类的事先设计，游戏动态画面是由参加比赛的双方多位选手按照游戏规则、通过各自操作所形成的动态画面，是比赛中的一种客观、直观的表现形式，游戏过程具有随机性和不可复制性，比赛结果具有不确定性，因此，游戏动态画面不构成著作权法规定的作品。[1]

显然，游戏动态画面的最终形式可以呈现为一系列有伴音或者无伴音并可以借助适当装置放映或以其他方式传播的画面。因此，游戏动态画面的最终形式与视听作品的最终表现形式相比，二者并无本质区别。故此，如果从结果论的角度而言，游戏动态画面可以构成视听作品。

目前，一些法院亦通过判决或相关审理指南形式肯定了结果论的观点。例如，2020 年 4 月广东省高级人民法院颁布了《关于网络游戏知识产权民事纠纷案件的审判指引（试行）》，该审判指引第 17 条第 3 款规定："运行网络游戏某一时段所形成的连续动态画面，符合以类似摄制电影的方法创作的作品构成要件的，应予保护。"当然，该审判指引并非认为所有的游戏动态画面均构成视听作品，游戏动态画面构成作品还必须满足独创性条件。

在游戏动态画面被认为构成视听作品的情况下，该视听作品著作权归属亦有两种观点：一种观点认为该游戏动态画面的著作权应归属于游戏开发商，而另一种观点则认为该著作权应归属于游戏玩家。

认为游戏动态画面属于游戏开发商的理由主要有三：一是游戏美术、音乐、文字、武器、地图等各种元素以及游戏规则和玩法都是游戏开发商预先设置的，根据游戏开发商预置的游戏元素能够产生无穷多的游戏动态画面，这些游戏动态画面的权利均应归属于游戏开发商。而涉案的游戏动态画面即属于上述游戏动画画面范围之内，故其著作权亦应属于游戏开发商。二是游戏玩家在玩游戏时虽然有一定的发挥空间，但玩家在玩游戏时没有创作作品的意图，并非有目的地创造出

---

[1] 上海耀宇文化传媒有限公司与被告广州斗鱼网络科技有限公司著作权侵权及不正当竞争纠纷案，（2015）浦民三（知）初字第 191 号。

各种连续画面。玩家通过游戏引擎调动游戏资源库中的游戏元素，是在游戏开发商设定的整个逻辑框架内进行，其作用仅是使得游戏内含的虚拟不可感知的连续活动画面变成了视觉可以感知的连续活动画面。三是玩家的游戏动态画面转瞬即逝，难以逆转。玩家在运行游戏后，除非玩家重新操作，并且具有超高技能，才有可能操作出完全相同的连续活动影像画面，否则不可逆转。只要游戏玩家或者观众在参与或者观看游戏时没有同步进行录制、截屏或者打印，一旦游戏用户停止游戏过程，或者关掉游戏终端设备，已经再现的连续活动影像画面就会消失不见。[1]

认为游戏动态画面属于游戏玩家的主要理由在于特定游戏动态画面是游戏玩家判断和选择的结果。著作权所要保护的就是作者独创性的表达，而这种独创性的表达则主要体现在作者对各种已有表达方式独特的判断和取舍。譬如一部中文小说，其所使用的文字古已有之，对这些文字进行排列组合可以形成无限多的表达结果，而这部小说则是小说作者对这些文字进行排列、判断和取舍的结果，是上述无限多的表达结果中的一个结果。那么，在这种情况下，该小说的著作权是应属于文字的创作者，还是应属于对这些文字进行判断、取舍的人？答案是显而易见的。

同样，虽然玩家玩游戏时所形成的特定的游戏动态画面属于玩家根据游戏规则调用和运行游戏开发商预置的各种元素的结果，但是，通过调用游戏开发商预置的各种元素而能产生的动态画面是无穷无尽的，特定玩家的特定游戏动态画面的形成却体现了该玩家独特的判断

---

[1] 深圳市腾讯计算机系统有限公司与运城市阳光文化传媒有限公司信息网络传播权侵权纠纷案，(2019）粤0192民初1756号。

和选择。[1]在网络游戏直播过程中，即使是对同一款游戏的直播，不同玩家游戏过程的观众数量亦有极大差距，有的玩家的关注数量可能可以达到几百万、甚至几千万人次，而有的玩家的观众数量却门可罗雀、甚至为零。通过这一事实亦可证明玩家判断和选择的独特性以及玩家这种独特判断和选择的价值。另外，从反证法角度而言，如果游戏动态画面被认定构成视听作品，且认为其著作权归属于游戏开发商，那么，玩家玩游戏的过程就只能被认为是“看电影”了，这似乎亦与事实明显不符。[2]

四、游戏直播画面著作权保护分析

游戏直播画面是直播者对玩家玩游戏过程进行直播时所形成的连续动态画面。根据游戏直播画面与游戏动态画面之间是否存在差异为判断标准，可以将游戏直播画面分为两种情况：一是直播者在直播时未对游戏动态画面进行实质性的加工，在这种情况下，游戏直播画面就与游戏动态画面完全相同或实质相同；二是直播者在游戏动态画面基础上进行了实质性的加工，比如加入了生动的解说、根据情况插入了相关剪辑、与观众做了大量的互动并形成了内容丰富的弹幕文字、表情、头像等元素，那么在这种情况下，游戏直播画面就与游戏动态画面存在实质区别。

在判断与游戏动态画面有实质差别的游戏直播画面是否构成新的

---

[1] 金泳锋．类型化视角下网络游戏动态画面的著作权权属［J］．江西社会科学，2019，39（6）：180-187.

[2] 吴雨辉．从云游戏看游戏连续动态画面的著作权认定［J］．科技与法律，2020（6）：16-22.

视听作品时，关键在于判断游戏直播画面是否具有独立于游戏动态画面之外的独创性。直播者个人进行的，以自己或他人运行游戏所形成的游戏动态画面为基础，伴随直播者口头解说及其他文字、声音、图像、动画等元素的直播画面，如果吸引观众的主要是口头解说、其他文字、声音、图像或动画等因素，那么就应认为该游戏直播画面具有独创性，可以作为视听作品给予保护；否则，如果直播画面伴随的主播口头解说及其他元素仅系对相关游戏过程的简单描述、评论，吸引观众的主要因素还是在于游戏动态画面，那么就不宜认为该直播画面独立于游戏连续动态画面而构成新的作品。

关于游戏直播画面的另外一个重要问题就是有关游戏动态画面的合理使用问题。无论游戏直播画面是否可以构成新的视听作品，游戏直播画面必然会使用到游戏动态画面。如果游戏动态画面可以构成视听作品，那么游戏直播画面对于游戏动态画面的使用，是否属于合理使用，就是一个值得深入讨论的问题。

需要说明的是我国《著作权法》并未明确使用“合理使用”这一术语，但考虑到我国实践中约定俗成的做法，所以本书用“合理使用”来指代“可以不经著作权人许可、也不需支付报酬”的作品使用行为。关于游戏直播使用游戏动态画面的行为是否构成合理使用，无论是在理论界，还是在实务界，均存在较大的争议。

主张不构成合理使用的观点认为，如果游戏动态画面构成视听作品，那么根据《著作权法》的规定，该视听作品就应享有广播权、信息网络传播权等权利。对游戏动态画面的实时直播或录播，属于广播权、信息网络传播权或其他专有权利所能控制的行为范围。特别是2020新修订的《著作权法》将广播权所能控制的行为范围从“以无线方式公开广播或者传播作品”扩大到“以有线或者无线方式公开传播或者转播作品”。根据该项修改，游戏直播中广泛存在的通过网络实时直播游戏动态画面的行为就可以毫无争议地纳入广播权的保护范围。

主张构成合理使用的观点的主要理论根据是转换性使用理论。转换性使用是起源于美国司法实践的一项合理使用抗辩理论。该理论认为，如果使用者使用他人作品，并在他人作品基础上增加了新的内容，具有与原作不同的其他目的或不同的性质，创作出新的信息、新的美学、新的认识和理解，那么在这种情况下，即可认为使用者的行为构成合理使用。[1]

网络游戏本身的目的在于吸引玩家参与游戏交流与互动，并从中获得经济利益；玩家玩游戏的目的亦在于交流与互动，而并非为了形成精美的游戏动态画面。因此，无论是从游戏开发商还是从游戏玩家的角度而言，游戏动态画面仅是游戏运行的过程与结果，而绝非其目的。同时，游戏直播之所以使用游戏动态画面，其根本目的在于向观众展示玩家的高超判断与技巧，而并非为了利用该动态画面的独创性或美感吸引观众。因此，从游戏直播使用游戏动态画面的目的和实际效果来看，该行为均具有极强的转换性。另外，游戏直播行为并未造成游戏动态画面著作权人的合法权益直接受损，如游戏动态画面权利人以影响其开发潜在的游戏直播市场或其他衍生市场为由，希望认定他人游戏直播构成著作权侵权行为，则与转换性合理使用的认定规则相悖。[2]

在广州网易计算机系统有限公司与广州华多网络科技有限公司著

---

[1] 晏凌煜．美国司法实践中的“转换性使用”规则及其启示［J］．知识产权，2016（6）：123–128.

[2] 刘鹏，王迁．网络游戏直播是否构成合理使用［EB/OL］．（2020–04–20）［2020–12–23］．https：//mp.weixin.qq.com/s? __biz=MzA3NDI3NjAyMg.

作权及不正当竞争纠纷一案中，被告根据转换性使用理论进行抗辩，审理法院认为，从游戏直播行为目的来看，其在游戏整体画面的基础上形成游戏直播画面，既传播了游戏画面，也展示了主播个性，确实具有一定的转换性，但是转换性使用必须呈现出有别于原作的新的美学或艺术价值，并且要达到一定的程度。原告游戏动态画面的艺术价值功能在游戏直播中并未发生质的转变，仍是通过玩家或观众的视听体验得以实现。[1]由此可见，虽然审理法院否定了该案被告合理使用的抗辩理由，但是，仍保留了在其他案件中适用转换性使用理论进行合理使用抗辩的可能性。

广东省高级人民法院颁布的《关于网络游戏知识产权民事纠纷案件的审判指引（试行）》第25条第2款规定："对于不属于著作权法明文规定的行为是否属于合理使用的问题，应在促进技术创新和商业发展确有必要的特殊情形下进行个案判断。可参考以下因素，综合判断该行为是否影响该作品的正常使用以及是否不合理地损害著作权人的合法利益：（1）使用作品的目的和性质；（2）被使用作品的性质；（3）被使用部分的数量和质量；（4）对作品潜在市场或价值的影响。"该审判指引进一步明确了在游戏直播著作权纠纷中适用转换性合理使用抗辩的条件。

五、网络游戏直播产业与著作权应对

作为新兴科技发展所催生的一种新生事物和新兴产业，网络游戏与网络游戏直播从开始萌芽到目前形成较大的产业规模，所用时间非

---

[1] 广州网易计算机系统有限公司与广州华多网络科技有限公司著作权及不正当竞争纠纷案，（2018）粤民终137号。

常简短，甚至著作权制度来不及对之作出反应。游戏开发商、游戏平台、游戏玩家、游戏直播者与游戏直播平台之间纷争不断，有关游戏动态画面与游戏直播画面能否构成视听作品、直播者使用游戏动态画面能否构成合理使用等问题仍然在理论和实务中存在一定的分歧和困惑。

消除上述分歧和困惑，既需要深入分析游戏产业与游戏直播产业的特征，又需要根据版权保护理论准确适用著作权法律制度。从产业特征角度而言，游戏直播产业与游戏产业是相互关联但又有本质不同的两个产业。游戏产业是游戏直播产业的上游产业，游戏直播产业的存在和发展离不开游戏产业提供高质量的游戏动态画面。

著作权制度的根本目的在于通过向作者提供一定期限的、一定方式的排他性利用作品的权利，以鼓励作品的创作和传播，进而促进社会主义文化和科学事业的发展与繁荣。著作权制度涉及作者、传播者和社会公众等多方利益。如果著作权制度的设计和适用过于偏向传播者的利益，那么就会导致原创的匮乏；反之，如果制度设计和适用过于偏向作者利益，那么就会导致作品传播的障碍，甚至还有可能会阻碍他人的在后创作。因此，著作权制度的设计和适用是一项精细的利益平衡工作。

游戏产业的健康发展主要需要从两个方面提供著作权保护：一是防止他人复制游戏软件；二是防止他人制作和提供与权利人的游戏软件具有实质相似内容的游戏软件。如果能够做到上述两点，那么就足以保障游戏开发商在游戏产业中进行公平的市场竞争。同时，在没有游戏直播市场的时期，游戏开发商开发新游戏的动力亦极为充足；这一事实说明即使不给予游戏开发商在直播市场的利益，亦不会减损游戏产业的发展动力。

因此，在网络游戏直播著作权保护仍存在一定争议或灰色地带的情况下，在判断灰色地带利益是否应该受到著作权的控制以及由谁作为权利人时，就需要精细考量和平衡处于灰色地带的利益对游戏产业和游戏直播产业的影响。如上所述，如果游戏开发商不享有网络游戏的直播利益，仍会有足够的动力开发网络游戏；而如果由游戏开发商享有这些直播利益，则会对游戏直播产业造成重大负面影响。那么，在这种情况下，上述灰色地带利益的分配就需要从繁荣文化市场、促进就业、维护公众利益等更广泛的视角加以权衡。

第三章

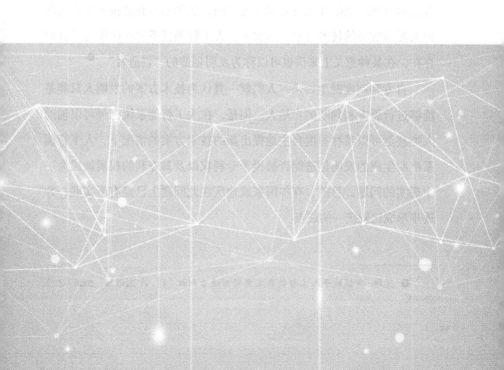

人工智能与专利制度

第一节　人工智能发明可专利性问题分析——以DABUS案为例

一、人工智能发明创造

随着人工智能技术的发展，人工智能系统不仅能够创作出作品，还能在一定程度上进行发明创造。例如，2016年美国科学家基于深度学习技术，对人工智能进行了4000多次不同条件下的晶体合成实验训练，然后由人工智能自主性预测晶体合成条件，从而成功预测了新型有机模板化产品的形成条件。当前，人工智能技术已经可以对海量数据进行收集、筛选和整理，并进行训练、学习及自我调整，以发现现有技术方案的缺陷漏洞与未来改进方向，从而形成新的技术方案或辅助人类形成新的技术方案。事实上，人工智能已不再仅仅作为工具而存在，在某种意义上来讲也可以称为发明创造的“创造者”。[1]

自专利制度诞生以来，人们就一直认为技术方案的发明人只能是能够进行思考和判断的自然人。但是，在人工智能系统已经可以辅助人类甚至可以某种程度自主地提出新的技术方案的情况下，人工智能系统所生成的发明创造能否被授予专利权以及其专利的权属就成为一个现实的问题。目前，有些国家或地区在此问题上已经有所实践，并逐步形成比较统一的观点。

---

[1] 吴坤．审慎赋予人工智能自主发明创造专利权［J］．人民论坛，2020（Z2）：62-63.

二、英国法院对 DABUS 案的观点

1. 基本案情

2018 年 10 月与 11 月，专利申请人斯蒂芬·泰勒（Stephen Thaler）向英国知识产权局（UKIPO）提交了两件专利申请，分别为 GB1816909.4 和 GB1818161.0，在附随的申请表（案件审理中称作“表 1”）中，其声称自己并非两件专利的发明人。随后，英国知识产权局要求其提供补充材料，即在专利提交日期后 16 个月内提交一份发明人和专利授权声明（下文称作“专利表格 7”）。

在补充提交的专利表格 7 中，斯蒂芬·泰勒表示：①其所提交申请的两项专利的发明人是人工智能机器 DABUS。[1] ② 1977 年《英国专利法》和《欧洲专利公约》都未禁止非自然人为发明者，只要人工智能机器作出的发明符合各项标准，那么其就应当成为发明者。③人工智能并不拥有法律地位和独立权利，不能切实地拥有某项财产，因此，其作为权利的受让人享有申请专利的权利。④若人工智能不能享有发明人的地位，那么，第一个识别到该智能机器的创造力活动的自然人可以成为发明人。

然而，斯蒂芬·泰勒的各项声明并不为英国知识产权局所认同，其认为 DABUS 不是发明人，斯蒂芬·泰勒也并未阐述清楚为何其拥有了本不属于他的专利申请权。斯蒂芬·泰勒不服英国知识产权局的

[1] 据专利申请人声称：DABUS 是一种创造力机器，这种机器包含两层神经网络。第一层神经网络负责产生新的想法，其由一系列较小的神经网络组成，这些神经网络已经用来自不同知识领域的一般信息进行训练；第二层神经网络则“监视”第一层神经网络产生的新思想，并识别那些与机器已有的知识库相比足够新颖的思想。因此，这种智能机器能够有选择地形成具有最新奇效用或价值的想法。

决定，要求就此事举行听证会。在听证会上，主计长（Comptroller）休·琼斯（Huw Jones）表明了自己的态度：DABUS并不是自然人，其不能被看作发明人。因此，DABUS不可能拥有任何可以转让给斯蒂芬·泰勒的权利，斯蒂芬·泰勒因此也并不能获得其声称的权利。基于此，根据《英国专利规则》（2007）第10（3）条，其所发起的两项专利申请GB1816909.4、GB1818161.0应当在16个月期满后被视为撤回。

斯蒂芬·泰勒不服休·琼斯所作出的决定，向英格兰和威尔士高等法院提起诉讼，案件由马库斯·史密斯（Marcus Smith）法官审理。

2. 诉讼主张

斯蒂芬·泰勒的诉讼主张主要可以总结为以下几点：①由于英国知识产权局在休·琼斯之前预先决定了听证会的结果，因此，斯蒂芬·泰勒认为，其被剥夺了陈述的机会，没有得到公正的听证结果。②休·琼斯在听证中对于相关法律条款的解释误导了自己。③1977年《英国专利法》第13条不能用以剥夺斯蒂芬·泰勒的权利。总之，斯蒂芬·泰勒要求法院认定这一事实：DABUS是发明人，其将申请专利的权利及其他权利“转让”给了自己。

3. 案件焦点

第一，关于英国知识产权局是否先于听证而预判了结果。斯蒂芬·泰勒认为,《英国知识产权局手续手册》第3.05段的规定预判了听证的结果。其中，第3.05段规定：“如果所述发明人是‘人工智能发明人（AI Inventor）’，那么形式审查员应当要求提交补充材料‘专利表格7’。‘人工智能发明人’不应被认为是法律所要求的‘自然人’，因此不应被接受。若申请人未按照要求提交补充材料，那么根据1977年

《英国专利法》第13（2）条，相关申请将被视为撤回。”❶

法官马库斯·史密斯认为这一理由不该被支持，因为没有任何证据表明听证官休·琼斯除了根据他的职责适用法律之外，还寻求做任何事情，在作出决定的过程中，休·琼斯间接地判断了《英国知识产权局手续手册》中是否正确地陈述了英国知识产权局的办事流程。事实上，上诉人不能因为其与听证官对条款解读的不同，就断定听证官基于《英国知识产权局手续手册》作出的决定是错误的。

第二，听证官对于1977年《英国专利法》的解读是否存在目的性错误。在听证中，听证官休·琼斯作出了如下论述："专利制度的基本功能是通过授予有时间限制的垄断权来鼓励创新，以换取信息的公开披露。正如斯蒂芬·泰勒所承认的那样，人工智能机器不太可能被获得专利保护的前景所激励。相反，创新的动力将作为机器开发的一部分来实现；本质上，人工智能机器将被指示进行创新。鉴于目前人工智能机器无法被赋予知识产权，那么问题就变成了：如何鼓励他们传播有关发明的信息？斯蒂芬·泰勒认为，让机器的所有者获得专利权是实现这一目标的唯一途径。然而，我不同意这一观点，因为散播人工智能机器的创新物可以通过多种方式自由进行，比如通过互联网。虽然可能正如斯蒂芬·泰勒所阐述的那般，由人工智能机器创造的发明在未来可能会变得更加普遍。因此，讨论应当如何保护这些发明是一个合理的问题。但是，目前的制度不适合这种发明。伴随着时代的进步和技术的革新，对这一问题进行更广泛的辩论是正确的。然而，

---

❶ "Where the stated inventor is an 'AI Inventor', the Formalities Examiner [should] request a replacement [Patents Form 7] . An 'AI Inventor' is not acceptable as this does not identify 'a person' which is required by law. The consequence of failing to supply this is that the application is taken to be withdrawn under section 13 (2)[of the Patents Act 1977] ."

对法律的任何修改都应在这种辩论的背景下加以考虑，而不是以仲裁方式强加在现有立法中。”

同时，英国知识产权局在书面答辩意见中也提出：“斯蒂芬·泰勒所质疑的真正问题是‘为何法律要如此规定’的问题，这当然是一个重要的问题，但这是一个复杂的政策问题，应当依靠多方力量广泛论证。”[1]

法官马库斯·史密斯认同听证官休·琼斯和英国知识产权局的观点，并以此认定斯蒂芬·泰勒的第二个主张应当被驳回。马库斯·史密斯法官还表明，诉讼中的讨论应当只涉及法律应该如何适用的问题，而不是法律本身的问题。然而，斯蒂芬·泰勒的主张更多是立法机关的问题，而不是法院的问题。

第三，关于1977年《英国专利法》第13条的解释。斯蒂芬·泰勒主张，1977年《英国专利法》第13条没有赋予听证官裁定将专利申请视为撤回的权利。[2]在斯蒂芬·泰勒提交的专利表格7中，其真诚

---

[1] 英国知识产权局还指出：“一些相关公共机构［包括世界知识产权组织（WIPO）和英国信息专员办事处（ICO）］已就英国人工智能发展法律中的重要问题展开磋商。欧盟委员会最近也发表了一份关于欧盟人工智能的白皮书。”

[2] 1977年《英国专利法》第13条规定：（1）一项发明的发明人或共同发明人，有权在被授权的发明专利中写明其是该项发明的发明人或共同发明人，如有可能，亦有权在该项发明的任何已发表的专利申请中被提及为该项发明的发明人或共同发明人；如没有如此提及，那么该发明的发明人或共同发明人有权在规定的文档中被写明其是发明人或共同发明人。

（2）除非申请人已经向专利局提供了下列信息，否则专利申请人应当在规定的期限内向专利局提交一份声明——

（a）指认他相信是发明人的人；及

（b）申请人不是唯一发明人或者共同发明人的，写明其申请专利的权利的来源；未写明的，视为撤回申请。

（3）凡任何人依据本条被提述为唯一发明人或共同发明人，则任何其他人如指称不应如此提述该人，可随时向主计长申请一份表明此意的证明书，而主计长可发出该证明书；如他如此做，他须据此更正该专利及为施行上文第（1）款而订明的任何文件的任何未分发副本。

而诚实地指出自己并非发明的实际设计者，并且说明自己通过继受取得获得了相关权利，听证官的做法相当于以《英国专利法》第13条拒绝了自己的申请。

法官马库斯·史密斯认为斯蒂芬·泰勒的主张不能成立，因为其过分依赖了1977年《英国专利法》第13（2）（a）条的规定，其认为自己的主观心理状态在专利申请中是至关重要的（其相信人工智能机器是发明人，且已经在专利表格7中确认这一事实），并且认为第13条赋予了他在未参考第7条规定的情况下获得专利的权利。

然而，1977年《英国专利法》第7条详细、客观地规定了专利授权的条件，这说明专利授权不能依赖申请人的主观心理状态，否则，第7条就应当被废除。[1]同时，法官举例例证道："如果某申请人真诚地认为他的猫是发明人，并在专利表格中确认猫是发明人，当英国知识产权局拒绝将猫认定为1977年《英国专利法》第7条中的'发明人'时，该陈述便不能通过1977年《英国专利法》第13条的检验。"

第四，关于该案的情形是否能得到1977年《英国专利法》第7条的支持。尽管法官马库斯·史密斯并不理解为何上诉人的理由主要基

---

[1]《英国专利法》第7条规定：（1）任何人可单独或与他人共同提出专利申请。

（2）发明专利可授予：

（a）发明人或共同发明人；

（b）根据成文法则或法律规则，或任何外国法律、条约或国际公约，或根据在发明作出前与发明人订立的任何协议的可强制执行条款，在该项发明作出时是在联合王国有权享有该项发明的全部财产（衡平法权益除外）的人，且该人的法律地位优于发明人；

（c）在任何情况下，上述（a）或（b）段所述的任何人的一个或多个所有权承继人；上述（a）（b）或（c）之外的任何其他人不得被授予专利权。

（3）在本法中，与发明有关的"发明人"是指发明的实际设计者，"共同发明人"应作相应解释。

（4）除非相反规定成立，否则提出专利申请的人，须视为根据上文第（2）款有权获批专利的人，而共同提出专利申请的两名或多于两名的人，则须视为有权获批专利的人。

于第13条而非第7条而展开，但其认为，第7条规定了专利权授权的基本条件和一些实质性内容，这一条款的解释对于上诉人的主张能否得到支持也是相当重要的。因此，其对于1977年《英国专利法》第7条作了逐段分析。

一方面，第7（2）（a）条表明：任何人可单独或与他人共同提出专利申请，斯蒂芬·泰勒认为这一条款中的“人”不该局限于“自然人”。但是，结合第13条来看，发明人是发明的实际设计者。因此，应当将“发明人”解释为发明了某一事物的“自然人”，因为专利申请权和专利权本身都是财产权，只有自然人才能拥有财产和发明。该案显然不属于这种情形，因为DABUS是发明人而不是自然人，斯蒂芬·泰勒是自然人而不是发明人。

另一方面，该案也不能落入第7（2）（b）和（c）条的保护范围。专利权主要授予发明人或联合发明人，这种对发明人的关注遵循了通常的做法，即创作者被赋予知识产权第一所有人的特权地位，因此，发明人在一般情形中应当是发明的“实际设计者”。但是，根据第7（2）（b）和（c）条，有两种情形可以推翻“发明人就是专利权人”的假设：第7（2）（b）条的规定一般被链接到第39条“雇员发明”的情形；第7（2）（c）条指示的将相关权利转让给另一方（或者由另一方继承）的情形。斯蒂芬·泰勒主张DABUS将申请专利的权利和其他相关权利转让给了自己，但是DABUS并不具备“拥有”和“转让”某项财产的能力，因此，并没有什么权利转让到了上诉人的手中。

法官马库斯·史密斯同时指出，如果斯蒂芬·泰勒的主张是“DABUS产生了某项智力成果，我作为DABUS的所有者，自然拥有这些智力成果”[此时其便可以依照第7（2）（a）条主张权利]，则其诉讼请求便更为合理。然而，在该案中，斯蒂芬·泰勒始终强调自己不是发明人，其专利申请权是基于某种转让行为获取的，因为其并不想不道德地“拿走”属于人工智能的发明成果。

因此，马库斯·史密斯法官最终驳回了斯蒂芬·泰勒的各项主张。

另外，马库斯·史密斯法官还在判决附言中提出了两点看法：其一，其作出判决的主要依据是1977年《英国专利法》和与该法有关的相关规定。原告、被告双方都向法官提供了范围远超过该法的法律资料，法官虽然考虑了这些资料，但认为这些资料对于作出判决没有帮助。原因有二：一是1977年《英国专利法》的规定特别明确；二是在其他领域的法律中也没有特别的值得引用的条款可以进行类推适用，以支持原告或被告的主张。其二，该案不涉及人工智能机器的所有者或控制者是否可以作为该人工智能机器“作出”的“发明”的发明人问题。斯蒂芬·泰勒明确拒绝提出该主张的理由，不仅在于他认为提出该主张在法律上是错误的，同时，更重要的是，他还认为由于该发明不是他作出的，而提出该主张将使他不道德地、非法地获得作为发明人的名誉。显然，涉及该案发明要提出或不提出哪些主张，是申请人的权利。同时，马库斯·史密斯法官进一步澄清其没有认为人工智能机器的所有者或控制者是“发明的实际完成人”这一观点是一个不适当的主张。上述主张是应成立还是不应成立，是另外一个问题，且与该案无关。因此，如果认为该案判决会禁止申请人提出上述主张，那么对该案判决的这种解读至少是错误的。

三、欧洲专利局对DABUS案的观点

斯蒂芬·泰勒还通过英国知识产权局向欧洲专利局递交了欧洲专利申请（申请号EP18275163），该申请于2018年10月17日转交给欧

洲专利局。然而，在授予欧洲专利的请求书中，发明人字段是空白的。

因此，2018 年 11 月 15 日，欧洲专利局要求斯蒂芬·泰勒在 16 个月内补充递交一份文件，用以说明发明人的姓名，如果他未能在规定的时限内对材料进行补正，欧洲专利局将根据《欧洲专利公约》第 90（5）条拒绝其专利申请。

2019 年 7 月 24 日和 8 月 2 日，斯蒂芬·泰勒分别提交两份补充材料。材料中表明，DABUS 是发明人。同时，在提交的附件中，其表示 DABUS 是一个人工智能系统，其作为所有者获取了申请欧洲专利的相关权利；其还表示，机器应被承认为发明人，而申请人作为机器的所有者，是该机器创造的任何知识产权的受让人，这符合专利制度的宗旨，即鼓励信息披露、发明的商业化和发展。

2019 年 9 月 13 日，该申请的受理部门发起了口审程序。2019 年 9 月 24 日，斯蒂芬·泰勒要求提前公开其专利申请。2019 年 10 月 25 日，申请人提交了请求接受人工智能机器作为发明人的进一步论证材料，其认为《欧洲专利公约》第 19（1）条不要求发明人是自然人，其目的只是正确识别发明人。

2019 年 11 月 25 日，口审程序启动。在给予申请人有机会提出任何进一步的论点和要求后，受理部门宣布拒绝其申请的决定。关于该案的主要争议问题如下。

第一，DABUS 能否成为发明人。斯蒂芬·泰勒认为：“DABUS 是本申请所依据的发明的实际设计者。依据 1977 年《英国专利法》第 7（3）条，申请人必须指明发明人，而发明人应当是发明的实际设计者，将发明的实际设计者以外的人命名为发明人将违反这一规定。虽然一个人工智能系统可能没有人格或财产权利，但这并不能阻止承认它成为发明人，因为在确定任何权利之前必须确定发明人身份。此外，由于国家法律［如 1977 年《英国专利法》第 7（2）条］将发明的权利授予发明人或其所有权继承人，因此，所有权转移给作为 DABUS 所有者的斯蒂芬·泰勒是正当的。”

欧洲专利局受理部门认为，申请人提交的专利申请不符合《欧洲专利公约》第 81 条和第 19（1）条的要求。其中,《欧洲专利公约》第 81 条规定:“如果申请人不是发明人，则应包含一份说明欧洲专利权起源的声明。”第 19（1）条规定:“应说明发明人的姓氏、姓名和完整地址，如果申请人不是发明人，则应说明申请人的姓名和完整地址，名称应包含一份说明欧洲专利权起源的声明，并由申请人或其代表签字。”

欧洲专利局受理部门另认为，物的名字不能等同于自然人的名字。自然人之姓名，无论是由一个名字和一个姓氏组成，还是由一个单名组成，不仅起到识别自然人的作用，而且能使其得以行使权利并构成其人格的一部分。《欧洲专利公约》中提到了自然人、法人以及相当于法人的机构。但是，在涉及“发明人”这一问题时，其只能指向于自然人。

同时，欧洲专利局受理部门还引证了一些国家的法律，用以说明“发明人”必须是“自然人”这一问题，如《立陶宛共和国专利法》第 2（8）条、《爱沙尼亚专利法》第 13 条等，诸如中国、美国、日本和韩国专利局也同样秉持这一观点。由此，欧洲专利局受理部门得出结论：目前，还没有一部国家法律承认一件东西，特别是一个人工智能系统或一台机器是“发明人”。

另外，欧洲专利局受理部门进一步厘清了人工智能系统与其所有者的关系。DABUS 作为一项人工智能系统，其不享有任何权利，其不能将权利“转让”给其所有人。虽然，人工智能系统的所有者可以拥有该系统的输出，就像任何机器的所有者可以拥有该机器的输出一样。然而，产出的所有权问题必须与发明人问题以及与之相关的权利区分开来。

第二，发明人的审查在发明审查程序中的地位。指定发明人是专利申请必须满足的一项形式要求。那么，如果发明实质上存在可专利性，能否将该发明推定为具有确定的发明人呢？具体到这一争议的情形中，斯蒂芬·泰勒从发明审查的要件出发，认为这样的推定有助于帮助DABUS取得“发明人”身份。

然而，审理部门拒绝支持他的主张。其认为，对发明人的评估在实质性审查之前进行，并且独立于实质性审查，由此，斯蒂芬·泰勒的推定不能成立。

第三，拒绝承认DABUS为发明人是否剥夺了公众的知情权。斯蒂芬·泰勒指出，将人工智能写为发明人保障了公众了解实际发明人的权利。其认为，如果某一创意确实是由人工智能实现的，要求发明人必须填写为自然人会隐藏发明人的真实身份，损害公众利益。

受理部门对这一观点进行了反驳，其认为当某一发明申请公布后，公众及被遗漏于发明人一栏之外的自然人可以对该申请提出质疑，即使存在相关质疑，也应当由成员国法院解决。

总之，受理部门认为DABUS并不能被称为发明人，不在发明人一栏披露其“姓名”也并不会剥夺公众的知情权，真正应当保障的是某个被遗漏于发明人名单中的自然人。

四、美国专利商标局对DABUS的观点

2019年7月29日，申请人斯蒂芬·泰勒向美国专利商标局提交一件专利申请，其中包含如下材料：①一张专利申请表（an application data sheet），其中声明发明人是人工智能机器DABUS，申

请人斯蒂芬·泰勒是相关权利的受让人。②一份替代声明（a substitute statement），说明发明由 DABUS 自主、独立完成，但 DABUS 由斯蒂芬·泰勒负责运行，因此，斯蒂芬·泰勒是 DABUS 的法定代表人与专利申请人。③一份表明斯蒂芬·泰勒身份的声明，表明斯蒂芬·泰勒是专利申请中所有权利、权益的受让人。④一份授权文件（an assignment document），在这份文件中，斯蒂芬·泰勒同时代表权利的转让方与受让方，将 DABUS 基于发明的所有权利、权益转让给了自己。⑤一份发明人声明（a inventorship statement），清晰地表明应赋予 DABUS 以发明人的地位。

美国专利商标局收到斯蒂芬·泰勒提出的专利申请后，于 2019 年 8 月 8 日要求申请人提供补正材料，要求其修改专利申请表中“发明人”一栏的填写内容。如果迟延提供这一材料，申请人将需要额外支付 80 美元。

2019 年 8 月 29 日，斯蒂芬·泰勒要求对 8 月 8 日的通知进行审查并予以撤销，其主张这一通知是无效且无根据的，该主张于 2019 年 12 月 17 日被美国专利商标局驳回。

2019 年 12 月 13 日，美国专利商标局向斯蒂芬·泰勒发布了第二份通知，要求其履行第一份通知中的内容，日期从此次通知的日期开始计算。

基于此，2020 年 1 月 20 日，斯蒂芬·泰勒再次提出请愿，请求重新审议美国专利商标局于 2019 年 12 月 17 日发布的决定，因为该决定维持了 2019 年 8 月 8 日的决定，而 2019 年 8 月 8 日的决定理应是无效且无根据的，应当撤销。

关于该案，美国专利商标局主要讨论了以下四个问题：

第一，DABUS 是否能够成为发明人。根据斯蒂芬·泰勒的陈述，发明是由 DABUS 独立完成的。DABUS 是一台“创造性机器”，内部由一系列的神经网络组成，这些神经网络经过训练，具有在一般领域内实现某一发明的能力。其主张，“发明人”的身份不该局限于自然人，因为是 DABUS 而非他自己认识到了这一发明的新颖性与创造性。

美国专利商标局首先引证了《美国法典》中的几则条文来反驳这一观点：《美国法典》第 35 卷第 115 条之（a）表明，一项专利申请必须包括，或者经补正后包括该项发明所声称的发明人之姓名。[1]第 100 条之（a）就“发明人”的概念作出了详细的规定，即“个人或联合发明、发现某发明主题的人”。[2]

美国专利商标局认为，专利法一贯排除将“发明人”作宽泛的解释。例如，《美国法典》第 35 卷第 101 条是这样表述的：“发明或发现任何新的有用的方法、机器、制造或物质成分的人……”这里的“人”应当限缩解释为“自然人”。[3]同时，《美国法典》第 35 卷第 115 条同样可以推出这一结论，以第 115 条之（b）为例：“根据本法作出的宣誓或声明应包含该主体认为他（她）是申请中要求保护的发明的原始发明人或原始联合发明人的陈述。”[4]第 115 条使用了人称代词他（himself）

---

[1] Under 35 U.S.C. § 115 (a), [a] n application for patent that is filed under section 111 (a) ... shall include, or be amended to include, the name of the inventor for any invention claimed in the application.

[2] An “inventor” is defined in 35 U.S.C. § 100 (a) as “the individual or, if a joint invention, the individuals collectively who invented or discovered the subject matter of the invention.”

[3] 35 U.S.C. § 101 states “Whoever invents or discovers any new and useful process, machine, manufacture, or composition of matter...may obtain a patent therefore, subject to the conditions and requirements of this title (emphasis added).”

[4] 35 U.S.C. § 115 (b) [“An oath or declaration under subsection (a) shall contain statements that...such individual believes himself or herself to be the original inventor or an original joint inventor of a claimed invention in the application.”]

或她（herself），这说明发明人必须是“自然人”。

另外，美国专利商标局还引证了美国联邦巡回上诉法院裁判的相关案例，用以说明发明人是“自然人”的观点。在 *Univ of Utah v. Max-Planck-Gesellschafi zur Forderung der Wissenschaften e.K* 案中，美国联邦巡回上诉法院认为：“创意是发明的试金石，它是在发明人的头脑中形成的一个明确的且永久的想法。只有当发明者头脑中的想法如此清晰，以至于只有普通的技能才能将发明付诸实践，而无须大量的研究或实验时，创意才是完整的。因此，发明者是构思该发明的个人。”所以，法院在判决中得出“州、公司不能成为发明人”的结论，这一结论也应当应用于人工智能领域中。

同时，《美国联邦法规汇编》和《美国专利审查程序手册》中也存在相关表述。例如，《美国专利审查程序手册》将“创意”定义为“发明行为的精神部分的完全表现”，它是发明者在头脑中形成一个完整的、可操作的发明的明确的且永久的想法，因为它随后将在实践中得到应用。

由此，美国专利商标局通过引证相关法律规定与司法判例，否定了将 DABUS 作为发明人的请求。

第二，美国专利商标局是否强迫斯蒂芬·泰勒作为发明人。根据斯蒂芬·泰勒的主张，美国专利商标局在明知其不符合发明人标准的情形下，仍然“强迫”其替代 DABUS 成为发明人。

对此，美国专利商标局解释道，其在 2019 年 12 月 17 日作出的声明只是要求斯蒂芬·泰勒将申请表格中的“发明人”更改为一名自然人，因为按照现行的法律与判例，DABUS 不可能成为发明人，但其并未强迫斯蒂芬·泰勒成为发明人。

第三，考虑“发明人”的身份是否为专利的审查增添了新的要件。

斯蒂芬·泰勒认为，美国专利商标局应当考虑欧洲专利局和英国知识产权局所采取的立场，即DABUS创造了有争议的发明，但其不能被称为发明人。同时，其认为美国专利商标局拒绝接受将人工智能命名为发明人的做法，这是在对法律未规定的可专利性问题进行进一步测试，这一测试与普遍认为的发明人身份不应成为授予专利的实质性条件的原则相矛盾。

对此，美国专利商标局主张，无论依据《美国法典》抑或是《美国发明法案》，发明人身份长期以来一直是可专利性的一个条件。

第四，人工智能作为发明主体与客体的辨析。斯蒂芬·泰勒还主张，美国专利商标局已授予与DABUS机器有关的专利，因此，隐含地合法化了DABUS完成上述申请的发明的过程。

美国专利商标局将人工智能作为发明主体与客体进行了区分，并认为依照《美国法典》第35卷第151条，授予一项涵盖机器的发明专利，并不意味着专利法规定该机器在另一项专利申请中能够被列为发明人。因此，如上所述，根据专利法，机器不具备发明人的资格。

因此，斯蒂芬·泰勒的各项主张均未被美国专利商标局所支持。同时，美国专利商标局还指出，尽管这一问题涵盖许多政策考量，但是，这些考量并不能超脱于现有法律。

五、DABUS案的启示

斯蒂芬·泰勒博士就DABUS系统作出的发明创造分别向英国知识产权局、欧洲专利局和美国专利商标局提出了专利申请，并均因发明人资格问题遭遇了“滑铁卢”。客观而言，斯蒂芬·泰勒博士的遭遇应是预料之中的。因为专利局的本职工作在于适用法律而非创制法律，在立法未对专利发明人问题作出改变的情况下，无论是英国知识产权局、欧洲专利局，还是美国专利商标局，均不得逾越法律承认人工智能系统可以拥有“发明人”资格。虽然英国的马库斯·史密斯法官在其判决附言中似乎在暗示人工智能系统的开发者、拥有者或实际控制者有可能作为人工智能发明创造的专利法意义上的“发明人”，笔者认为该思路似乎可以在一定程度上解决当前存在的困境，但是并不能解决根本问题。斯蒂芬·泰勒博士在三个专利局的案件虽然均遭到了失败，但是笔者认为斯蒂芬·泰勒博士的主张至少有一点是正确的，即如果一项发明创造是由人工智能系统独立作出的，人工智能系统的开发者、拥有者或实际控制者均未对该项发明创造的完成作出专利法意义上的贡献，那么人工智能系统的开发者、拥有者或实际控制者显然就不能作为该项发明创造的“发明人”，否则就有欺诈之嫌。所以，综合考虑以上因素，人工智能发明创造的“发明人”资格问题和可专利性问题，有必要由立法机关从法律层面加以回应和解决。

第二节　人工智能技术专利授权标准

一、人工智能技术专利授权标准涉及的主要问题

分析人工智能技术的专利授权标准时，人工智能技术是否能授予专利权其实是个伪命题。这是因为各国专利法均未专门对人工智能技术规定可专利性的条件。因此，在讨论人工智能技术的可专利性问题时，必须围绕人工智能技术自身的特点和专利法的具体规定，讨论哪些人工智能技术具有可专利性、哪些人工智能技术不具有可专利性。

对于涉及人工智能的硬件技术，如人工智能芯片的设计、制造技术、CPU 处理等技术主题，其可专利性问题并不存在争议。

由于人工智能的实现主要是通过算法或软件设计进行实现的，算法在人工智能技术占有关键且核心的作用，但是单纯的算法本身通常被认为是智力活动的规则或方法而不能被授予专利权。因此，讨论涉及人工智能的发明创造的可专利性问题或授权标准时，应特别关注人工智能算法是否可以授予专利权的问题以及相关的授权条件或标准。[1]

二、人工智能算法专利授权标准分析

传统上的“算法”概念主要存在于数学范畴，是指解决一个数学问题的完整的一系列步骤。随着计算机的问世和快速发展，人们不仅可以直接利用计算机通过算法完成复杂的数值计算问题，而且可以用数值表达文字，进而利用计算机通过算法解决某些非数值计算问题。在计算机与网络技术的支撑下，人工智能算法的研究与进步与日俱新。特别是 21 世纪以来，随着计算机算力、存储容量和网络带宽的快速增长，模拟人类神经网络的深度学习算法、基于“物竞天择，适者生存”进化论概念的遗传算法等发展迅速，并且快速在科技创新、商业经营、政府管理等领域进行运用。[2]

算法是人工智能领域的技术基础，同时，专利保护是保护算法的基本路径。2019 年 12 月 31 日，国家知识产权局为了回应创新主体对进一步明确涉及人工智能等新业态新领域专利申请审查规则的需求，

---

[1] 刘强．人工智能算法发明可专利性问题研究［J］．时代法学，2019，17（4）：17-26.

[2] 陶阳明．经典人工智能算法综述［J］．软件导刊，2020，19（3）：276-280.

对《专利审查指南》进行了修改，并自2020年2月1日起施行。[1]根据修订后的《专利审查指南》主要从智力活动的规则或方法、技术方案、新颖性和创造性等几个方面明确了人工智能算法的专利授权标准。

三、人工智能算法与智力活动的规则或方法

我国《专利法》第25条第1款第（二）项规定，智力活动的规则和方法不授予专利权。在进行专利审查时，审查应当针对要求保护的解决方案，即权利要求所限定的解决方案进行。在审查中，不应当简单割裂技术特征与算法特征，而应将权利要求记载的所有内容作为一个整体，对其中涉及的技术手段、解决的技术问题和获得的技术效果进行分析。

如果权利要求仅涉及抽象的算法，且不包含任何技术特征，则该项权利要求属于《专利法》第25条第1款第（二）项规定的智力活动的规则和方法，不应当被授予专利权。例如，一种基于抽象算法且不包含任何技术特征的数学模型建立方法，就属于《专利法》第25条第1款第（二）项规定的不应当被授予专利权的情形。

如果权利要求中除了算法特征，还包含技术特征，该权利要求就整体而言并不是一种智力活动的规则和方法，则不应当依据《专利法》第25条第1款排除其获得专利权的可能性。

以一种建立数学模型的方法发明专利申请为例，该发明申请的内容是：发明专利申请的解决方案是一种建立数学模型的方法，通过

[1] 国家知识产权局.关于修改《专利审查指南》的公告（第343号）[EB/OL].（2019-12-31）[2020-12-15].http://www.gov.cn/zhengce/zhengceku/2019-12/31/content_5465485.htm.

增加训练样本数量，提高建模的准确性。该建模方法将与第一分类任务相关的其他分类任务的训练样本也作为第一分类任务数学模型的训练样本，从而增加训练样本数量，并利用训练样本的特征值、提取特征值、标签值等对相关数学模型进行训练，并最终得到第一分类任务的数学模型，克服了由于训练样本少导致过拟合而建模准确性较差的缺陷。

该申请的权利要求是："一种建立数学模型的方法，其特征在于，包括以下步骤：根据第一分类任务的训练样本中的特征值和至少一个第二分类任务的训练样本中的特征值，对初始特征提取模型进行训练，得到目标特征提取模型；其中，所述第二分类任务是与所述第一分类任务相关的其他分类任务；根据所述目标特征提取模型，分别对所述第一分类任务的每个训练样本中的特征值进行处理，得到所述每个训练样本对应的提取特征值；将所述每个训练样本对应的提取特征值和标签值组成提取训练样本，对初始分类模型进行训练，得到目标分类模型；将所述目标分类模型和所述目标特征提取模型组成所述第一分类任务的数学模型。"

由于该专利申请的解决方案不涉及任何具体的应用领域，其中处理的训练样本的特征值、提取特征值、标签值、目标分类模型以及目标特征提取模型都是抽象的通用数据，利用训练样本的相关数据对数学模型进行训练等处理过程是一系列抽象的数学方法步骤，最后得到的结果也是抽象的通用分类数学模型。该方案是一种抽象的模型建立方法，其处理对象、过程和结果都不涉及与具体应用领域的结合，属于对抽象数学方法的优化，且整个方案并不包括任何技术特征，因此，该发明专利申请的解决方案属于《专利法》第 25 条第 1 款第（二）项规定的智力活动的规则和方法，不属于专利保护客体。[1]

四、人工智能算法与技术方案

我国《专利法》第 2 条第 2 款规定："发明，是指对产品、方法或者其改进所提出的新的技术方案。"因此，对于发明专利申请的审查必须基于该申请的申请主题是技术方案。所以，如果要求保护的权利要求作为一个整体不属于《专利法》第 25 条第 1 款第（二）项排除获得专利权的情形，则需要就其是否属于《专利法》第 2 条第 2 款所述的技术方案进行审查。

对一项包含算法特征的权利要求是否属于技术方案进行审查时，需要整体考虑权利要求中记载的全部特征。如果该项权利要求记载了对要解决的技术问题采用了利用自然规律的技术手段，并且由此获得了符合自然规律的技术效果，则该权利要求限定的解决方案属于《专利法》第 2 条第 2 款所述的技术方案。例如，如果权利要求中涉及算法的各个步骤体现出与所要解决的技术问题密切相关，如算法处理的数据是技术领域中具有确切技术含义的数据，算法的执行能直接体现出利用自然规律解决某一技术问题的过程，并且获得了技术效果，则通常该权利要求限定的解决方案属于《专利法》第 2 条第 2 款所述的技术方案。

以一种卷积神经网络模型的训练方法的发明专利申请为例。该申请的内容主要如下：发明专利申请的解决方案是，在各级卷积层上对训练图像进行卷积操作和最大池化操作后，进一步对最大池化操作后

---

[1] 国家知识产权局．关于修改《专利审查指南》的公告（第 343 号）[EB/OL]．http：//www.gov.cn/zhengce/zhengceku/2019-12/31/content_5465485.htm.

得到的特征图像进行水平池化操作，使训练好的CNN模型在识别图像类别时能够识别任意尺寸的待识别图像。

该申请的权利要求为：“一种卷积神经网络CNN模型的训练方法，其特征在于，所述方法包括：获取待训练CNN模型的初始模型参数，所述初始模型参数包括各级卷积层的初始卷积核、所述各级卷积层的初始偏置矩阵、全连接层的初始权重矩阵和所述全连接层的初始偏置向量；获取多个训练图像；在所述各级卷积层上，使用所述各级卷积层上的初始卷积核和初始偏置矩阵，对每个训练图像分别进行卷积操作和最大池化操作，得到每个训练图像在所述各级卷积层上的第一特征图像；对每个训练图像在至少一级卷积层上的第一特征图像进行水平池化操作，得到每个训练图像在各级卷积层上的第二特征图像；根据每个训练图像在各级卷积层上的第二特征图像确定每个训练图像的特征向量；根据所述初始权重矩阵和初始偏置向量对每个特征向量进行处理，得到每个训练图像的类别概率向量；根据所述每个训练图像的类别概率向量及每个训练图像的初始类别，计算类别误差；基于所述类别误差，对所述待训练CNN模型的模型参数进行调整；基于调整后的模型参数和所述多个训练图像，继续进行模型参数调整的过程，直至迭代次数达到预设次数；将迭代次数达到预设次数时所得到的模型参数作为训练好的CNN模型的模型参数。”

该专利申请的解决方案是一种卷积神经网络CNN模型的训练方法，其中明确了模型训练方法的各步骤中处理的数据均为图像数据以及各步骤如何处理图像数据，体现出神经网络训练算法与图像信息处理密切相关。该解决方案所解决的是如何克服CNN模型仅能识别具有固定尺寸的图像的技术问题，采用了在不同卷积层上对图像进行不同处理并训练的手段，利用的是遵循自然规律的技术手段，获得了训练好的 CNN 模型能够识别任意尺寸待识别图像的技术效果。因此，该发明专利申请的解决方案属于《专利法》第 2 条第 2 款规定的技术方案，属于专利保护客体。[1]

五、新颖性和创造性的审查

对包含算法特征的人工智能发明专利申请进行新颖性审查时，应当考虑权利要求记载的全部特征，所述全部特征既包括技术特征，也包括算法特征。对既包括技术特征又包括算法特征的发明专利申请进行创造性审查时，应将与技术特征功能上彼此相互支持、存在相互作用关系的算法特征与所述技术特征作为一个整体考虑。“功能上彼此相互支持、存在相互作用关系”是指算法特征与技术特征紧密结合、共同构成了解决某一技术问题的技术手段，并且能够获得相应的技术效果。

例如，如果权利要求中的算法应用于具体的技术领域，可以解决具体技术问题，那么可以认为该算法特征与技术特征功能上彼此相互支持、存在相互作用关系，该算法特征成为所采取的技术手段的组成部分，在进行创造性审查时，应当考虑所述的算法特征对技术方案作出的贡献。

以一种基于多传感器信息仿人机器人跌倒状态检测方法为例，该专利申请的主要内容是：现有对仿人机器人步行时跌倒状态的判定主要利用姿态信息或 ZMP 点位置信息，但这样判断是不全面的。该发明专利申请提出了基于多传感器检测仿人机器人跌倒状态的方法，通过实时融合机器人步态阶段信息、姿态信息和 ZMP 点位置信息，并利用

[1] 国家知识产权局．关于修改《专利审查指南》的公告（第 343 号）[EB/OL]．http：//www.gov.cn/zhengce/zhengceku/2019-12/31/content_5465485.htm.

模糊决策系统，判定机器人当前的稳定性和可控性，为机器人下一步动作提供参考。

该专利申请的权利要求是："一种基于多传感器信息仿人机器人跌倒状态检测方法，其特征在于包含如下步骤：（1）通过对姿态传感器信息、零力矩点 ZMP 传感器信息和机器人步行阶段信息进行融合，建立分层结构的传感器信息融合模型；（2）分别利用前后模糊决策系统和左右模糊决策系统来判定机器人在前后方向和左右方向的稳定性，具体步骤如下：①根据机器人支撑脚和地面之间的接触情况与离线步态规划确定机器人步行阶段；②利用模糊推理算法对 ZMP 点位置信息进行模糊化；③利用模糊推理算法对机器人的俯仰角或滚动角进行模糊化；④确定输出隶属函数；⑤根据步骤①至步骤④确定模糊推理规则；⑥去模糊化。"

对上述专利申请，如果发现一个现有技术作为对比文件 1，该对比文件 1 公开了仿人机器人的步态规划与基于传感器信息的反馈控制，并根据相关融合信息对机器人的稳定性进行判断，其中包括根据多个传感器信息进行仿人机器人稳定状态评价，即对比文件 1 公开了发明专利申请的解决方案中的步骤（1），该解决方案与对比文件 1 的区别在于采用步骤（2）的具体算法的模糊决策方法。

基于申请文件可知，该解决方案有效地提高了机器人的稳定状态以及对其可能跌倒方向判读的可靠性和准确率。姿态信息、ZMP 点位置信息以及步行阶段信息作为输入参数，通过模糊算法输出判定仿人机器人稳定状态的信息，为进一步发出准确的姿势调整指令提供依据。因此，上述算法特征与技术特征在功能上彼此相互支持、存在相互作用关系，相对于对比文件 1，确定发明实际解决的技术问题为如何判断机器人稳定状态以及准确预测其可能的跌倒方向。上述模糊决策的实现算法及将其应用于机器人稳定状态的判断均未被其他对比文件公开，也不属于本领域公知常识，现有技术整体上并不存在使本领域技术人员改进对比文件1以获得要求保护发明的启示，要求保护的发明技术方案相对于最接近的现有技术是非显而易见的，具备创造性。

再以一种动态观点演变的可视化方法为例，该专利申请的主要内容是：近年来人们越来越多地通过社交平台发表他们的意见和想法，人们在社交平台上发表的带有情感的内容反映了人们观点的演变，并可以由此看出事件的发展、变化和趋势。发明专利申请通过自动采集社交平台人们发表的信息并对其中的情感进行分析，通过计算机绘制情感可视化图来帮助人们更好地理解情感在不同时间的强度变化和随时间而演变的趋势。

该专利申请的权利要求是："一种动态观点演变的可视化方法，所述方法包括：步骤一，由计算设备确定所采集的信息集合中信息的情感隶属度和情感分类，所述信息的情感隶属度表示该信息以多大概率属于某一情感分类。步骤二，所述情感分类为积极、中立或消极，具体分类方法为：如果点赞的数目 p 除以点踩的数目 q 的值 r 大于阈值 a，那么认为该情感分类为积极；如果值 r 小于阈值 b，那么认为该情感分类为消极；如果 $b \leqslant r \leqslant a$，那么情感分类为中立，其中 $a > b$。步骤三，基于所述信息的情感分类，自动建立所述信息集合的情感可视化图形的几何布局，以横轴表示信息产生的时间，以纵轴表示属于各情感分类的信息数量。步骤四，所述计算设备基于所述信息的情感隶属度对所建立的几何布局进行着色，按照信息颜色的渐变顺序为各情感分类层上的信息着色。"

如果针对该专利申请，发现了一个现有技术文件，即对比文件1，该对比文件公开了一种基于情感的可视化分析方法，其中时间被表示为一条水平轴，每条色带在不同时间的宽度代表一种情感在该时间的度量，用不同的色带代表不同的情感。

发明专利申请的解决方案与对比文件1的区别在于步骤二中设定的情感的具体分类规则。从申请内容中可以看出，即使情感分类规则不同，对相应数据进行着色处理的技术手段也可以是相同的，不必作出改变，即上述情感分类规则与具体的可视化手段并非功能上彼此相互支持、存在相互作用关系。与对比文件1相比，发明专利申请只是提出了一种新的情感分类的规则，没有实际解决任何技术问题，也没有针对现有技术作出技术贡献。因此，要求保护的发明技术方案相对于对比文件1不具备创造性。[1]

六、小i机器人专利无效案

小i机器人专利无效案是一件涉及人工智能技术授权标准的行政诉讼案件。该案原告为苹果电脑贸易（上海）有限公司（以下简称“苹果公司”），被告为国家知识产权局，第三人（专利权人）为上海智臻智能网络科技股份有限公司（以下简称“智臻公司”）。

该案涉及专利号为200410053749.9、名称为“一种聊天机器人系统”的发明专利，申请人为上海赢思软件技术有限公司、袁辉，现专利权人为智臻公司。该专利授权公告时的权利要求共有11项，其中独立权利要求1项，具体内容如下：

“1.一种聊天机器人系统，至少包括：一个用户；和一个聊天机器人，该聊天机器人拥有一个具有人工智能和信息服务功能的人工智能

---

[1] 国家知识产权局.关于修改《专利审查指南》的公告（第343号）[EB/OL].http：//www.gov.cn/zhengce/zhengceku/2019-12/31/content_5465485.htm.

服务器及其对应的数据库，该聊天机器人还拥有通信模块，所述的用户通过即时通信平台或短信平台与聊天机器人进行各种对话，其特征在于，该聊天机器人还拥有查询服务器及其对应的数据库和游戏服务器，并且该聊天机器人设置有一个过滤器，以用来区分所述通信模块接收到的用户语句是否为格式化语句或自然语言，并根据区分结果将该用户语句转发至相应的服务器，该相应的服务器包括人工智能服务器、查询服务器或游戏服务器。"

针对该专利，苹果公司于2012年11月19日向国家知识产权局专利复审委员会（以下简称"专利复审委员会"）[1]提出无效宣告请求。专利复审委员会于2013年9月3日作出第21307号无效宣告请求审查决定，维持该专利有效。苹果公司不服被诉决定，向北京市第一中级人民法院提起行政诉讼，请求撤销被诉决定。

苹果公司的主要诉讼理由是：第一，涉案专利说明书公开不充分；第二，权利要求限定的某些技术特征不清楚且不能得到说明书的支持；第三，权利要求与现有技术相比，不具备新颖性和创造性。

2014年7月8日，北京市第一中级人民法院经审理后判决维持专利复审委员会作出的第21307号无效宣告请求审查决定书，即判决认为专利权有效。苹果公司不服一审判决，向北京市高级人民法院提起上诉，请求撤销一审判决及被诉决定。

北京市高级人民法院经审理后认为，第一，《专利法》规定，说明书应当对发明或者实用新型作出清楚、完整的说明，以所属技术领域的技术人员能够实现为准。根据该专利说明书关于发明目的的记载可知，实现游戏功能是该专利实现拟人化的一种表现形式，并非拟人化

[1] 2019年，根据中央机构改革部署，国家知识产权局原专利复审委员会并入国家知识产权局专利局，不再保留专利复审委员会。——编辑注。

的附加功能。相应地，游戏功能也应当是该专利权利要求 1 所记载的必要技术特征。独立权利要求应当表述一个针对发明所要解决的技术问题的完整的技术方案。根据该专利说明书的记载，实现游戏功能也是该专利权利要求 1 的技术方案所要实现的功能。因此，如何实现游戏功能是实现该专利必不可少的技术特征。然而，说明书仅记载了具有一个游戏服务器及提到实现互动游戏的设想，而对于游戏服务器与聊天机器人的其他部件如何连接，如对什么样的用户输入的什么内容传送到游戏服务器及如何将用户的指令传送到游戏服务器中，完全没有记载。此外，根据说明书的记载和教导，过滤器对用户输入语句进行判断，判断为格式化语句的则通过查询模块 24 输出到查询服务器 4，而判断为自然语句的则通过对话模块 23 输出到人工智能服务器 3。根据该专利说明书的记载，该专利的聊天机器人系统中，如果用户输入的是和游戏相关的语句，即使其能够由过滤器分析处理，那也只是被过滤器判断为自然语句或格式化语句，而送到人工智能服务器 3 或查询服务器 4 中，而根本不可能送到游戏服务器 5 中。由此可见，该专利说明书未充分公开如何实现该专利权利要求 1 所限定的游戏功能，违反了《专利法》的规定，该专利权应当被宣告无效。

第二,《专利法实施细则》第 20 条规定:“权利要求书应当有独立权利要求，也可以有从属权利要求。独立权利要求应当从整体上反映发明或者实用新型的技术方案，记载解决技术问题的必要技术特征。从属权利要求应当用附加的技术特征，对引用的权利要求作进一步限定。”该专利权利要求 1 中记载了“该聊天机器人设置有一个过滤器，以用来区分所述通信模块接收到的用户语句是否为格式化语句或自然语言，并根据区分结果将该用户语句转发至相应的服务器，该相应的服务器包括人工智能服务器、查询服务器或游戏服务器”。根据上述技术特征，并结合该专利说明书所记载的内容，过滤器有两路输出，即格式化语句和自然语句，但是该两路输出要转发至三个服务器，即人工智能服务器、查询服务器及游戏服务器。而根据前述说明书的所记载的技术方案，该专利的聊天机器人系统中，即使用户输入的是和游戏相关的语句，并由过滤器分析处理，其也只是被过滤器判断为自然语句或格式化语句，而送到人工智能服务器3或查询服务器4中，而根本不可能送到游戏服务器5中。由此可以看出，该专利权利要求1没有清楚限定将何种语句转发至游戏服务器，说明书也难以进行解释。因此，过滤器与三个服务器之间的连接关系不清楚，该专利权利要求1不符合《专利法实施细则》的规定，应当被宣告无效。

同时，北京市高级人民法院经审理后还认为部分权利要求不能获得说明书的支持，因此，在2015年4月21日作出二审判决：撤销一审判决；撤销被诉决定；专利复审委员会就该专利重新作出无效宣告审查决定。

智臻公司不服北京市高级人民法院的二审判决，向最高人民法院申请再审。2016年12月28日，最高人民法院裁定提审该案。

最高人民法院经审理后认为，该案主要的争议焦点在于涉案专利说明书对于如何实现游戏功能、如何区分格式化语句或自然语句、如何通过网络学习来扩充对话数据库、如何实现精确搜索功能、如何检索对话数据库以获得拟人化聊天信息是否充分公开。其中争议最大的问题是该专利涉及“游戏服务器”的技术方案是否符合专利法是否充分公开要求的问题。

《专利法》规定说明书应当对发明或者实用新型作出清楚、完整的说明，以所属技术领域的技术人员能够实现为准。本领域技术人员是否能够实现发明技术方案是判断说明书公开是否充分的根本落脚点。

根据2001年版《审查指南》第二部分第二章第2.2.6节的规定："在具体实施方式部分，对最接近的现有技术或者与最接近的现有技术共有的技术特征，一般来说可以不作详细描述，但对发明或者实用新型区别于现有技术的技术特征以及从属权利要求中的附加技术特征应当足够详细地描述，以所属技术领域的技术人员能够实现该技术方案为准。"上述规定对于该专利与现有技术的共有技术特征和区别技术特征的公开提出不同的要求，是因为公开是以本领域技术人员能够实现为准，对于本领域技术人员知识和能力范围以内的技术特征要求较低，而对于本领域技术人员知识和能力范围以外的、区别于现有技术的技术特征要求较高。按照上述规定，首先结合该专利文件和审查档案来理解涉及游戏服务器的技术方案，并判断游戏服务器是否属于该专利区别于现有技术的技术特征，在此基础上进一步判断其是否符合专利法充分公开的要求。

最高人民法院认为，根据该专利说明书的完整内容并结合该案证据，应当认定该专利限定的游戏服务器的功能是通过该专利中描述的格式化语句调用现有的成熟的游戏模块来实现的。主要理由如下：第一，本领域技术人员通过阅读该专利说明书可知，该专利限定的游戏服务器的功能是通过该专利中描述的格式化语句调用现有的成熟的游戏模块来实现的；第二，使用格式化语句调用游戏模块来实现游戏功能，属于该专利申请日之前的现有技术；第三，根据本领域普通技术人员的理解，该专利虽然基于功能的不同分别列明了游戏服务器与查询服务器，但并没有限定游戏服务器与查询服务器是物理上分离的两个服务器，同一个服务器可以同时具备查询和游戏功能。

关于游戏服务器是否属于该专利区别于现有技术的技术特征，对于该专利申请人在专利授权审查阶段的陈述，需要综合考虑整个审查过程进行分析。从整体上考量该专利的三次审查意见通知书及该专利申请人的意见陈述可知，该专利与对比文件相比具有游戏服务器并非该专利获得授权的原因，游戏服务器并非该专利区别于现有技术的特征。主要理由在于:（1）审查员在第一次审查意见通知书中已经明确表示游戏服务器属于本领域惯用手段，该观点也符合信息技术领域所属技术人员的认知，在此情况下，该专利申请不可能因其与对比文件的区别特征在于具有游戏服务器而获得授权。（2）该专利申请人在答复第三次审查意见通知书时将该专利权利要求 1 补充了许多与“过滤器”相关的技术特征，基于该专利申请人的上述较大实质性修改，审查员对修改后的权利要求书进行了授权。（3）该认定符合原始权利要求 1、4、5 的表述。从该专利申请公开的原始权利要求 1、4、5 可以看出，原始权利要求 1 强调该专利申请与现有技术的区别特征是通过人工智能服务器实现用户与聊天机器人的各种对话，游戏服务器并不是其区别特征，也没有限定游戏服务器的连接关系；原始权利要求 4、5 进一步限定了过滤器与对话模块、查询模块及对话模块与人工智能服务器连接、查询模块与查询服务器连接。上述撰写方式及其内容能够反映出专利权人在无效阶段所强调的该专利的发明目的，即以过滤器为技术手段区分格式化语句和自然语言，根据区分结果将用户语句转发至相应的服务器，从而提高人机对话系统的效率和可用性。这也是审查员在第三次审查意见通知书中要求该专利申请人在权利要求 1 中增加并使之最终得到授权的技术内容。因此，应当认定游戏服务器并不是该专利与现有技术的区别技术特征。

关于该专利涉及游戏服务器的技术方案是否符合专利法充分公开的要求。在游戏服务器不是该专利与现有技术的区别技术特征的情况下，根据前述 2001 年《审查指南》的相关规定，对于涉及游戏服务器的技术方案可以不作详细描述。该案中，本领域普通技术人员根据该专利说明书的相关记载内容可以实现，聊天机器人的一端连接用户，另一端连接游戏服务器，用户通过即时通信平台或短信平台与聊天机器人进行对话，可以使用格式化的命令语句与机器人做互动游戏。因此，该专利涉及游戏服务器的技术方案符合专利法充分公开的要求。

据此，2020 年 3 月 27 日，最高人民法院经再审后对此案作出终审判决，判决撤销北京市高级人民法院的二审行政判决，维持北京市第一中级人民法院的一审行政判决。[1]

最高人民法院对于该案的判决，提供了一个涉及人工智能专利申请说明书是否充分公开的新的判断思路，即应当首先确定诉争技术特征是涉案专利与最接近的现有技术的共有技术特征还是区别技术特征，再根据情况适用不同标准的公开要求，即对于共有的技术特征通常可以不作详细描述，但对区别技术特征必须详细地描述，以所属技术领域的技术人员能够实现为准。

第三节　人工智能与商业方法专利

一、人工智能与商业方法

商业方法，是指市场主体为了在市场竞争中获取经济利益而在其生产、经营、管理、服务或营销过程中采取的各种手段或方法。通常

[1] 上海智臻智能网络科技股份有限公司、苹果电脑贸易（上海）有限公司专利行政管理（专利）再审行政判决书［EB/OL］. https：//wenshu.court.gov.cn/website/wenshu/181107ANFZ0BXSK4/index.html？ docId=7db20770328249398521ac9b00d1a6e7.

可以将商业方法分为三类：一是借助计算机和网络实现的商业方法；二是借助除计算机和网络之外的其他技术手段，如电话，而实现的商业方法；三是不借助上述任何技术手段而实现的商业方法，如通过逐家登门拜访的方式进行销售的商业方法。上述三类商业方法并非泾渭分明、截然分开的，很多商业方法的实现综合了上述三种方式。例如，推销员为了推销产品，通常是先用电话或网络联系客户，得到确认后，再对客户进行登门拜访，而作为推销员管理者的客户经理则往往通过计算机、网络、电话等手段对推销员的营销业绩进行指导、管理和考核。❶

现代社会的商业方法已经与技术密不可分。特别是在计算机、网络、云计算、人工智能等技术兴起之后，商业方法已经越来越与这些技术捆绑在一起，对于提升企业生产、经营、管理、服务、营销的质量和效率的作用也越来越大。以前述200410053749.9号小i机器人专利为例，该专利是一种聊天机器人系统。该专利技术的主要内容和步骤是：网络用户通过即时通信或短信平台向聊天机器人发出对话语句；聊天机器人对客户的对话语句进行分析，分成两种情况进行处理：第一种情况是，如果客户的对话语句是格式化语言，那么就把该格式化的语句发给系统的查询服务器，查询服务器对该语句进行查询并得出对应的对话结果，之后，系统再通过即时通信或短信平台将查询到的对话结果反馈给客户；第二种情况是，如果客户的对话语句不是格式化语言，那么就将该语句发送给人工智能服务器，由人工智能服务器查询其对话数据库，并获取回复语句，之后再通过通信平台反馈给用户。该专利技术所述的对话数据库的数据来源中，采用了一种自我学

---

❶ 吴伟光．商业方法发明可专利性研究［J］．网络法律评论，2010，11（1）：89-111.

习的方式，该数据库不仅可以通过聊天机器人与用户对话的过程进行自我学习，还可以通过因特网网络学习的方式，不断扩充自己的数据库信息。

事实上，小i聊天机器人专利技术本质上就是一种利用计算机技术、网络技术、机器学习技术向客户提供对话、聊天服务的商业方法。如果没有计算机技术、网络技术和人工智能技术，该发明的上述技术思想也能实现。例如，用户可以向企业以信件的方式提问，企业首先检索其自建的资料库，如果资料库中有答案，那么就通过信件的方式回答用户的提问；而如果企业自建的资料库中没有答案，那么就可以向外部专家咨询，获得专家回复后，再以信件方式向客户回复。与此同时，企业还将以外部图书、专家咨询等方式丰富其资料库。企业进行上述方式的运营，其实也实现了小i聊天机器人专利技术的商业运行方式；只不过这样人工的方式运营，会在效率上大打折扣，成本亦会显著增加，因此，在商业上可能并不可行。

当然，企业以这种人工方式提供聊天服务存在实时性不强、信息检查和收集不准确、不丰富，信息传递和反馈慢等问题，而如果引入计算机技术、网络技术，特别是人工智能技术，则可以很容易地解决上述问题，进而大大提高该商业方法的性能、服务质量或效率。

二、美国商业方法的专利保护

由于现代商业方法在很多情况下需要计算机程序、信息网络、云计算、人工智能等技术的辅助才能获得商业上的成功，而信息网络、云计算、人工智能等技术又在很大程度上需要计算机程序加以实现，因此，美国有关商业方法的专利保护问题的讨论是从计算机程序专利保护问题发展起来的。

1972 年，美国最高法院在 *Gottschalk v. Benson* 案中第一次对计算机程序的专利保护问题表明了态度。[1] 该案专利涉及的主要内容是通过数学算法将以二进制编码的十进制符号转化为纯二进制符号的计算机程序方法。美国最高法院认为该计算机程序方法在本质上等同于一个数学算法，如果对之授予专利权，那么专利权人就可以完全地独占该数学算法，或者说是在实际上对该数学算法本身授予了专利权。因此，美国最高法院在该案中判决计算机程序方法不能被授予专利权。1978 年 *Parker v. Flook* 案所涉专利的主要内容是计算机程序通过特定算法对化学催化转化过程的温度、压力等参数进行监测并调整。美国最高法院在该案中认为，该案专利所涉专利的转化催化过程、对过程变量参数进行监测及警示等内容均是公知技术，该案唯一新颖的就是数学算法公式，而数学公式是美国专利法规定的不能授予专利的主题，因此，判决申请人不能获得专利授权。[2]

1981 年，美国最高法院在 *Diamond v. Diehr* 案判决中的观点代表了其对涉及计算机程序发明创造可专利性问题的态度转变。[3] 该案专利申请人提交的专利申请涉及对生橡胶进行硫化加工的过程。在该案中，虽然可以利用公知的数学方程和时间、温度及硫化参数关系来计算何时打开成型压机并取出固化产品，但是该行业尚未能精确测量压机内部的温度，因此很难进行必要的计算以确定适当的硫化时间。专利申请人认为其对现有技术的贡献在于通过计算机不断测量模具内部温度并将温度测量结果馈送至计算机，计算机使用数学方程反复重新

---

[1] Gottschalk v. Benson, 409 U.S. 63 (1972) .

[2] Parker v. Flook, 437 U.S. 584 (1978) .

[3] Diamond v. Diehr, 450 U.S. 175 (1981) .

计算硫化时间，然后通过信号设备在适当的时候打开压机。在该案中，美国最高法院认为专利申请人不是在对数学公式寻求专利授权，而是希望获得有关硫化橡胶的方法的专利。因此，该专利不涉及对硫化数学方程的专有权利，而仅是涉及该数学方程在特定化学过程中的使用。所以美国最高法院认为该案申请的主体属于技术方案，具有可专利性。

1998 年，美国联邦巡回上诉法院在 *State Street Bank & Trust Co. v. Signature Financial Group Inc.* 案（以下简称“*State Street* 案”）中表达了利用计算机程序实现商业方法的专利申请的支持。[1]该案所涉及的专利申请是一个计算机数据处理系统，该数据处理系统用于实现共同基金的一种投资结构。这种投资结构使共同基金的管理者在管理投资时具有规模经济的有利组合，同时还可以产生合伙企业的税收优势。在该案中美国联邦巡回上诉法院确立了“有用、具体和可见效果”原则（useful，concrete and tangible result），即只要涉案专利申请主题包含某些实际应用，那么就具有可专利性。

State Street 案为商业方法打开了获得专利保护的大门。之后，美国商业方法专利申请呈现迅猛增长之势。但是，商业方法专利申请和授权数量的突飞猛进也带来了一定的副作用。最主要的表现就是通过互联网或云计算技术进行商业方法创新，门槛过低，非常容易，对这些商业方法提供专利保护，经常受到社会关于其必要性的质疑。[2]

2007 年 4 月 30 日，美国最高法院对 *KSR International Co. v. TeleflexInc, et al.* 案（以下简称“*KSR* 案”）作出终审判决。该判决推翻

[1] In re Alappat., 31 USPQ 2d 1545, 1558 (Fed. Cir. 1994); State Street Bank & Trust Co. v. Signature Financial Group. Inc., 47 USPQ2d 1596, 1601-02 (Fed. Cir. 1998).

[2] 刘银良．美国商业方法专利的十年扩张与轮回：从道富案到 Bilski 案的历史考察［J］．知识产权，2010，20（6）：93.

了联邦巡回上诉法院适用“教导、启发或动机”（TSM）规则审查创造性而作出的判决，反映了美国对商业方法低门槛审查标准进行调整的趋势。[1]*KSR* 案的主要意义在于提高了美国专利授权的创造性标准。判断申请专利的发明是否有创造性或非显而易见性的主体是假想的本领域的普通技术人员。以往的规则通常认为该假想的普通技术人员没有任何创造能力，也不具备将其他技术领域的技术运用到本技术领域的能力。美国最高法院认为这种认识是错误的，并在 *KSR* 案中赋予了假想的普通技术人员正常的选择和判断能力，以及基本的利用其他技术领域技术知识的能力。这样，通过提高假想的普通技术人员的知识能力，也就相应地提高了专利授权的创造性标准。[2]

美国联邦最高法院对 *KSR* 案作出判决之后，美国专利商标局立即在 2007 年 10 月 10 日实施了新的显而易见性审查指南，来指导专利审查员对于显而易见性的判断。之后，在上述内容的基础上形成了《2010 KSR 新指南》（*2010 KSR Guidelines Update*），该新指南收录了 *KSR* 案后美国联邦巡回上诉法院判决的 24 件有关显而易见性争议的重要案例，并从主张发明是否涉及结合现有技术要素、以另一要素取代已知要素、显易尝试和显而易见性证据的考虑四个方面对上述案例进行了归纳与分析。该新指南为美国专利商标局审查员和美国知识产权从业人员分析显而易见性问题提供了重要依据。[3]

---

❶ 乔永忠．*KSR* 案及其对专利创造性标准的影响［J］．湖湘论坛，2009，22（6）：9-12.

❷ 尚颖，李彩芬．*KSR* 案后各国家和地区的专利创造性标准发展研究（一）［J］．中国发明与专利，2014（6）：68-69.

❸ 李梅，高燕．*KSR* 案后各国家和地区的专利创造性标准发展研究（二）［J］．中国发明与专利，2014（7）：66-67.

三、我国商业方法的专利保护

根据国家知识产权局《专利审查指南2010》的规定，所谓的智力活动，是指人的思维运动，它源于人的思维，经过推理、分析和判断产生出抽象的结果，或者必须经过人的思维运动作为媒介，间接地作用于自然产生结果。智力活动的规则和方法是指导人们进行思维、表述、判断和记忆的规则和方法。由于商业方法是市场主体生产、经营、管理、服务或营销过程中采取的各种手段或方法，因此，商业方法通常属于一种智力活动的规则或方法。由于其没有采用技术手段或者利用自然规律，也未解决技术问题和产生技术效果，不构成技术方案，因此，单纯的商业方法不能获得专利保护。

《专利审查指南2010》第二部分第一章4.2节列举了一些属于智力活动规则或方法的事例，不能授予专利权："组织、生产、商业实施和经济等方面的管理方法及制度；交通行车规则、时间调度表、比赛规则；演绎、推理和运筹的方法；图书分类规则、字典的编排方法、情报检索的方法、专利分类法；日历的编排规则和方法；仪器和设备的操作说明；各种语言的语法、汉字编码方法；计算机的语言及计算规则；速算法或口诀；数学理论和换算方法；心理测验方法；教学、授课、训练和驯兽的方法；各种游戏、娱乐的规则和方法；统计、会计和记账的方法；乐谱、食谱、棋谱；锻炼身体的方法；疾病普查的方法和人口统计的方法；信息表述方法；计算机程序本身。"

由此可见，在我国，单纯的商业方法发明本身是明确不属于专利保护的主题的。当然，《专利审查指南2010》在这里强调的是权利要求"仅仅"涉及智力活动的规则和方法，不属于授予专利的主题。因此，如果权利要求中既涉及智力活动的规则和方法，又包含技术特征，则不能据此条款而不授予专利。故《专利审查指南》规定："除了上述（1）所描述的情形之外，如果一项权利要求在对其进行限定的全部内容中既包含智力活动的规则和方法的内容，又包含技术特征，则该权利要求就整体而言并不是一种智力活动的规则和方法，不应当依据专利法第二十五条排除其获得专利权的可能性。"[1]因此，运用人工智能、计算机、网络、云计算等技术实现商业方法的发明创造，如果该专利申请中包含技术特征，那么仍然可以获得专利保护。

虽然我国不对单纯的商业方法发明授予专利，也不对单纯的计算机程序授予发明，但是，根据我国《专利审查指南 2010》的规定，涉及计算机程序的发明有可能被授予专利。因此，在我国讨论涉及人工智能的商业方法发明的可专利性问题只能在涉及计算机程序的发明的框架内进行讨论。

我国《专利审查指南 2010》第二部分第九章规定了涉及计算机程序的发明专利申请审查的规则。根据该章规定，所说的涉及计算机程序的发明，是指为解决发明提出的问题，全部或部分以计算机程序处理流程为基础，通过计算机执行按上述流程编制的计算机程序，对计算机外部对象或者内部对象进行控制或处理的解决方案。所说的对外部对象的控制或处理包括对某种外部运行过程或外部运行装置进行控制，对外部数据进行处理或者交换等；所说的对内部对象的控制或处理包括对计算机系统内部性能的改进，对计算机系统内部资源的管理，对数据传输的改进等。涉及计算机程序的解决方案并不必须包含对计算机硬件的改变。

---

[1] 中华人民共和国国家知识产权局．专利审查指南 2010（修订版）[M] 北京：知识产权出版社，2017：124.

根据《专利法》第2条第2款的规定，发明是指对产品、方法或者其改进所提出的新的技术方案。因此，涉及计算机程序的发明专利申请只有构成技术方案才是专利保护的客体。如果涉及计算机程序的发明专利申请的解决方案执行计算机程序的目的是解决技术问题，在计算机上运行计算机程序从而对外部或内部对象进行控制或处理所反映的是遵循自然规律的技术手段，并且由此获得符合自然规律的技术效果，则这种解决方案属于《专利法》所说的技术方案，属于专利保护的客体。

例如，如果涉及计算机程序的发明专利申请的解决方案执行计算机程序的目的是实现一种工业过程、测量或测试过程控制，通过计算机执行一种工业过程控制程序，按照自然规律完成对该工业过程各阶段实施的一系列控制，从而获得符合自然规律的工业过程控制效果，则这种解决方案属于《专利法》所说的技术方案，属于专利保护的客体。

如果涉及计算机程序的发明专利申请的解决方案执行计算机程序的目的是处理一种外部技术数据，通过计算机执行一种技术数据处理程序，按照自然规律完成对该技术数据实施的一系列技术处理，从而获得符合自然规律的技术数据处理效果，则这种解决方案属于《专利法》所说的技术方案，属于专利保护的客体。

如果涉及计算机程序的发明专利申请的解决方案执行计算机程序的目的是改善计算机系统内部性能，通过计算机执行一种系统内部性能改进程序，按照自然规律完成对该计算机系统各组成部分实施的一系列设置或调整，从而获得符合自然规律的计算机系统内部性能改进效果，则这种解决方案属于《专利法》所说的技术方案，属于专利保护的客体。

同时，为了强化对涉及计算机程序发明创造的保护，2017 年 4 月国家知识产权局对《专利审查指南 2010》进行了修改，特别放宽了涉及计算机程序发明创造的审查标准。该修改进一步明确“计算机程序本身”不同于“涉及计算机程序的发明”，第一次允许采用“介质 + 计算机程序流程”的权利要求的表达方式。将第二部分第九章第 2 节第（1）项第 1 段中的“仅仅记录在载体上的计算机程序”修改为“仅仅记录在载体上的计算机程序本身”，第 3 段中的“仅由所记录的程序限定的计算机可读存储介质”修改为“仅由所记录的程序本身限定的计算机可读存储介质”，即均增加“本身”，以进一步明确“计算机程序本身”不同于“涉及计算机程序的发明”。对于计算机程序本身，《专利审查指南》明确指出“本章所说的计算机程序本身是指代码化指令序列，或者可被自动转换成代码化指令序列的符号化指令序列或者符号化语句序列”，“计算机程序本身”属于智力活动的规则和方法，系我国《专利法》第 25 条第 1 款第（二）项予以排除的主题。而对于“涉及计算机程序的发明”，如“介质 + 计算机程序流程”的发明，不属于所述排除的主题，应进一步判断其是否符合我国《专利法》第 2 条等法律规定。同时，区别“计算机程序本身”和“涉及计算机程序的发明”，也可以进一步明确版权法与专利法在涉及计算机程序保护方面的区别。不同于版权法，我国专利法保护的是根据计算机程序流程的先后顺序以自然语言描述的完整的技术方案。[1]

因此，在我国，涉及人工智能的商业方法如果不是单纯按照商业方法本身申请专利，并且该发明可以被认为是一种技术方案，那么就属于我国专利法的可专利主题。

---

[1] 宋洁，王志远，王玉秀，等.《专利审查指南》修改后计算机程序的专利保护研究［J］. 软件，2017（5）：75-78.

第四节　人工智能与云计算专利侵权

由于人工智能技术的实现需要大量的运算和存储，而云计算又需要人工智能技术对各种计算资源、存储资源进行智能管理，因此，在大多数情况下，人工智能与云计算密不可分，二者相互支撑，相互促进。同时，云计算专利多为方法专利，可以由多方参与实施也可以由单个主体实施。因为云环境是基于互联网上的服务平台，且本身具有一定的虚拟特征，所以现实世界中的地域性特征在整个云计算中无法显现。云服务器所在地不能决定云服务的特定区域，即服务器可以通过互联网向任何国家或地区提供云服务。一项云计算方法专利的每一个技术步骤实施地可以是全球任何一个地方，云计算服务商利用互联网将云环境中该专利的每一技术步骤的实施进行调用或整合，就形成了整个云计算方法专利的实施过程，并可以向任何国家或地区提供相应的云服务。由上可知，人工智能或云计算方法专利的实施过程相当复杂，因为其每一个技术步骤都可能分别在不同的国家或地区被实施，一旦发生侵权，一项人工智能或云计算方法专利的侵权行为既可以是全部在国内实施的，也可以是跨国完成的，这一特性会给人工智能或云计算方法专利的侵权认定带来一定困难。

一、单个主体实施

此种情况是指单个主体实施了云计算方法专利的全部技术特征或者步骤，并且实施行为全部发生在国内。一项云计算发明由发明人向专利局提出申请，经过专利局审查等法定程序之后，符合法定条件并被授予专利权后，专利权人就依法享有了排他性的独占权利。如果任何人未经专利权人许可，实施了该云计算方法专利的，都可能给专利权人造成侵害。[1]

云计算方法专利的实施是在云环境中进行的，由于云环境的虚拟性与方法专利的不可见性，会使得一项云计算方法专利实施行为的确定更加复杂。相较于其他方法专利，产品的方法专利的实施可以产生实质性的产品，而云计算方法专利的实施则不会产生实质性产品，因此必须借用一定的技术手段方可确定一项云计算方法专利的实施行为。

对于专利侵权行为，各国的法律规定专利侵权行为多为列举式。美国将专利侵权行为依据《美国专利法》第 271 条划分为三种：直接侵权（Direct Infringement）、帮助侵权（Contributory Infringement）和引诱侵权（Induced Infringement）。《美国专利法》第 271 条（a）款规定了直接侵权行为，该款规定："除本法另有规定以外，任何人未经权利人许可而制造、使用、许诺销售或销售专利发明，或者向美国进口专利发明，构成专利侵权。"同时，根据美国法院对直接侵权的解释，必须是由一个人全部实施了专利的技术特征或者技术步骤，才能构成直接侵权。现有美国判例中表明，"一个人实施"不仅包括自己直接实施，也包括由本人的代理人实施和在本人"指挥或控制"之下的第三人实施这三种情形。因为专利直接侵权属于无过错责任或严格责任，即只要侵权者实施了专利的全部技术特征即可构成侵权，而不需要专利权人证明行为人具有主观过错，所以美国法院对直接侵权作出如此解释。在不能证明实施专利的行为人具有主观故意的前提下，如果法

---

[1] 程永顺，罗李华. 专利侵权判定［M］. 北京：知识产权出版社，2002：63.

院认为多个人实施了专利的全部技术特征就可以认定构成专利侵权行为，这样必然会使非故意人无法进行正规活动或者业务。虽然美国法院的上述解释可能使那些多个人合谋共同实施专利全部技术特征的侵权人逃过法律的制裁，但“两害相权取其轻”，所以美国法院认为只有未经权利人授权实施了专利的全部技术特征才可以构成专利直接侵权。因此，对于“单个主体在国内实施了云计算方法专利的全部技术特征”的情况，属于一个人实施了专利的全部技术特征，并且实施行为发生在美国的情况，根据《美国专利法》第271条（a）款，美国法院认为这种行为构成直接侵权。

我国法律和司法实践对专利引诱侵权和帮助侵权问题比较谨慎，故我国《专利法》中没有对专利引诱侵权和帮助侵权问题作出明确规定。我国《专利法》第11条第1款规定:“发明和实用新型专利权被授予后，除本法另有规定的以外，任何单位或者个人未经专利权人许可，都不得实施其专利，即不得为生产经营目的制造、使用、许诺销售、销售、进口其专利产品，或者使用其专利方法以及使用、许诺销售、销售、进口依照该专利方法直接获得的产品。”我国《专利法》规定的专利侵权类似于《美国专利法》第271条（a）款规定的直接侵权行为。我国《专利法》认定专利侵权行为的基础是“以生产经营为目的”。对于云计算方法专利而言，一项被我国专利管理机构授予专利权的云计算方法，实施者以向用户提供“云服务”并获取一定经济利益为该方法专利的实施目的，用户按照需要使用“云服务”并向云服务提供商支付相应费用，即按需付费模式。如果任何单位或者个人在未经专利权人许可的情况下实施该项云计算方法专利，并向用户提供相应的云服务，必然给专利权人的经济利益造成一定的损害，因此这种云计算方法专利的实施情形属于“以生产经营为目的”使用专利权人的云计算方法专利。如果该单位或者个人虽然使用了专利权人的云计算方法专利，但是并没有向市场上的用户提供相应的云服务而获取利益，则不是以生产经营为目的，也没有侵害到专利权人的经济利益，因此该单位或者个人的行为不符合我国《专利法》中所规定的专利侵权行为，不构成专利侵权。

综上所述，根据我国现有相关法律制度，单个主体在未经专利权人许可或者同意的情况下，以获得经济利益为目的而实施专利权人的云计算方法专利的行为，可以被认定为专利侵权行为，侵权者负有相应的侵权责任。

“云计算方法专利的全部技术特征由单个主体完成实施，并且实施行为全部发生在国内”的情况，不论是根据《美国专利法》还是我国《专利法》的规定，均被认定构成单个主体的专利侵权行为，需承担相应的侵权责任，从而确保云计算方法专利权人的专利权得到相应的保护。云计算方法专利的虚拟性等特征，会给专利权人在证明侵权人构成专利侵权时带来一定困难，专利权人需要使用特殊技术手段来获取大量电子证据予以证明。

二、多个主体实施

此种情况是指多个主体共同实施了云计算方法专利的全部技术特征，且实施行为全部发生在国内。云计算方法专利主要是方法专利，而方法专利的实施是由技术步骤组成的，云计算最大的特点就是整合云环境中的资源，协调利用这些资源并提供一定的云服务，这些资源可以由不同主体所拥有或实施。因此，一项云计算方法专利实施的每一个步骤均可由不同的主体实施，最后通过协调或整合这些步骤而组成一项云计算方法专利的整个实施过程。

美国是世界上最早进行云计算开发并提供云服务的国家，因此也较早遇到了云计算方法专利侵权纠纷，其中比较典型的案例有*BMC Resource, Inc. v. Paymentech, L.P.*案、*Muniauction, Inc. v. Thomson Corp.*案、*Akamai Tech.Inc. v. Limelight Networks Inc.*案和*McKesson Tech. Inc. v. Epic Sys. Corp.*案。

2007年，在*BMC Resources*, *Inc. v. Paymentech*, *L.P.*案（以下简称"*BMC*案"）[1]中，美国联邦巡回上诉法院以严格限制的原则对引诱侵权问题进行解释。在该案中，BMC公司拥有一项语音传输指令方法专利，银行客户利用该专利仅通过声音就能向银行发出指令，且不需要输入账号就能向收款单位支付一定数额的款项。涉案技术均是基于云计算所提供的平台服务（Paas）来开发的技术应用，涉案技术专利属于云计算方法专利的范畴。

BMC公司通过银行网络来实施该专利方法。佩门泰克公司（Paymentech）则作为中间方向一些商户提供支撑服务。佩门泰克公司提供支撑服务的方式是：首先，银行客户向商户打电话发出付款语音指令，商户收到银行客户的语音付款指令后将其利用网络传递给佩门泰克公司；其次，佩门泰克公司将商户传输过来的语音信息通过网络发送给相关银行；最后，相关银行分析语音信息后进行转账支付，并将该账户的转账变动信息反馈给佩门泰克公司，佩门泰克公司则将转账相关信息发送给商户，商户再将客户的转账信息发送给银行客户。

其中，佩门泰克公司只实施了BMC公司转账系统方法专利的某些部分步骤，但这对语音指令转账却起到了主要作用。因此，BMC公司

---

[1] *BMC Rescources*, *Inc. v. Paymentech*, *L.P.*, 498 F.3d 1373 (Fed. Cir. 2007).

认为佩门泰克公司侵犯了其专利权，佩门泰克公司则认为自己未构成专利侵权行为，该案经美国德克萨斯北区联邦地区法院审理后又被上诉到美国联邦巡回上诉法院。

该案的关键焦点是在多方主体参与实施涉案专利的情况下，佩门泰克公司是否构成引诱侵权？该案中，美国联邦巡回上诉法院认为，诱导侵权的行为需要以直接侵权为前提才能构成美国专利法意义上的引诱侵权，或者在多个当事人中存在一个控制或者指导其他人实施专利的人，其他人的实施行为可以归责于此人，法院可以认定此人作为侵权者承担侵权责任。专利权人要证明被告构成引诱侵权，就必须证明有一个单独的行为人实施了专利的全部技术特征，或者有证据证明其中有一个“操纵者”控制或指导了其他当事人实施侵权行为。在该案中，无论银行、商户、银行客户或银行网络管理者，没有任何一个独立的主体实施专利的全部技术特征，即不存在直接侵权行为主体，同时没有足够的证据证明佩门泰克公司控制或者指导以上参与者实施专利的行为，也不存在可归咎于佩门泰克公司的证据，也就是说根本不存在引诱侵权行为。因此，美国联邦巡回上诉法院认为佩门泰克公司不构成专利侵权，不需承担侵权责任。

在 2008 年 *Muniauction, Inc. v. Thomson Corp.* 案中，涉案专利是一个通过互联网实施的拍卖系统，也是基于云平台所开发应用，该专利也是由多人参与实施的。在该案的审判过程中，美国联邦巡回上诉法院再次明确了 *BMC* 案中的判定标准，推翻了原审美国联邦地区法院作出的向专利权人赔偿 77 000 000 美元的赔偿金的判决。[1]

---

[1] *Muniauction, Inc. v. Thomson Corp.*, 532 F.3d 1318, 1329 (Fed. Cir. 2008) .

以上 *BMC* 案和 *Muniauction, Inc. v. Thomson Corp.* 案所涉的关键问题是：当一项云计算方法专利由多个人参与实施，且多个当事人中没有任何一个主体单独实施了该方法专利的全部技术步骤的情况下，《美国专利法》对此应该如何规制？分析上述两案可知，美国法院主要是利用共同侵权理论来予以判定的。

美国的共同侵权理论体现在《美国专利法》的第 271 条（a）款中的直接侵权中，是直接侵犯专利权的一种特殊情况，但是美国法院在认定共同侵权时需要满足比较严格的条件。在共同侵权案件的具体判决中，法院需要看原告是否能够证明在众多当事人中存在“幕后操纵者”控制或者指导了他人的实施行为，若存在此人，就可以将其他当事人的事实行为归咎于此人。美国法院作出判决时，给出了如何确定“可归咎于某人”的情形：第一，在当事人中存在“代理人”关系；第二，当事人中存在合同关系。

在 2009 年 *Akamai Tech. Inc. v. Limelight Networks Inc.* 案中，阿卡迈公司（Akamai Tech. Inc.）是美国比较大的云计算公司，拥有一项关于网页内容的传输方法专利。该方法专利的大致步骤是首先将网页内容提供者的内容放置在一些复制服务器上，之后由阿卡迈公司对这些内容进行标记，使得网页浏览器可以从这些服务器上检索到所标记的内容。该系统拥有云计算方法专利的特性，可以按照网站传输的内容大小来调用传输资源并可以缓解突发访问（Flash Crowds），体现了云计算的按需分配的技术特性。石光公司（Limelight Networks Inc.）实施了该云计算方法专利的部分专利步骤，其中标记内容的专利步骤是由用户来完成的。在该案的诉讼中，阿卡迈公司控告石光公司侵犯了其专利权。

依据《美国专利法》第 271 条（a）款的规定，未经过专利权人的授权，任何人实施了该专利，应负侵权责任。根据*BMC*案中确定的规则，对于方法专利而言，不论是单个主体还是受另一主体控制和指挥，被指控侵权人必须实施了方法专利的所有步骤，方构成侵权。因为该案不能满足以上判定条件，没有单个主体在另一主体的控制和指挥下完成涉案专利的所有步骤，也不存在代理人关系和合同关系，所以不能归责于被告，故而美国联邦地区法院驳回了阿卡迈公司控告石光公司构成专利侵权的诉讼请求。

在2010年*McKesson Tech. Inc. v. Epic Sys. Corp.*案中，麦克森公司（McKesson Tech. Inc.）拥有一项基于云计算软件服务（Saas）的专利，涉案专利是一项医生和病人之间的电子通信系统。这一系统可帮助病人和医生直接交流，并为医生提供更多与病人相关的信息。诶匹克公司（Epic Sys. Corp.）是一个软件公司，开发了一项叫作"MyChart"的应用软件并将其许可给医院使用，这项应用软件允许医生查看病人的个人用药记录，并能让医生通过病人的个人网页与病人进行网上电子通信。麦克森公司声称诶匹克公司侵犯了自己的专利，但诶匹克公司并没有实施该专利的任何步骤，即没有使用该专利的行为。医生在使用"MyChart"时，首先需要病人通过登录到医生的MyChart网页建立通信连接，余下的步骤由医生完成。在该案中，没有代理关系和合同关系，MyChart用户的行为不能归责于MyChart应用的提供者诶匹克公司。美国联邦地区法院认为，仅仅通过提供软件给参与方，或者鼓励参与方使用软件不足以构成"指挥或控制"标准，[1]因此不能构成直接侵权。

上述两个案件争议的问题比较相似，即一项云计算方法专利被多

---

[1] *BMC Rescources, Inc. v. Paymentech, L.P.*, 498 F.3d 1373（Fed. Cir. 2007）.

个主体实施，被告实施了部分专利步骤，剩下的步骤由他人实施，或者被告没有实施专利的任何步骤，而是由其他多个主体分步骤实施了专利步骤。对此，美国联邦地区法院认为需要按照“控制或指挥”标准来判定被告是否构成侵权。由于两个案件中都没有满足“控制或指挥”标准的条件，即不存在“幕后操纵者”，故美国联邦地区法院不能认定被告构成专利侵权。

上述两个案件的原告对美国联邦地区法院的判决不予认同，于是上诉到美国联邦巡回上诉法院。美国联邦巡回上诉法院的意见是，两个案件涉及的问题本质上是相同的，因此决定将两个案件合并审理。

2012年8月底，美国联邦巡回上诉没有将*BMC*案中的共同侵权规则适用于这两件云计算方法专利侵权纠纷的合并判决中，[1]而是针对此类案件重新确立了新的引诱侵权的侵权判断规则。《美国专利法》第271条（b）款规定了引诱侵权，即任何人积极引诱侵犯专利权，应负侵权责任。在*Akamai Tech.*, *Inc. v. Limelight Networks Inc.*案中，被告诱导其他主体实施了云计算方法专利中部分步骤，自己实施了方法专利中剩余的其他步骤；在*McKesson Tech.*, *Inc. v. Epic Sys. Corp.*案中，被告诱导其他主体共同实施了方法专利中的全部步骤，自己却没有实施方法专利中的任何步骤，该案中不存在一个单独的主体实施专利了全部步骤。显然，根据*BMC*案所确定的规则，上述两个被告（石光公司和诶匹克公司）均不能被认定为构成专利侵权。但这次美国联邦巡回上诉法院却以全席审理（en banc）的形式对上述两个案件作出判决，并适用了引诱侵权规则。美国联邦巡回上诉法院认为美国联邦地区法院先前确立的规则不适用于这两个案件中涉及的问题，即BMC案的规

[1] *Akamai Tech.*, *Inc. v. Limelight Networks*, *Inc.* and *McKesson Tech.*, *Inc. v. Epic Sys. Corp.* (Fed. Cir. 2012)(En Banc).

则是：①原告证明直接侵权的存在，被告才承担引诱侵权责任；②只有单一主体实施了构成侵权的全部必要行为，或者通过“控制或指使”其他实体来执行专利中的所有步骤，才存在直接侵权责任。但是，审判*Akamai Tech.*, *Inc. v. Limelight Networks Inc.*案和*McKesson Tech. Inc. v. Epic Sys. Corp.*案的美国联邦巡回上诉法院认为，在方法专利的各个步骤由多方实施的情况下，即使他们中间没有人单独构成直接侵权，只要被告促使或者鼓励他人侵权，就可能需要承担引诱侵权责任。

美国联邦巡回上诉法院对上述案件判决如下：在*Akamai Tech.*, *Inc. v. Limelight Networks Inc.*案中，美国联邦巡回上诉法院认为“指挥或控制”标准是适用在直接侵权案件之中的，而不适用于该案涉及的引诱问题中。该案可以认定石光公司负有引诱侵权的责任，因为：①其知道阿卡迈公司的该项专利；②其实施了专利的除最后一个步骤之外的所有步骤；③其引诱网页内容提供者去实施专利的最后一步。在*McKesson Tech. Inc. v. Epic Sys. Corp.*案中，诶匹克公司构成引诱侵权行为，并负有侵权责任，理由如下：①该公司知道麦克森公司此项专利的存在；②其引诱实施该项方法专利的步骤；③该项专利的全部步骤被实施。

美国联邦巡回上诉法院认为，原告为了让被告承担引诱侵权责任与为了证明被告构成直接侵权的直接侵权标准相比，二者存在一定的差别。如果被告存在故意诱导多人实施侵犯专利权的必要行为，并且被诱导者在被告的诱导下实施了侵犯专利权的行为，那么就没有理由免除被告承担引诱侵权的责任，只是因为不存在被诱导的单个主体实施全部技术步骤的直接侵权行为。实质上，多人在被告的故意诱导下共同实施了方法专利的全部步骤，与一人在被告故意诱导下实施方法专利的全部步骤相比，二者对专利权人的影响是不存在差别的。因此，无论从法律条文还是从立法政策而言，均不存在对二者行为进行区别对待的理由；特别是，后者应承担其相应的侵权责任，而前者可以免除承担侵权责任的情况是不合理的。另外，被告诱导他人实施部分方法专利的步骤，并且自己实施剩下的其他步骤，与被告只诱导一人实施方法专利的全部技术特征相比，二者对专利权人的影响亦不存在任何差别。在前者情形下被告则参与实施了专利直接侵权的部分行为，而在后一情形中被告未参与实施专利直接侵权的任何行为，显然前者比后者更严重，如果按照*BMC*案所认定的规则判定前者被告不构成侵权，而后者构成侵权，那么这种观点显然是荒谬的。

综上所述，美国联邦巡回上诉法院对于《美国专利法》第271条（b）款所规定的引诱侵权，重新界定了其构成要件，即需要同时具备以下三个条件：①被告需知道原告专利权的存在；②被告诱导他人实施方法专利的步骤；③被告诱导一名或多名实施者，单独、共同或者与被告共同实施了方法专利的全部技术步骤。

石光公司对美国联邦巡回上述法院所作出的认定其构成引诱侵权的判决持有异议，于是向美国最高法院提起上诉。

2014年6月，美国最高法院的法官在美国联邦巡回上诉法院针对此案的判决意见上达成一致，决定将此判决推翻。[1]在该案的终审判决书中，美国最高法院指出直接侵权应当是引诱侵权的前提，如果直接侵权没有发生，不能由引诱者承担侵权责任，也就不会将侵权责任归责于引诱者，引诱侵权这一说法就不成立了。先前判例中美国联邦巡回上诉法院认为，只有一方实施了所有步骤方能构成直接侵权行为，并且直接侵权规则在直接侵权和引诱侵权中的适用标准应该一致，即

[1] Limelight Networks, Inc., Petitioner v. Akamai Technologies, Inc., ET AL.

必须有一方主体构成直接侵权的行为，否则引诱侵权没有适用的空间。因此，美国最高法院将该案发回联邦巡回上诉法院重审。[1]

美国联邦巡回上诉法院根据最高法院的判决对该案进行重审后认为：专利权人阿卡迈公司提供的证据足以证明被告石光公司指挥或控制其客户去实施了被告实施之外的该专利权利要求的剩余步骤，原告证据可以证明该权利要求的所有步骤被被告实施了或可以归因于被告，因此，被告石光公司应承担直接侵权责任。[2]

纵观美国法院对“未经授权的情况下，多个主体实施一项方法专利”的侵权认定规则，起初美国法院认为应该通过共同侵权理论来规制，后希望通过引诱侵权规则来认定此类行为构成专利侵权，最后又推翻了引诱侵权规则的适用。经过一波三折之后，在处理涉及多个主体的云计算环境中的方法专利侵权问题时，美国法院对其所持的态度又回到了起点，认为对这一问题的侵权认定仍然适用 *BMC* 案中确定的“控制和指挥”标准，适用共同侵权理论，即《美国专利法》第 271 条（a）款的法律规定。

近年来，中国云计算应用和服务发展迅速，我国云计算中技术应用到的云计算方法专利的数量也逐年上升。随着云计算产业竞争的白热化和国内外公司在我国云计算知识产权布局的加速，我国云计算方法专利侵权纠纷案件必然会从无到有，并呈现增长之势。为促进我国云计算产业和谐发展，我们应该通过借鉴国外相关经验，并依据我国实际情况进行合理调适和改造，构建顺应我国产业发展的云计算方法专利侵权规则。

在多方参与实施的云计算方法专利侵权中，多个主体共同实施了

---

[1] Limelight Networks, Inc. v. Akamai Technologies, Inc., 134 S.Ct. 2111 (2014).

[2] 797 F.3d 1020 (Fed. Cir. 2015) (en banc).

云计算方法专利的全部步骤。我国法律对专利引诱侵权和帮助侵权并没有规定，在司法实践中则是对其持谨慎态度。2009 年，我国最高人民法院《关于审理侵犯专利权纠纷案件应用法律若干问题的解释（征求意见稿）》第 16 条规定了与《美国专利法》第 271 条（c）款相类似的帮助侵权认定规则，但是之后最高人民法院在正式解释中删除了该条规定，更没有涉及引诱侵权问题。我国法律和司法解释的谨慎态度固然可取，但是我们亦应注意到我国科技水平的长足进步，并适当提升对我国专利的司法保护水平。我国《民法典》第 1168 条规定："二人以上共同实施侵权行为，造成他人损害的，应当承担连带责任。"第 1169 条第 1 款规定："教唆、帮助他人实施侵权行为的，应当与行为人承担连带责任。"

对于多人共同实施云计算方法专利全部技术要素的行为，我国法院应该借鉴美国法院的实践经验，适用《民法典》中的共同侵权或教唆帮助侵权理论来判定此类问题。我国法院在认定共同侵权时，应借鉴 *BMC* 案中的"控制和指挥"标准判定是否应将某些步骤的执行归咎于虽然没有亲自执行但其行为构成了"幕后操纵者"的某一实体，毕竟这是美国法院经过深思熟虑后，运用在多个主体实施云计算方法专利这一问题中的判定适用规则。如果有单一实体完整地实施了直接侵权行为，可以在此基础上判断教唆者或帮助者是否也应承担共同侵权责任；如果多个实体共同实施侵权行为的，依据共同侵权理论，还应注意他们是否有共同故意或过失，是否足以将全部的侵权责任归咎于其中一方。

三、云计算专利技术跨国实施的侵权认定

如果某个市场主体实施一项云计算方法专利，部分步骤在国内完成，部分步骤在国外完成，那么该市场主体是否会侵犯国内的专利权，就是一个值得认真讨论的问题。在 2005 年 *NTP, Inc. v. Research in Motion, Ltd.* 案（以下简称“*NTP* 案”）中，最主要的特点在于该案延伸了美国专利的保护范围。NTP 公司拥有的涉案专利涉及一个邮件系统，该邮件系统通过整合现有的电邮邮件系统和无线电频率网络，可以让手机用户通过无线网络接收电子邮件。

NTP 公司的电子邮件系统中的邮件不仅可以有线传输，还可以通过RF无线网络传输，用户接收邮件并存储在自己的RF接收器（Mobile RF Receiver）上，之后用户可以将此接收器连接到固定的目的处理器（Destination Processor）上，如自己的个人电脑，并可以转发和存储在目的处理器上。邮件系统将邮件传输到 RF 接收器上是该发明的显著进步，因为这一特点能让用户不用随身携带自己的个人电脑就可以通过 RF 接收器查看和接收自己的电子邮件，并且该接收器拥有将接收到的邮件自动转发到个人电脑上的功能。

RIM 公司是加拿大的一家公司，它销售被指控侵权的黑莓系统（Black Berry system），这个系统同样可以使不在办公室的用户通过使用一个小的无线设备而方便地接收和发送电子邮件。该发明专利涉及以下元素：①黑莓手持单元（即黑莓呼机）；②电子邮件转发软件（黑莓公司服务器 BES、桌面转发器、互联网转发器）；③接入全国范围的无线网络（如 Mobitex、DataTAC 或 GPRS）。

黑莓邮件转发软件使得该系统和已存在的用户邮件系统之间形

成了无缝连接，即用户的邮件系统和黑莓无线系统合并运作。当有新的电子邮件时，桌面转发器就会得到通知信息并且从邮件服务器中检索该邮件，然后复制、封装并将该邮件传输到黑莓无线网络的中继器（Relay），RIM 公司的中继器在加拿大境内，再由中继器转发。之后 RIM 公司服务器上 BES 软件实施同样的步骤并且在邮件到达个人电脑之前将其拦截，因为 BES 会适时转发用户的邮件，所以用户的电脑并不需要时刻保持开机状态。用户依然保留了通过使用黑莓的“桌面管理器”的一些转发控制，这个程序可以使用户指定优先转发。黑莓中继器中传输的信息，被转换并路由到对方的无线网络，对方的无线网络将信息传输到用户的黑莓手持设备，并且可以提醒用户接收新的邮件。整个过程，没有接收到黑莓用户的任何指令或信息，是一个典型的“Push”邮件技术。最重要的是，用户接收邮件不需再和邮件服务器建立连接去查看是否有新的邮件，因为 RIM 公司的技术披露，可及时通知用户接收邮件并作出相应的回复，而不用再去拨号连接到网络上去查看是否有新的邮件。

RIM 公司的系统也允许用户通过无线网络从他们的手持设备上发送邮件。这个功能是通过整合一个 RF 转换器和一个黑莓手持单元中的处理器来完成的，用户可以使用黑莓手持设备来操作、查看和回复电子邮件。发送电子邮件所执行的步骤和接收邮件的步骤是相反的顺序，用户在手持设备上编辑一个信息，该信息通过黑莓的无线网络被发送到用户的电脑桌面上，黑莓的邮件转发软件从用户的邮件服务器上检索要发送的信息，并将其放入桌面邮件软件，之后邮件被该软件通过正常渠道发送。用这一方法，从手持设备发送的邮件和从电脑桌面发送的邮件是相同的，它们的邮件原地址都是一样的，都会出现在用户邮件客户端中的“已发邮件”的文件夹中。

NTP公司针对RIM公司的无线邮件系统向美国联邦弗吉尼亚州东区法院提交了诉状，认为RIM公司的无线邮件系统使用了与NTP公司相同的邮件系统，侵犯了NTP公司的专利权。美国联邦弗吉尼亚州东区法院通过对涉案专利的权利要求的分析，最后认定RIM公司侵犯NTP公司的专利权。而RIM公司对判决结果并不认同，并对此向美国联邦巡回上诉法院提出上诉，其上诉理由为：RIM公司依据《美国专利法》第271条主张其不构成侵权，不应该负有侵权责任，因为黑莓系统的中继器位于加拿大，由中继器实施的步骤不在美国境内，在这种情况下不应该被认定为专利侵权。

美国联邦巡回上诉法院对美国联邦弗吉尼亚州东区法院的判决进行了分析，认为该法院的法官对发明专利权利要求的分析存在错误，对“源处理器”的分析亦有不当，最后美国联邦巡回上诉法院认为，包含术语“源处理器”的权利要求不能被RIM公司侵权。美国联邦巡回上诉法院认为美国联邦弗吉尼亚州东区法院并不是在缺乏证据的情况下作出的裁定，而是使用了合理的自由裁量权。其中最具争议的问题就是所提到的涉案专利的步骤在美国境外实施，而被告RIM公司的行为是否应该被认定为侵犯NTP公司的专利行为。

《美国专利法》第271条（a）款规定的专利直接侵权，具体内容为：“本法规定，在美国境内，未经授权任何人制造、使用、要约销售或销售任何发明专利，或者在发明专利有效期内，进口到美国，都侵犯了专利权。”该条法律规定是存在地域性限制的，只能适用于发生在美国境内的专利侵权行为。对于普通专利侵权行为来说，判断它是否发生在美国境内，是比较容易的。但是，云计算中的方法专利使得这种认定变得比较复杂，原因如下：其一，云计算方法专利不依附于单个设备，而是包括多个不同元件的系统或者多个步骤的专利方法；其二，这些元件或者步骤的特性，使得云计算方法专利可以与物理位置相分离而被使用或运作。

在诉状中，NTP 公司称 RIM 公司使用了其在美国境内享有专利权的方法专利而侵犯了其专利。RIM 公司则辩称,《美国专利法》第 271 条（a）款要求侵权行为要“发生在美国境内”，因为黑莓中继器的物理位置在加拿大，由黑莓中继器完成的步骤不是在美国境内，所以不满足该条件，RIM 公司不构成专利侵权。

美国联邦巡回上诉法院最终驳回了 RIM 的上诉意见，并维持原判。美国联邦巡回上诉法院认为先前的 *Decca Ltd. v. United States* 案（以下简称“*Decca* 案”）对该案有一定的指导意义。*Decca* 案中涉及一套导航系统的专利，美国政府被控侵犯了该项专利，该案中美国政府通过同时使用位于挪威境内和美国境内的两个发射站来导航，因此美国政府认为在美国境外使用的设备或者实施的步骤不可能构成《美国专利法》第 271 条（a）款下的侵权行为。所以这一问题和 NTP 案中所争论的问题相同，美国联邦巡回上诉法院认为可以利用 *Decca* 案中的侵权认定规则来对 NTP 案中 RIM 公司的主张进行分析。

在 *Decca* 案中，法院的判决认为，尽管不能确定这一系统是否是在美国“制造”的，但是可以清楚地确定这一导航系统的“使用”确系发生在美国，因为分布在美国境外的发射站是通过美国境内的主站来控制的，并以此来对用户或者船舶进行定位导航。综上所述，可以确定美国政府对于这套导航系统的使用行为是发生在美国境内的，美国政府并不能以此为由来抗辩其不构成侵犯 Decca 公司的专利权。

此时，同样的问题在 NTP 案中出现，法院可以适用以上规则对其加以分析。RIM 公司所使用的邮件系统中由中继器实施的步骤是发生在美国境外，但是，RIM 公司将这套邮件系统作为一个整体投入美国市场，用户可以通过黑莓手机来控制接收或者发送邮件，所以 RIM 公司的这套邮件系统的使用行为是发生在美国境内的。同时该使用行为会对 NTP 公司的利益造成一定的损害，因此不能因为该邮件系统的某个步骤发生在美国境外而不构成《美国专利法》第 271 条（a）款所规定的侵权行为。美国联邦巡回上诉法院维持了原判，最终认定 RIM 公司侵犯了 NTP 公司对无线邮件系统所享有的专利权。因此，该案中对于方法专利的使用是否发生在美国境内的判定，适用了“控制和有益使用”的标准，只要有用户在美国境内可以控制该邮件中的原邮件的传输，并且从该信息交换中可享有一定益处，即可认定该整个系统或者方法的使用行为是发生在美国境内，这样就不会因为专利方法中的某一个步骤不在美国境内实施而排除其侵权责任。

通过以上对美国专利法判例的研究分析可知美国专利法对方法专利侵权的认定规则。当一项云计算方法专利中的某个或某些步骤没有在美国境内实施，但侵权者最终将全部步骤看作一个整体投入美国市场使用，使美国的用户可以控制并有益使用该方法专利，则不能因为其中某个或某些步骤是在美国境外实施而认定行为人不构成侵犯美国境内权利人的利益。那么具体该当如何？根据以上判例，得出以下规则：第一，涉案云计算方法专利在市场地被授予专利权并在有效期内；第二，不论侵权步骤在何地实施，其最终是将整个云计算方法专利的步骤投入市场使用或者提供服务；第三，市场地的用户可以控制并可享利益地使用该专利方法或者其提供的服务。[1]

[1] 曹鹏飞．云计算专利侵权认定规则——以美国 Akamai 案和 NTP 案为例［J］．中国高新技术企业，2014（11）：6-8.

第四章 新技术与商标制度

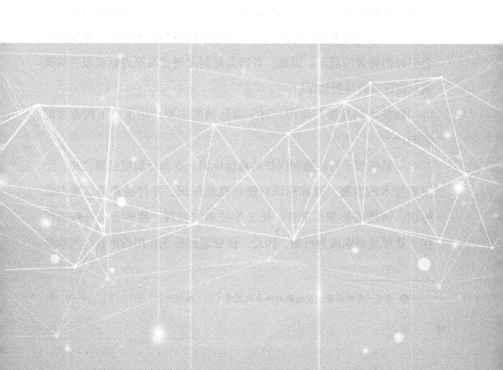

第一节　新技术对商标制度的影响

商标是识别商品或服务来源的标识。商标法的主要目的有二：一是保护商标权，激励生产、经营者保证商品和服务质量、维护商标信誉，进而保护市场主体对其生产经营的投资；二是避免消费者混淆，保护消费者的利益。

为了更好地实现商标的价值和功能，目前世界各国普遍采取商标注册制度及分类注册制度。商标注册对确认商标权利、维护商标交易安全、降低商标信息搜索成本具有重要意义。[1]依法注册的商标通常比未注册商标能够获得范围更广泛、力度更强的保护。由于商标的主要作用在于识别商品或服务的来源，而市场上的商品或服务多种多样，且人类可利用的、能够起到明显识别作用的、通俗易记的标识相对有限，即使在不同类别商标或服务上使用相同或相似的标识，通常也不会引起消费者的混淆。因此，各国商标制度通常按照商标或服务的类别对商标进行注册和保护。

新技术的发展和应用，对于商标制度主要产生了以下两方面的影响。

一是拓展了可注册和保护的商标标识。在商标制度起源之初，受限于技术的发展，商标标识只能是视觉标识，并且通常是二维视觉标识。而随着影像、录音、化工等技术的发展，使声音、气味的保存、复现及识别成为可能，因此，能够起到标识作用的声音、气味亦

---

[1] 余俊．商标注册制度功能的体系化思考［J］．知识产权，2011（8）：49-54，60.

逐渐成为可受到商标法保护的标识。例如，2006年缔结的《商标法新加坡条约》就大大扩展了《商标法条约》的适用范围,《商标法新加坡条约》适用于缔约方法律所允许作为商标注册的任何标志。[1]《商标法新加坡条约》不仅适用于由一般的可视性标志组成的商标，而且适用于立体商标、颜色商标、全息商标、动作商标、位置商标和含有非可视性标志的商标，如声音商标、嗅觉商标。如果申请注册含有这些特殊标志的商标，须按缔约方法律规定提交该商标的一份或多份表现物、关于该商标类型的说明，以及有关该商标的细节。《商标法新加坡条约》之所以扩展《商标法条约》的适用范围，与当时的商标注册实践密切相关。事实上，在上述特殊商标中，嗅觉商标争议最大。而早在1990年美国就为用于缝纫和刺绣的纱线注册了一种鲜花气味商标，从而成为世界上第一个承认气味可以注册为商标的国家。另外，欧盟内部市场协调局（OHIM）上诉委员会也于1999年2月在一个裁决中支持了嗅觉商标的可注册性。[2]正是在这些国家和地区实践的推动下,《商标法新加坡条约》才最大限度地扩展了《商标法条约》的适用范围。又如，我国在2014年修改《商标法》将声音商标纳入可进行商标注册的范围。《商标法》第8条规定：“任何能够将自然人、法人或者其他组织的商品与他人的商品区别开的标志，包括文字、图形、字母、数字、三维标志、颜色组合和声音等，以及上述要素的组合，均可以作为商标申请注册。”《商标法实施条例》第13条第5款规定：“以声音标志申请商标注册的，应当在申请书中予以声明，提交符合要求的声音样本，对申请注册的声音商标进行描述，说明商标的使用方式。对

[1]《商标法新加坡条约》第2条第1款。

[2] WIPO.WIPO Intellectual Property Handbook：Policy，Law and Use［M］.Ind. WIPO Publication，2004：71.

声音商标进行描述，应当以五线谱或者简谱对申请用作商标的声音加以描述并附加文字说明；无法以五线谱或者简谱描述的，应当以文字加以描述；商标描述与声音样本应当一致。”正是因为新技术的发展和应用，我国才为声音商标的注册和保护打开了大门。

二是商标申请数量、注册数量激增。科技是第一生产力。新技术的发展和应用首先会拉动经济的快速发展。同时，随着新技术和经济的发展，新兴产业、新兴业态也会蓬勃发展。在这种形势下，企业市场活力不断增强，市场主体对其商品或服务注册商标的需求不断增加，进而会引起商标申请数量和注册数量的激增。根据国家知识产权局的数据，仅2019年前11个月，我国商标注册申请量已达712.1万件，我国累计有效注册商标量达2478万件，平均每4.9个市场主体拥有1个注册商标。随着商标改革的深入推进，我国市场主体的商标知识产权保护意识显著提升。我国是世界上商标申请量最多的国家，连续17年位居世界第一。[1]

第二节　商标数量与商标保护

在互联网、人工智能等新技术的推动下，新经济、新产业、新业态如雨后春笋般快速发展。与传统产业相比，在新兴产业领域，一个市场主体从成立到取得商业上的成果所需要的时间越来越短。在石油、电力、冶金等传统产业，一个市场主体要取得显著的商业成功往往需

[1] 2019年前11月我国商标注册申请量达712万件［EB/OL］.（2019-12-21）［2020-02-06］. https：//baijiahao.baidu.com/s? id=1653483652748674803&wfr=spider&for=pc.

要几十年甚至上百年的时间。而在新兴产业，特别是互联网、人工智能等产业，一个市场主体取得显著的商业成功所需要的时间正在以年、月甚至日为计。

我国电子商务巨头阿里巴巴公司于1999年在浙江省杭州市创立，但未用10年时间就取得了非常显著的商业成功，并在成立的第15年，即2014年在纽约证券交易所正式挂牌上市，创造了史上最大IPO记录。腾讯公司的微信产品取得显著商业成功的时间则更短。腾讯公司于2011年1月21日发布针对iPhone用户的微信1.0测试版，该版本支持通过QQ号来导入现有的联系人资料，但仅有即时通信、分享照片和更换头像等简单功能。随后1.1、1.2和1.3三个测试版中，微信逐渐增加了对手机通信录的读取、与腾讯微博私信的互通及多人会话功能的支持，截至2011年4月底，腾讯微信获得了四五百万注册用户。2011年5月10日，微信发布了2.0版本，该版本新增了Talkbox那样的语音对讲功能，使得微信的用户群第一次有了显著增长。2011年8月，微信添加了"查看附近的人"的陌生人交友功能，用户达到1500万。到2011年年底，微信用户就已经超过5000万。[1]同时，当代互联网独角兽企业仅成立几个月即取得显著商业成功的还有很多。

诚实守信的市场主体在将其产品或服务投入市场之前，通常有较强的商标保护意识，会对其产品或服务申请商标注册。商标申请人在提出商标申请之前，为了避免与在先注册商标发生冲突，通常会进行商标检索，检索、分析在先的商标。但是，根据各国商标的制度，商标局在收到商标注册申请之后需要对该申请进行审查，经审查后，才

---

[1] 百度百科．微信（腾讯公司的通信服务应用程序）[EB/OL]．(2020-02-6) [2020-02-28]．https：//baike.baidu.com/item/%E5%BE%AE%E4%BF%A1/3905974?fr=aladdin.

会将拟批准注册或已决定注册的商标向社会公开公布。因此，一件商标申请从申请日到公布日之间需要一定的时间，笔者将之称为“空窗期”，这个空窗期通常为几个月甚至几年。

在后的商标申请人在进行商标检索时，就只能检索到商标局已经公布的商标或商标申请，而不能检索到在检索日之前他人已经提出申请但在空窗期的商标申请。在后的商标申请人经检索后发现其拟申请的商标没有他人使用或注册，故此向商标局提出申请，并进行商业性使用。如前所述，由于当代企业取得商业成功时间的缩短，在后商标申请人在提出商标注册申请并将商标标识投入商业使用后，很有可能在他人商标申请空窗期就取得商业上的成功。以“微信”文字商标为例，山东创博亚太公司于2010年11月12日向商标局提交“微信”文字商标注册申请，2011年8月27日，该商标申请经商标局初步审定公告，指定使用服务为第38类信息传送、电话业务、电话通信、移动电话通信等。因此，在2010年11月12日至2011年8月27日的这个“空窗期”，其他市场主体不能知晓山东创博亚太公司已对该标识申请了商标注册。而腾讯公司正是在上述空窗期，即2011年1月24日向商标局提出“微信”商标注册申请，并于2011年1月21日推出微信软件1.0测试版，在2011年8月用户数就达到了1500万人，取得了商业上的成功。由此可见，腾讯公司在取得“微信”软件商业成功之后才能知晓他人已经就“微信”文字标识提出了商标申请，且如果按照正常情况，山东创博亚太公司的该商标申请应该可以获得注册，并且可以在信息传送、电话通信等服务领域获得商标专用权。

随着当代市场取得商业成功所需要时间的缩短及商标申请数量的快速增长，类似于“微信”的案件将会越来越多，进而会给诚实守信的市场主体或投资者带来巨大的商业风险。

第三节　商标注册“空窗期”与“反向混淆”

商标注册“空窗期”给市场主体或投资者带来的主要商业风险，就是所谓的“反向混淆”问题。当然，商标“反向混淆”最初可能与涉案企业不谨慎、没有提前做好商标检索工作有关。但是，随着市场创新、商业成功速度的加快，由商标注册“空窗期”引起的类似于“微信”商标案的情况将会越来越多。在这些案件中，在后商标的使用者本身并无过错，加之在后商标使用者已经取得了显著的市场成功，因此，如何解决此类问题就更为重要和迫切。

一、“反向混淆”概念探源

商标法最基本的立法目的就是通过商标制度设计避免消费者对产品或服务来源产生混淆，从而既保护消费者利益，也保护诚实守信的市场经营者的利益。因此，在商标法中，“混淆”是最重要的一个关键词。商标法要打击的就是盗用他人商标标识进而导致消费者混淆的行为。在商标实践中，普通的混淆行为通常是侵权人将他人商标标识使用在自己的商品或服务上，进而使消费者误以为该商品或服务来源于商标权人，这也是通常所说的“傍名牌”或“搭便车”行为。相对于“反向混淆”概念而言，这种普通的混淆行为亦被称为“正向混淆”。“正向混淆”具有明显的不正当性，因为这种行为既损害了消费者的权益，又损害了商标权人的利益，故是各国商标法所主要禁止的行为。而“反向混淆”则并非“傍名牌”或“搭便车”行为，“反向混淆”行为人自身通常具有强大的市场营销能力，并不需要借助在先商标人的任何商誉，而是由于各种原因在其商品或服务上使用了他人已注册的商标标识，并使消费者认为使用该标识的商品或服务（包括在先注册权人所提供的产品或服务）来源于“反向混淆”行为人，而非来自在先商标人。

“反向混淆”的思想由霍尔姆斯大法官在1918年*International News Service v. Associated Press*案判决中首次提出。霍尔姆斯大法官在该案反对意见中指出，普通案件是被告假冒原告的产品；而“相反的假冒”（the opposite falsehood），即通过言辞或暗示的方式使消费者认为原告的产品来自被告，这亦是同样罪恶的。[1]但霍尔姆斯的思想在当时并未得到司法界的认可，一直到1977年美国第十巡回上诉法院在*Big O Tire Dealers, Inc. v. Goodyear Tire & Rubber Co.*案中才对“反向混淆”理论进行了肯定。[2]在该案中，Big O公司率先在其销售的轮胎上实际使用“Bigfoot”商标，之后Goodyear公司亦在其制造销售的轮胎上使用“Bigfoot”标识并投入大量资金进行广告宣传。Goodyear公司在销售推广其“Bigfoot”牌轮胎过程中发现了Big O公司为“Bigfoot”商标的在先使用人，故与Big O公司进行了协商，但协商未果。之后，Goodyear公司继续进行大规模宣传推广，致使大多数消费者认为Big O销售的“Bigfoot”牌的轮胎也来自Goodyear公司。法院认为，商标侵权诉讼应该将“反向混淆”（reverse confusion）纳入其中。之后，又有多家巡回上诉法院接受了“反向混淆”理论。1993年，第二巡回上诉

---

[1] International News Service v. Associated Press 248 U.S. 215, 247 (1918), https://supreme.justia.com/cases/federal/us/248/215/case.html.

[2] Big O Tire Dealers, Inc. v. Goodyear Tire & Rubber Co. 561 F.2d 1365 (1977), http://www.leagle.com/decision/19771926561F2d1365_11731/BIG%20O%20TIRE%20DEALERS, %20INC.%20v.%20GOODYEAR%20TIRE%20&%20RUBBER%20CO.

法院在 *W.W.W. Pharmaceutical Co., Inc. v. Gillette Co.* 案中运用判断商标混淆的八要素法对“反向混淆”是否成立进行了详细分析。[1]随着我国经济的发展和竞争样态的多样性，我国近年来也出现了一系列有关“反向混淆”的案件，人民法院也开始在判决中接受“反向混淆”概念。例如，早在2007年浙江省高级人民法院就在浙江蓝野酒业有限公司诉上海百事可乐饮料有限公司“蓝色风暴”商标侵权案判决中采纳了“反向混淆”理念。[2]

二、“反向混淆”利益主体

在普通的商标侵权案件或所谓的“正向混淆”中，所涉利益主体通常有三方，分别是：①原告即商标权人，包括获得商标权人授权依法制造和销售商标产品的制造商或销售商；②被告，即未经原告许可使用该商标标识的使用者；③消费者（包括潜在消费者，下同），即购买和使用该商标产品的市场主体。在“正向混淆”中，消费者的“混淆”行为是将被告的产品或服务错误地认为来源于原告。在这种情况下，消费者的利益会首先受到损害，因为在实际混淆发生的情况下，这些消费者会错误地购买被告的产品或服务，即使仅存在混淆可能性的情况下，原告的潜在消费者也会因为被告的行为而增加搜索成本。同时，在“正向混淆”情形中，原告也会由于一部分潜在消费者流向被告而遭受利益损失。

---

[1] W.W.W. Pharmaceutical Co., Inc. v. Gillette Co.984 F.2d 567 (1993), http://www.leagle.com/decision/19931551984F2d567_11430/W.W.W.%20PHARMACEUTICAL%20CO., %20INC.%20v.%20GILLETTE%20CO.

[2] 彭学龙．商标反向混淆探微——以“蓝色风暴”商标侵权案为切入点［J］．法商研究，2007（5）：140-147.

“反向混淆”所涉利益主体通常有四方，分别是：①原告即商标权人，或在先商标权人、在先商标注册人；②被告，即未经原告许可使用该商标标识的市场主体；③原告产品或服务的消费者；④被告产品或服务的消费者。由此可见，与“正向混淆”相比，分析“反向混淆”所涉利益主体需要对消费者做进一步划分，即分为原告的消费者和被告的消费者。之所以进行如此划分，是因为在“正向混淆”情况下，通常所有的消费者均会对被告产品或服务的来源发生错误认识，将之混淆于原告的产品或服务。而在“反向混淆”情况下，其实，被告的消费者原本就认为使用该标识的产品或服务来源于被告，而实际情况亦是如此，因此，被告的消费者并未发生混淆；发生混淆的仅是部分购买原告产品或服务的消费者，这些消费者认为使用商标标识的产品或服务来源于被告，他们原本希望购买被告的产品或服务，但由于原告所使用商标的指引，而错误地认为原告的产品或服务是来自被告。

因此，在“反向混淆”情形中，发生混淆的仅是原告产品或服务的部分消费者，这些消费者的利益可能受到损害。原告在实际上反而会因为“反向混淆”的存在而获得一定的“混淆”利益，当然，原告未来的市场拓展也会由于“反向混淆”行为受到局限，因此，“反向混淆”行为对原告有利有弊。被告因为“反向混淆”的存在，其潜在消费者会有一部分流向原告，故其实际上会因为“反向混淆”而受到利益损失，因此，从被告角度而言，其并不希望“反向混淆”的发生。实际购买了被告产品或服务的消费者，由于其原本就希望购买被告的产品或服务，故其不会因为被告使用该商标标识而受到任何利益损害；相反，如果禁止被告使用该商标标识并只有原告使用该商标标识，由于市场上的绝大部分消费者已经将该商标标识与被告的产品或服务建立了联系，故这样反而会造成绝大部分消费者的混淆或增加他们的搜索成本，进而损害绝大部分消费者的利益。

由于“反向混淆”中各个相关主体的利益错综复杂，具体案情多种多样，因此，无论是根据国外还是国内的相关实践，关于“反向混淆”行为是否属于商标侵权行为，或者哪些“反向混淆”行为构成商标侵权，哪些不构成商标侵权，就一直存在较大争议。

三、“反向混淆”侵权认定标准：注册商标的申请目的

由于我国商标法并未对“反向混淆”问题作出明确规定，因此，人民法院在裁判涉及“反向混淆”的案件时，需要综合考虑商标法原则和立法目的，特别是应将原告申请注册商标的目的考虑进来。

商标法的基本目的有二：一是通过建立商标与商品或服务的一一对应联系，标示商品或服务的来源，避免消费者的混淆，从而保护消费者的利益；二是对于市场主体而言，通过其诚实守信的市场经营和实质投资，建立起商标与商品或服务的对应联系，并依法排除仿冒者，从而确保市场主体优质的产品或服务唯一地到达消费者，进而也就确保了市场主体的销售渠道、市场份额和市场利益。[1]通常而言，商标法的保护消费者权益和保护市场主体诚实守信经营与投资是辩证统一、相辅相成的。当然，并不完全排除在某些特殊情况下，如在仅转让商标而不转让生产制造能力时，商标法的两个基本目的有可能会出现一定的冲突。但是，商标法必须至少保证上述一个目的的实现；否则，商标法就失去了存在的价值。

原告在申请商标注册时，亦应以善意之目的进行申请。质言之，

---

[1] 冯晓青．论商标法的目的与利益平衡［J］．湖南科技大学学报（社会科学版），2004（2）：102-104.

原告申请商标注册的目的亦应与商标法基本目的相吻合；否则，就不应给予原告商标法意义上的保护，这是因为如果给予原告商标法保护，不仅与商标法立法的基本目的相违背，而且会从实际上构成对正常社会经济秩序的扰乱。

不符合商标法基本目的的商标注册申请主要表现为“非实施主体”申请商标注册问题。所谓“非实施主体”一词最早来自专利领域，指拥有大量专利却不利用专利从事生产销售等经营活动的公司和个人。[1]商标领域亦有与专利领域相类似的“非实施主体”。商标领域“非实施主体”申请商标注册的目的并非实质性的生产经营，而是为了对其商标待价而沽或等待其他市场主体使用其注册商标并进而利用其商标权的排他性对使用者进行讹诈。

商标领域“非实施主体”的基本运作程序分为如下几个步骤：首先，搜索当前社会上或市场上的“流行语”或“热词”，并根据情况，在多个商品或服务类别上进行商标注册申请；其次，通过各种途径销售其商标注册申请或注册商标；最后，密切关注市场对商标标识的使用情况，如有他人使用该商标标识，“非实施主体”通常先放水养鱼，等到他人使用该商标标识达到一定规模后，再以商标侵权诉讼相威胁，进而获得超额利益。

客观地讲，商标领域的“非实施主体”与专利领域的“非实施主体”相比，其正当性更值得质疑。专利领域“非实施主体”所拥有的专利，如果其缺乏新颖性或创造性，则其他市场主体可以通过专利无效程序使之无效，因此，“非实施主体”所拥有的这些专利不会对其他市场主体的市场行为产生实质威胁；而如果“非实施主体”所拥有的

---

[1] RISCH M.Patent Troll Myths［J］.Social Science Electronic Publishing，2012，42（2）：457-458.

专利具有新颖性和创造性，符合专利授权的条件，由于这些专利对人类的技术知识储备具有创造性贡献，“非实施主体”获得这些专利也付出了相应的智力劳动或其他对价，故给予其一定期限的排他性保护，还是具有正当性的，同时，也为社会共识所接受。而商标领域“非实施主体”则不然，他们进行商标注册申请活动本身并无创造性，其商标标识通常也无创造性，即使其商标标识有一定创造性，也没有必要因其创造性而给予商标法保护，因为这不是商标法保护的目的，同时，著作权法也足以对有创造性或独创性的商标标识给予适当的保护。同时，商标领域“非实施主体”对其所声称的产品或服务并无实质投资，因此，保护其诚实守信的市场经营和实质投资无从谈起。另外，由于“非实施主体”本身无商品或服务，更不可能建立起其商品或服务与该商标的对应联系，从而也不可能达到商标法有关避免消费者混淆进而保护消费者利益的基本目的。因此，基本上可以说，商标领域“非实施主体”申请商标注册没有正当性可言。所以，虽然“非实施主体”的产生与商标注册制度和先申请制度密切相关，但是“非实施主体”的存在并不符合商标法的基本目的，需要对其进行有效的法律规制。

为了避免商标领域“非实施主体”扰乱正常的经济秩序，我国《商标法》在商标注册、无效、撤销等程序中均非常重视对“非实施主体”进行规制。《商标法》规定，对于申请商标注册具有不良影响的标志、与他人在先取得的合法权利相冲突的标志或者仅有本商品的通用名称、图形、型号，以及仅直接表示商品的质量、主要原料、功能、用途、重量、数量及其他特点的标志，不得申请注册商标。我国《商标法》的无效程序将商标无效理由划分为绝对无效理由和相对无效理由。任何人均可根据绝对无效理由申请宣告商标无效，并且不受时间期限限制；在先权利人或利害关系人可以根据相对无效理由在商标注册之日起5年内申请宣告商标无效，对恶意注册的，驰名商标所有人则不受5年的时间限制。同时，上述人员在商标初步审定公告后3个月内有权根据相应理由提出异议，要求商标局驳回商标注册申请。另外，《商标法》还规定了商标撤销制度，注册商标成为其核定使用的商品的通用名称或者没有正当理由连续3年不使用的，任何单位或者个人可以向商标局申请撤销该注册商标。上述这些规定，对于从源头上遏制“非实施主体”的产生和发展具有重要意义。另外，2009年，最高人民法院下发的《关于当前经济形势下知识产权审判服务大局若干问题的意见》（法发〔2009〕23号）亦明确要求：“妥善处理注册商标实际使用与民事责任承担的关系，使民事责任的承担有利于鼓励商标使用，激活商标资源，防止利用注册商标不正当地投机取巧。”

在具体适用上述法律和规定时，尤其是涉及商标申请异议或商标无效问题时，还应注意在商标实际使用人没有过错的情况下，消费者的大面积混淆是否属于商标无效或商标申请异议绝对理由的问题。《商标法》第10条规定了商标权无效或商标申请异议的绝对理由。其中，该条第1款第（八）项是一个兜底性条款，即“有害于社会主义道德风尚或者有其他不良影响的”不得作为商标使用，即使已被注册也应被无效。关于该兜底性条款的适用，原商标评审委员会[1]和北京市知识产权法院对“微信”商标申请异议案的复审决定和判决均指出，虽然腾讯公司作为“微信”标志的实际使用人的实际使用时间晚于商标注册申请人的申请注册时间，但由于腾讯公司在被异议商标初步审定公告之前已正式推出了“微信”软件，且用户量持续迅猛增长，相关

[1] 2019年，根据中央机构改革部署，原国家工商行政管理总局商标局、商标评审委员会、商标审查协作中心整合为国家知识产权局商标局，不再保留商标评审委员会、商标审查协作中心。——编辑注。

公众已经将“微信”与腾讯公司紧密地联系起来。当商标申请人的利益与公共利益发生冲突时，应当结合具体情况进行合理的利益平衡。考虑到如核准被异议商标注册，将会对微信注册用户带来极大不便乃至损失，同时也可能使他们对商标申请人提供的“微信”服务的性质和内容产生误认，从而可能对社会公共利益和公共秩序产生消极、负面的影响。故此，商标评审委员会和北京市知识产权法院均以该理由否定了商标申请人的商标注册申请。[1]但是，北京市高级人民法院否定了商标评审委和北京市知识产权法院的上述观点。北京市高级人民法院在该案二审判决中指出，由于具有其他不良影响属于商标注册的绝对禁止事项，因此在认定时必须持相当慎重的态度，在该案中，被异议商标由中文“微信”二字构成，现有证据不足以证明该商标标志或者其构成要素有可能会对社会公共利益和公共秩序产生消极、负面影响。商标注册申请人创博亚太公司的商标注册申请行为也难以认定其他不良影响的存在，即使“微信”由腾讯公司以外的其他主体作为商标加以申请注册，涉及的也仅是该应用程序的名称或者商标标志如何确定的问题，并不影响该应用程序自身的正常使用，而该应用程序的名称或者商标标志发生变化，也能够十分迅捷、便利地通知到相关用户，不会造成相关公众对相关应用程序及其来源的混淆误认，不会损害包括政府机关在内的腾讯公司微信即时通信应用程序用户的利益。同时，北京市高级人民法院在该案中认为，被异议商标由中文“微信”二字构成，指定使用在信息传送、电话业务、电话通信等服务上，“微”具有“小”“少”等含义，与“信”字组合使用在上述服务项目上，易使相关公众将其理解为是比电子邮件、手机短信等常见通信方

---

[1] 创博亚太科技（山东）有限公司诉国家工商行政管理总局商标评审委员会行政判决书，(2014)京知行初字第67号。

式更为短小、便捷的信息沟通方式，是对上述服务功能、用途或其他特点的直接描述，而不易被相关公众作为区分服务来源的商标加以识别和对待。因此，被异议商标在上述服务项目上缺乏显著特征，属于《商标法》第11条第1款第（二）项所指的不得作为商标注册的情形。创博亚太公司提交的证据不足以证明被异议商标经过使用，已经与创博亚太公司建立起稳定的关联关系，从而使被异议商标起到区分服务来源的识别作用，构成《商标法》第11条第2款规定的可以作为商标注册的情形。因此，被异议商标不应予以核准注册。[1]由此可见，即使“反相混淆”会导致消费者的大面积混淆，但也不能成为商标无效或撤销的理由，但是在特定情况下，人民法院可以商标标识缺乏显著性的理由撤销或无效该商标。

人民法院在审理涉及“反向混淆”的商标侵权案件时，应首先重点考察原告进行商标注册的目的。如果原告进行商标注册的目的并非在市场上实际使用，那么就应该进一步考虑原告的商标注册是否应属无效或撤销的情形。我国《商标法》第64条第1款规定：“注册商标专用权人请求赔偿，被控侵权人以注册商标专用权人未使用注册商标提出抗辩的，人民法院可以要求注册商标专用权人提供此前三年内实际使用该注册商标的证据。注册商标专用权人不能证明此前三年内实际使用过该注册商标，也不能证明因侵权行为受到其他损失的，被控侵权人不承担赔偿责任。”该条体现了对商标领域“非实施主体”进行规制的思想，但是，该条并没有规定对这些符合撤销条件的商标，人民法院是否可以直接判决被告不承担停止侵权的责任，更没有规定对于符合无效条件的商标，人民法院是否可以直接判决被告不承担侵权

[1] 郭京霞，赵岩．北京高院终审驳回微信商标案——法院认为被异议商标缺乏显著特征不适用在先申请原则［N］．人民法院报，2016-04-23（3）．

责任。目前的实际做法通常是被告到商标评审委员会请求宣告商标无效或向商标局申请撤销该注册商标，审理商标侵权案件的人民法院可以根据情况中止侵权案件的审理，待无效案件或撤销案件有结果后再继续审理侵权案件。但是目前的这些做法存在一定的弊端，比如有的法院可能不中止审理，而直接判决被告构成侵权并承担停止侵权的责任，那么由于“反向混淆”中的被告通常是具有巨大市场影响力的企业，一旦法院判决被告停止使用该商标标识，必然会给被告带来巨大的经济损失。在这种情况下，原告的注册商标最终被无效或撤销后，由于原告属于“非实施主体”，并无任何赔偿能力，即使法院判决原告赔偿被告因此而遭受的损失，被告的巨额损失在实际上也是难以挽回的。因此，人民法院在审理涉及“反向混淆”的商标侵权案件时，如果发现原告申请商标并非基于商标法之目的，且原告商标符合无效或撤销条件，那么就可根据《商标法》第 64 条第 1 款规定的原则精神，对其进行扩展解释，即人民法院可以直接判决被告不构成商标侵权，不需承担侵权责任。❶

四、“反向混淆”侵权认定标准：注册商标的保护范围

知识产权制度，特别是商标制度、专利制度，具有强烈的推动社会经济发展的政策取向。故此，虽然有大量的知识产权保护国际公约存在，各国知识产权保护制度和实际保护水平亦存在较大差距。对于一国的知识产权制度而言，其知识产权保护制度亦应随着经济的发展和情势的变迁而不断发展变化。如上所述，“反向混淆”涉及多方利

❶ 张玉敏．注册商标三年不使用撤销制度体系化解读［J］．中国法学，2015（1）：225-237.

益，特别是涉及不特定多数的广大消费者经济利益，因此，即使在先注册商标人的申请商标注册是出于正当的使用目的，人民法院在审理“反向混淆”侵权案件时亦应综合考虑各种因素，合理确定在先注册商标人商标权的保护范围，既要有效保障在先注册商标人的合法权利，又要尽量避免判决结果对社会经济现实造成不利影响。

第一，应根据原告商标标识的性质，合理确定原告商标权保护范围的大小。按照标识的显著性程度，可以将各种标识划分为四类：一是臆造性（fanciful）或任意性（arbitrary）标识；二是暗示性（suggestive）标识；三是描述性（descriptive）标识；四是通用性（generic）标识。对于属于商品通用名称的通用性标识，自然不能注册为商标使用。❶虽然臆造性和暗示性标识均由于本身就具有显著性，可以直接注册为商标使用，但是对于二者而言，其商标权的保护范围亦应有所区别。臆造性或任意性标识，由于其本身就具有独创性，属于对人类智力成果宝库的贡献，从正当性考虑，理应给予其较大范围的保护，具体而言，在判断是否构成近似商标或类似商品时，应该从宽掌握。而暗示性标识，由于标识本身不具有独创性，不构成对人类智力成果宝库的贡献，因此，在判断是否构成近似商标或类似商品时，就应从严掌握。对于描述性标识，其属于对商品的质量、主要原料、功能、用途、重量、数量及其他特点进行描述的标识，正常情况下不得进行商标注册，只有在通过使用使之具有第二含义之后才能进行商标注册。在“反向混淆”侵权案件中，考虑到不仅原告，其他市场主体亦有权通过使用使描述性标识具备第二含义，如果所涉在先注册商标涉及描述性标识，且如果该标识尚未通过原告的使用而获得第二含

❶ MC CARTHY，THOMAS J. McCarthy on Trademarks and Unfair Competition [M].4th ed. Plattsburgh：West Group，1998:1-11.

义，那么就应直接判决被告不构成商标侵权；如果该标识已通过原告使用而获得第二含义，那么对原告注册商标的保护就应局限在其所获得的第二含义范围，而不应在此基础上再向外扩展。❶

第二，应根据被告过错的有无，合理确定原告商标权保护范围的大小。虽然商标侵权适用无过错原则，但是这并不妨碍在确定商标权保护范围时考虑被告过错问题。商标侵权与商标权保护范围虽然具有紧密的联系，但却是两个问题，不应混为一谈。商标注册人在注册商标时，其权利范围应仅局限于其所注册的商品种类和商标，而在注册的商品种类、商标与公有领域之间还有一个“灰色地带”，该“灰色地带”的权利属于谁，其实并不确定。当然，为了给予商标注册人足够的发展空间，我国《商标法》第57条第1款第（二）项规定：“未经商标注册人的许可，在同一种商品上使用与其注册商标近似的商标，或者在类似商品上使用与其注册商标相同或者近似的商标，且容易导致混淆的”，构成商标侵权；同时，第13条还将规定对于注册驰名商标，其保护范围可以延展到“不相同或者不相类似商品”，但被告的行为须达到“误导公众”的程度。由此可见，注册商标人将其商标保护范围延展到类似商品、近似商标甚至不相同或不相类似商品的前提条件均是：原告要通过实际的“使用”，使消费者在商标与原告商品或服务之间建立起联系；因为只有如此，才能达到“容易导致混淆”或“误导公众”的条件。因此，如果原告在注册商标后尚未通过实际使用，使消费者在商标与原告商品或服务之间建立起联系，那么原告商标的保护范围并不能实际地延展到上述“灰色地带”。在这种情况下，如果被告通过善意的使用，在该“灰色地带”内使消费者在近似商标

❶ Mars Musical Adventures, Inc. v. Mars, Inc., 159 F. Supp. 2d 1146, 1152 (D. Minn. 2001).

与相同或类似商品之间建立了联系，或者使消费者在相同商标与类似商品之间建立了联系，那么考虑到原告的商标权利尚未实际延展到此地带，而被告又是出于善意使用，同时也是为了保护消费者的信赖利益，那么该“灰色地带”的权益就应归属于被告所有。在此之所以强调被告的使用行为必须出于“善意”或者无过错，主要是为了考虑中小商标注册人的利益。该“灰色地带”本来是预留给注册商标人的，如果给予被告，那么就必须遵守公正的法则。公正法则的基本要求就是当事人必须出于善意，并禁止“弱肉强食”。如果在被告明知原告商标的存在的情况下，仍然允许被告利用其超强的营销能力和市场渠道，迅速占领该“灰色地带”，那么显然会纵容大公司肆意掠夺中小企业的商标资源，这样，既不利于保护市场的正常竞争秩序，也有违公平正义原则。在一些涉及“反向混淆”的案件中，如 iPad 商标案、“蓝色风暴”商标案中，社会公众乃至专家学者对大公司进行指责的一个重点就是这些大公司在使用商标时没有仔细检索这些商标是否已申请注册、权利人到底为谁等事项，由于这些公司存在过错，故应承担不利后果。[1]而在另外一些涉及“反向混淆”的案件中，如果由于商标注册申请信息公开的滞后性，如根据我国现行《商标法》，商标注册申请信息至少在初步审定之后才能进行初步公告，故社会公众亦至少在商标申请初步审定公告之后才能从商标局获知该注册申请信息，同时，也由于注册申请人在初步公告之前并未对该商标进行实质性的使用，第三人也不能通过注册申请人使用公开的方式获知该商标的存在，那么在这种情况下，如果作为被告的大公司进行了尽责的善意检索且未获

---

[1] 曲三强，尹锋林. iPad 商标到底伤到了谁［J］. 法庭内外，2012（4）：44.
王娜，程丽元. 商标反向混淆的认定及解决——由深圳唯冠、苹果 IPAD 商标纠纷引发的思考［J］. 中华商标，2013（12）：20-24.

得该商标已被原告申请商标注册或已被原告实际使用的信息，那么被告在该“灰色地带”中所获得的权益就应受到保护，被告行为当然也不构成对原告商标权利的侵犯。当然，考虑到在这种情况下，确实有可能存在原告产品的消费者混淆的问题，为了避免此问题发生，人民法院可以要求原告和被告分别在其产品或服务上附加显著且适当的区别标识。

第三，应根据原告注册商标的市场知名度，合理确定原告商标权保护范围的大小。商标权利本质上是来自商标持有者的使用，商标获得保护范围的大小应与该商标的显著性和市场知名度成正比。《关于当前经济形势下知识产权审判服务大局若干问题的意见》中明确提出，在商标侵权认定过程中，“认定商品类似和商标近似要考虑请求保护的注册商标的显著程度和市场知名度，对于显著性越强和市场知名度越高的注册商标，给予其范围越宽和强度越大的保护”。因此，如果对上述规定进行反对解释，那么商标注册人如果并未将其注册商标实际投入使用，其商标缺乏显著性和市场知名度，那么在考虑商品类似或商标近似问题时，就应该从严掌握。北京市第一中级人民法院判决的“星光大道”商标侵权纠纷案即体现了上述规则。[1] 在该案中，原告星光大道影视公司在第 41 类组织竞赛（教育及娱乐）、广播和电视节目制作等服务上对“星光大道”文字标识进行了商标注册；被告中央电视台推出了《星光大道》电视节目，并在该节目播放时片头、节目录制现场舞台背景屏幕、节目录制现场观众背景屏幕、节目播放时电视屏幕右下角，均为突然性地使用了“星光大道”文字标识。北京市第一中级人民法院在分析被告是否构成侵权时，首先对“商标”和“商

---

[1] 北京星光大道影视制作有限公司诉中央电视台侵害商标权纠纷民事判决书，（2013）一中民初字第 11888 号。

标符号”进行了区分。该院指出，商标的外观虽然表现为符号，但如果仅是在符号学意义上对商标进行保护，则不仅不符合商标的本质，有违商标法价值取向，而且会不适当地扩展商标权的保护范围，进而使得侵权认定扩大化。商标符号在进入商品或服务流通领域之前，其仅具有符号学意义，此时即便有他人对商标符号的使用，该使用也仅能被视为对商标符号的使用，并不为市场中的相关公众所知悉，更不可能在市场中发挥商标区分不同商品或服务提供者的产源识别功能，进而建立上述特定联系，自然亦不存在造成相关公众混淆误认的可能。在此情况下，注册商标专用权人的合法利益并未受损害，亦无必要对其予以救济。具体到该案，中央电视台作为被告，制作《星光大道》栏目是为了进行后续的电视播放，制作时使用“星光大道”文字是为了使电视观众能够更加清楚地知悉被告所播放的电视节目名称，故被告并无搭涉案商标便车、刻意造成相关公众混淆误认的故意。因此，北京市第一中级人民法院认为，被告主观上并无侵犯涉案商标专用权的故意，客观上其对“星光大道”文字的使用仅是一种对于涉案“商标符号”的使用，不会造成相关公众的混淆误认，不构成对涉案商标的侵犯。

随着我国经济的发展，我国商标注册申请数量增长迅猛，加之市场主体商业成功时间的大幅缩短，由商标注册“空窗期”引起的无过错的“反向混淆”将会越来越多。在这种复杂形势下，如何合理而有效地解决“反向混淆”问题，保护和平衡商标注册申请人、商标在后使用者和社会公众的合理利益，需要商标行政管理机关和司法机关作出共同努力。

其一，商标局应当将商标注册申请及时公开，以从根本上避免“反向混淆”的发生。在国家知识产权局的努力之下，我国商标审查等工作的效率显著提高，到2020年年底我国商标注册申请平均审查周期已压缩至4个月；商标续展平均审查周期已缩短至0.5个月，商标变更平均审查周期已缩短至1个月，商标转让平均审查周期已缩短至2个月，商标异议平均审查周期缩短至14个月，驳回复审案件平均审理周期压缩至6个月。目前，我国商标注册周期需要8个月至9个月，与2016年的13个月至14个月周期相比，大幅缩短了5个月。[1]但是，即使如此，从商标注册申请人提交申请后到该申请被公开之间至少还存在4个月的“空窗期”。而在这个“空窗期”内，在后商标使用者不能查询到该商标标识已经由他人提出注册申请，这样就很有可能导致“反向混淆”问题的发生。事实上，我国大多数“反向混淆”案件也确实源于这个“空窗期”。目前，美国、欧洲等国家或地区在收到商标申请后均立即加以公开。美国以及其他国家在进入21世纪后之所以再极少发生“反向混淆”案件，应该与这些国家对商标注册申请进行及时公开密不可分。我国《商标法》及《商标法实施条例》虽然未明确规定商标注册申请及时公开制度，但考虑到与《专利法》相比,《商标法》并未规定商标注册申请的撤回制度，商标注册申请人没有主动撤回商标注册申请的权利，同时，商标注册申请的及时公开并不会损害申请人的权利，加之目前我国大多数商标注册申请已经通过电子方式提交，因此，国家商标局对商标注册申请进行及时公开并无法律或实践上的障碍。

其二，司法机关在审理涉及“反向混淆”的案件时，应在综合考虑各种因素基础上对是否构成侵权作出认定。首先，应考虑商标注册人申请商标注册的真实目的，如果商标注册人申请商标注册的目的与

---

[1] 王国浩．回望2020| 大事件之商标篇［EB/OL］.（2021-02-19）［2021-03-01］. https：//www.sohu.com/a/451547565_120054613.

商标法立法目的相悖，且有可能将该商标无效或撤销，则应中止审理，待商标无效程序或撤销程序结束之后再继续进行裁判，甚至可以根据《商标法》第64条的精神，直接裁判被告不构成商标侵权。其次，应考查商标在后使用者使用商标的行为是否具有恶意。如果商标在后使用者在使用商标时就已经知道或应当知道该商标已经被他人在先使用或申请商标注册，商标在后使用者在这种情况下仍然借助其市场强势地位一意孤行进行使用和推广，那么就应认定该在后使用者具有主观恶意，构成商标侵权。如果商标在后使用者在使用商标时由于客观原因不能得知该商标已经被他人在先使用或申请商标注册，那么人民法院在判断被告与原告的商标是否相同或近似、被告与原告的商品或服务是否相同或相似的时候就应从严掌握，并可比照《商标法》第59条第3款的规定，要求一方或双方附加适当区别标识，以避免消费者混淆，进而保护各方的正当、合理利益，维护正常的市场竞争秩序。

第五章

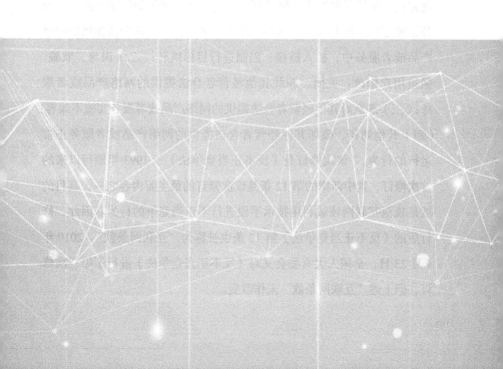

新科技革命与竞争法

新兴科技的发展，特别是计算机、网络、信息、人工智能等技术的发展，为市场主体进行市场竞争提供了更多的技术手段。根据技术中立原则，市场主体所使用的技术手段本身并不会构成违法，但是市场主体利用技术手段进行市场竞争则会受到法律的评价，特别是竞争法的规制。

第一节　互联网不正当竞争条款

2017 年 11 月 4 日第十二届全国人大常委会第三十次会议对 1993 年《反不正当竞争法》进行了第一次修订。修订后的《反不正当竞争法》第 12 条规定："经营者利用网络从事生产经营活动，应当遵守本法的各项规定。经营者不得利用技术手段，通过影响用户选择或者其他方式，实施下列妨碍、破坏其他经营者合法提供的网络产品或者服务正常运行的行为：（一）未经其他经营者同意，在其合法提供的网络产品或者服务中，插入链接、强制进行目标跳转；（二）误导、欺骗、强迫用户修改、关闭、卸载其他经营者合法提供的网络产品或者服务；（三）恶意对其他经营者合法提供的网络产品或者服务实施不兼容；（四）其他妨碍、破坏其他经营者合法提供的网络产品或者服务正常运行的行为。"该次修订是《反不正当竞争法》于 1993 年颁行以来的首次修订，其中新增的第 12 条是该次修订的最主要内容之一，其目的就是规范互联网领域利用技术手段进行不正当竞争的行为。因此，修订后的《反不正当竞争法》第 12 条也被称为"互联网条款"。2019 年 4 月 23 日，全国人大常委会又对《反不正当竞争法》进行了第三次修订，但上述"互联网条款"未作改变。

随着网络技术的成熟、互联网行业的发展，网络经济时代中出现了大量利用互联网技术扰乱市场竞争秩序的行为，而这些明显具有不正当竞争性质的行为，是1993年《反不正当竞争法》所规定的11项具体侵权行为类型所不能涵盖的，均很难予以准确界定和规制。因此，在2017年《反不正当竞争法》实施前，很多情况下法院判决类似案件行为是否构成不正当竞争，多是引用《反不正当竞争法》第2条原则性条款[1]的“诚实信用原则和公认的商业道德”作为法律依据进行个案处理。[2]而原则条款过于笼统且不明确，会导致行政执法和司法审判过程中的法律依据不够充分，出现同种行为类型案件的判决结果不统一的情形。同时，经营主体不能合理预见司法机关对违法性的认定，技术创新过程中将畏首畏尾、有所顾忌，不利于市场的竞争自由。因此，1993年《反不正当竞争法》不能有效规制互联网领域不断出现的不正当竞争行为，逐渐不能满足互联网经济新形势下行为规制的需要，有必要对于互联网领域不正当竞争行为进行类型化规制。恰缘于此，2017年《反不正当竞争法》根据互联网领域反不正当竞争的客观需要，针对司法实践中的突出问题，增加了互联网不正当竞争行为条款[3]，通过“宣示+概括+列举+兜底”的立法模式，对典型案例等方面中一些公认的不正当竞争行为类型做明确界定和规制，有利于经营主体作出预判，进而增强了《反不正当竞争法》在互联网领域的适应性。

---

[1] 原则性条款（也称一般条款），是指缺乏具体内涵的一般性抽象法律规定，由法官裁量其抽象的规范内容适用于具体的法律事实中，起着某种“兜底”或“包容”作用。目前学界通说认为，1993年《反不正当竞争法》第2条为该法原则性条款。

[2] 曲凌刚，杨扬．互联网行业不正当竞争案件审理研究［J］．现代电信科技，2014（11）：46-53.

[3] 国家工商总局：2017年2月22日在第十二届全国人民代表大会常务委员会第二十六次会议上关于《中华人民共和国反不正当竞争法（修订草案）》的说明。

根据司法实践中互联网领域不正当竞争案件的判决情况，2017年《反不正当竞争法》互联网条款以具体列举的形式进行总结，规定了互联网领域应予禁止的三种典型不正当竞争行为类型：插入链接跳转目标、间接破坏他人产品或服务和恶意不兼容。同时，为了适应形势发展的需要，增加法律适用的可拓展性，互联网条款还规定了一个兜底性的条款。

第二节　插入链接跳转目标

《反不正当竞争法》第12条第2款第（一）项规定："未经其他经营者同意，在其合法提供的网络产品或者服务中，插入链接、强制进行目标跳转"的行为属于不正当竞争行为。"插入链接"在互联网领域中表现为，在原经营者网络产品或服务基础上插入新的链接或标志，拦截或屏蔽原有"目标"内容，使网络用户"跳转"到新网络产品或服务（一般由侵权方经营）的行为。

在北京百度网讯科技有限公司等与北京搜狗科技发展有限公司等不正当竞争纠纷一案中，[1]原告为北京百度网讯科技有限公司和百度在线网络技术（北京）有限公司（以下统称"百度公司"），被告为北京搜狗信息服务有限公司和北京搜狗科技发展有限公司（以下统称"搜狗公司"）。

原告提出的事实与理由是：百度公司是www.hao123.com网站的经营者。搜狗公司是搜狗高速浏览器、搜狗搜索网站（www.sogou.com）

[1] 北京百度网讯科技有限公司等与北京搜狗科技发展有限公司等不正当竞争纠纷案，（2018）京0108民初42023号。

和搜狗网址导航网站（123.sogou.com）的经营者。原告指控称，被告经营的搜狗高速浏览器（PC 端）针对原告实施不正当竞争行为。主要表现在：用户在 PC 端使用搜狗高速浏览器访问“cn.hao123.com”或“www.hao123.com？ tn= 字符串”等“hao123”相关网址时，会被搜狗高速浏览器恶意劫持到搜狗网址导航产品页面。例如，打开搜狗高速浏览器，主页地址为 123.sogou.com；如在主页设置中，设置默认主页地址为 cn.hao123.com，关闭搜狗高速浏览器后再打开，页面显示仍为搜狗导航网址 123.sogou.com 首页。又如，在主页设置中设置默认主页为 about：blank，退出搜狗高速浏览器再打开，页面显示空白页；之后，如果依次将设置默认主页设置为 www.hao123.com/？ tn=123、www.hao123.com/？ tn=456，关闭搜狗高速浏览器后再打开，页面均显示为 123.sogou.com 首页。原告认为，被告的上述行为妨碍、破坏了百度公司提供的正常服务，违背用户意愿，损害了原告的合法权益，背离了诚实信用和公认的商业道德，构成不正当竞争。

该案的关键在于被告行为是否具有正当性的问题。关于此问题，法院认为，根据《反不正当竞争法》的规定，对于互联网环境下行为的正当性的判断应当以该竞争行为破坏了互联网环境中的公开、公平、公正的市场竞争秩序，从而引发恶性竞争或者具备这样的可能性为判断依据，市场竞争的一般逻辑是优胜劣汰，因此有竞争就必然有损害，不应以出现损害结果就简单倒推竞争行为具有非正当性，具体的判断应当结合是否影响用户选择、实施了类型化的互联网不正当竞争行为或者其他妨碍、破坏行为进行综合判断。

具体到该案，搜狗浏览器拦截 www.hao123.com/？ tn= 任意字符串及 cn.hao123.com，拦截后跳转至搜狗导航网址（123.sogou.com）的行为，体现在具体操作中为无论是直接在搜狗浏览器地址栏中输入目标网址还是更改浏览器主页设置或者设置标签页，均会跳转为搜狗导航网址。被告认可其确实实施了上述行为，但辩称上述行为系其根据用户评论对存在危险的URL地址采取的事前防范措施。法院对该行为的认定如下。

第一，被告虽辩称其根据用户评价对存在危险的URL地址采取防范措施，但其提交的用户评论不充分，不足以证明涉案URL地址确实存在网页风险。首先，该案中被告抗辩的前提是原告的涉案网址www.hao123.com/? tn=任意字符串及cn.hao123.com存在较高风险，但从原告提交的证据、法院当庭勘验的结果来看，IE、Chrome等浏览器在输入上述URL地址后仍然显示hao123网址导航页面，未提示存在任何风险。其次，被告提交的用户评价时间从2012年至2018年，数量上相比于海量的用户数量来说不足以说明原告提供的网络服务具有违法性，且在被告提交的用户评价中，用户称其浏览器被劫持，并未针对性地提出对搜狗浏览器进行劫持，也有部分用户在问答中称可能是装了其他软件导致的劫持，即使是在搜狗公司自身的服务网站中也自认这种劫持可能存在于多个阶段，可能有多种原因，未直接指明原告实施了劫持行为。因此法院认为，被告所谓“危险URL地址”防范措施的抗辩理由不存在其事实基础。

第二，正常的市场竞争要发挥作用，很大程度上要依靠影响用户选择来实现，采用不正当的手段来影响用户选择的行为是反不正当竞争法规制的对象。搜狗浏览器在未经用户同意的情况下，通过屏蔽特定URL地址强行进行目标跳转至搜狗网址导航产品页面的行为影响了用户的选择，使本欲选择hao123网址导航产品的用户违背真实的选择意愿，且该产品与hao123网址导航产品均提供网址导航服务，消费者不易察觉已经跳转至搜狗的网址导航产品页面中或者可能使消费者在使用的过程中发生替代结果，从而使hao123网址导航产品丧失更大的市场份额。被告仅凭少部分用户的评价即为此行为，并非为消费者利益，而是在屏蔽同类产品后对自己产品的推荐，是为自身利益的行为结果。

法院认为，网络经营者开展经营活动应当遵循自愿、平等、公平、诚信的基本原则，遵守法律和商业道德，在自身保障自己追求最大化利润的自由权利的过程中，不得损害他人追求利润的自由权利。被告利用技术手段，通过影响用户选择，在未经原告同意的情况下，在其合法提供的网络产品或者服务中，强制进行目标跳转的行为违反了法律规定，构成不正当竞争。

根据上述案例可以看出，插入链接强制进行目标跳转行为并非本身违法行为。质言之，如果行为人确实有合理理由进行强制目标跳转，如为了维护网络用户安全的目的而进行强制目标跳转，就不会构成不正当竞争行为。

第三节　恶意干扰与恶意不兼容

一、恶意干扰行为

《反不正当竞争法》第12条第2款第（二）项规定："误导、欺骗、强迫用户修改、关闭、卸载其他经营者合法提供的网络产品或者服务"的行为，属于不正当竞争行为。该种行为通常先通过提示网络用户，并使其相信其他经营者的网络产品或服务有风险，进而经用户之手间接修改、关闭或卸载被提示风险的产品或服务，妨碍其他经营者网络产品或服务正常运行。这种不正当竞争行为属于对其他竞争者提供服务进行的恶意干扰行为，通常发生于安全软件与其他类型网络产品或服务之间，因为安全软件能够依靠自身对网络用户计算机较高的系统权限，较容易对其他类型网络产品或服务进行“间接”破坏。

上海二三四五网络科技有限公司与北京猎豹移动科技有限公司、北京金山安全软件有限公司不正当竞争纠纷一案即是一件涉及恶意干扰行为的案件。[1]该案原告起诉的事实和理由是：原告的核心产品2345网址导航（域名为www.2345.com）拥有4000万名用户，在导航网站中排名前三。被告是互联网企业，共同运营驱动精灵和毒霸网址大全软件，自2014年开始，被告通过其开发和运营的驱动精灵软件，在驱动精灵安装、运行等各个环节，利用不同的技术手段，未经用户同意，擅自将用户在浏览器中设定的2345网址导航主页篡改为毒霸网址大全。

法院经过审理后认为，被告通过驱动精灵软件实施的擅自变更网络用户浏览器主页及区别对待等行为构成不正当竞争，其理由如下：首先，原告经营其2345网址导航产品具有合法性。其次，驱动精灵软件擅自变更用户浏览器主页的行为不是随机的、不是自发的，因此，该行为是两被告利用技术手段故意通过驱动精灵软件所实施。再次，网络用户对其浏览器主页设定拥有完整的自主决定权，这直接影响作为消费者的网络用户的使用体验和消费福利。被告产品驱动精灵软件系驱动管理和维护工具，用户安装该软件时并不以保护或变更浏览器主页为目的。此时若需要通过该软件变更用户浏览器主页，更应充分保障最终用户的知情权及选择权；而驱动精灵软件在变更浏览器主页

[1] 上海二三四五网络科技有限公司与北京猎豹移动科技有限公司、北京金山安全软件有限公司不正当竞争纠纷一案，(2018) 沪0115民初28611号。

时，或以虚假选项告知用户或完全未告知用户，或以隐藏的虚假选项形式告知用户。上述行为属违背用户本意，以侵害用户知情权及选择权的方式，误导、欺骗、强迫用户，修改、关闭了用户原使用的由原告合法提供的网络产品。因此，构成《反不正当竞争法》第 12 条第 2 款第（二）项规定的不正当竞争行为。

二、恶意不兼容

《反不正当竞争法》第 12 条第 2 款第（三）项规定："恶意对其他经营者合法提供的网络产品或者服务实施不兼容"，属于不正当竞争行为。该类行为与该款第（二）项"间接破坏他人产品或服务"最主要区别在于，通过与其他产品或服务的不兼容而完全排除对方产品或服务，是彻底的不共存，目的是将其他经营者的产品或服务完全从用户计算机上删除或者阻止其安装。

在北京金山安全软件有限公司与北京奇虎科技有限公司不正当竞争纠纷一案中，原告是北京金山安全软件有限公司，被告是北京奇虎科技有限公司。[1]原告金山软件公司诉称，其为"金山毒霸"的所有者及经营者，被告为"360 安全卫士"软件、"360 杀毒"软件的开发者和发行者，双方为同业竞争者。原告发现被告通过其开发、发行、运营管理的"360 安全卫士"软件、"360 杀毒"软件欺骗、诱导、恐吓用户卸载、删除原告的"金山毒霸"软件，并阻碍干扰该软件的正常安装和运行，已构成不正当竞争。

被告奇虎科技公司辩称，其没有欺骗、诱导、恐吓用户卸载、删

[1] 北京金山安全软件有限公司与北京奇虎科技有限公司不正当竞争纠纷案，（2014）西民初字第 00146 号。

除原告金山毒霸；被告引用微软公告不兼容弹窗，没有捏造、散布虚伪事实，不违反法律的规定；被告除了病毒外从不删除任何软件安装程序，没有干扰原告软件的正常安装与运行；被告的 360 安全软件评分和分享功能没有捏造、散布虚伪事实。

法院经审理后认为，在安装金山新毒霸软件的计算机上，再安装 360 杀毒软件，安装过程中会弹窗提示用户可能损害计算机，并默认选中“卸载已安装的安全软件”选项，提示用语带有明显倾向性；同时还会通过弹窗方式发布“微软公告”，而内容与安装金山新毒霸并无关联，其目的更倾向于影响用户选择，诱导用户卸载金山新毒霸；此外，360 杀毒软件还直接阻止安装金山新毒霸，下载安装金山新毒霸时，360 杀毒软件并不能证明金山新毒霸是“捆绑软件”的情况下代替用户作出选择进行删除，即使在用户选择“继续安装”，仍然擅自删除金山新毒霸的源文件，因此能够认定 360 杀毒软件故意阻碍金山新毒霸软件安装，构成不正当竞争。

三、兜底性条款的设置

《反不正当竞争法》第 12 条第 2 款第（四）项规定：“其他妨碍、破坏其他经营者合法提供的网络产品或者服务正常运行的行为。”该项规定源于 2017 年 2 月公布的《反不正当竞争法（修订草案）》（以下简称“一审稿”）中值得商讨的问题，一审稿第 14 条[1]规定的 4 项具体行

[1] 一审稿第 14 条规定：“经营者不得利用技术手段在互联网领域从事下列影响用户选择、干扰其他经营者正常经营的行为：（一）未经同意，在其他经营者合法提供的网络产品或者服务中插入链接，强制进行目标跳转；（二）误导、欺骗、强迫用户修改、关闭、卸载他人合法提供的网络产品或者服务；（三）干扰或者破坏他人合法提供的网络产品或者服务的正常运行；（四）恶意对其他经营者合法提供的网络产品或者服务实施不兼容。”

为类型分类中存在着重叠的情况，即规定的第三种行为“干扰或者破坏他人合法提供的网络产品或者服务的正常运行”在内容上讲，就可以包含前三种类型，即“插入链接跳转目标”“间接破坏他人产品或服务”和“恶意不兼容”等具体行为，且其中“干扰”“破坏”等词语并非互联网领域专业用语，本身并无技术性因素，所以含义上就包括很多内容，无法与某种不正当竞争行为做具体对应。

同时，随着网络技术的发展，新的互联网不正当竞争行为类型还会不断出现，仅通过列举具体行为类型的方式恐怕难以完全涵盖。有专家学者、常委会组成人员、部门、企业等就此问题莫衷一是。[1]2017年8月，全国人大法律委员会在审议《反不正当竞争法（修订草案二次审议稿）》（以下简称“二审稿”）时综合考虑了各界意见，[2]将一审稿第14条第（三）款放到最后，作为一种概括性的兜底条款，无论从体系上、补充作用上还是作为司法判决、行政执法的依据上来说，将其修改作为弹性条款来加以适用，相对而言都更为合理可靠、操作性更强。

《反不正当竞争法》中互联网条款最终采取“宣示+概括+列举+兜底”的模式，使得互联网条款的构成，在具体性和原则性之间保持

[1] 张宝山．为互联网领域公平竞争提供法治保障［N］．中国人大，2017-03-05（5）．一审稿审议时，韩晓武、杨震等全国人大常委会委员认为，一审稿不能涵盖所有网络不正当竞争行为，建议增加概括规定和兜底条款。

[2] 全国人民代表大会宪法和法律委员会在审议二审稿时研究认为“互联网领域的不正当竞争行为，一部分属于传统不正当竞争行为在互联网领域的延伸，对此应适用《反不正当竞争法》其他相关规定进行规制；一部分属于互联网领域特有的、利用技术手段进行的不正当竞争行为，对此可通过概括加列举的形式作出规制，并增加兜底条款，以适应实践发展的需要”。全国人民代表大会宪法和法律委员会关于《中华人民共和国反不正当竞争法（修订草案）》修改情况的汇报［EB/OL］．（2017-11-04）［2021-01-10］.http：//www.npc.gov.cn/npc/c30834/201711/6c21af39fed4476d864f6ezf7946ae40.shtml.

了平衡：首先，第12条第1款为宣示性规定，此款对于延伸在互联网领域的传统不正当竞争行为，以及利用技术手段实施不正当竞争的新型行为都能适用；其次，第12款第2款针对互联网领域特有的，利用技术手段实施的不正当竞争行为作出概括性规定；再次，第12条第2款前3项根据先前司法实践中典型网络不正当竞争案例判决，总结提炼出三种具体行为类型；最后，第12条第2款第（四）项增设有包容性的一般兜底条款来规制。这是相比于一审稿的进步之处，其立法设计本身也是周延的。

在北京微梦创科网络技术有限公司（以下简称“微梦公司”）与湖南蚁坊软件股份有限公司（以下简称“蚁坊公司”）不正当竞争纠纷一案中，原告为微梦公司，被告为蚁坊公司。[1]该案原告微梦公司系新浪微博平台的运营方，并认为其对新浪微博平台上的数据享有权益。蚁坊公司为蚁坊软件网、网页版鹰击系统，以及安卓手机端鹰击应用的运营者，是以营利为目的的商业性公司。原告指控被告未经许可抓取了原告新浪微博平台的数据，属于不正当竞争行为。

法院经审理后认为，对于微梦公司未设定访问权限的数据，应属微梦公司已经在新浪微博平台中向公众公开的数据。例如，用户在未登录状态下即可查看的新浪微博，系博主本身未限制他人浏览且微梦公司未通过登录规则等措施限制非用户浏览的数据，即为新浪微博平台中的公开数据。但对于微梦公司通过登录规则或其他措施设置了访问权限的数据，则应属新浪微博平台中的非公开数据。例如，该案中微梦公司主张的须用户登录后才可查看的，或在新浪微博产品任何前端均不再展示故用户登录后亦不可查看的新浪微博，均属于新浪微博平

[1] 湖南蚁坊软件股份有限公司与北京微梦创科网络技术有限公司不正当竞争纠纷案，（2019）京73民终3789号。

台中的非公开数据。因此，微梦公司在该案中主张的数据中既有公开数据，也有非公开数据。

网络平台通过自身经营活动吸引用户所积累的平台数据对平台经营者的重要意义，是其重要的经营资源；平台经营者能通过经营使用这些数据获得相应的合法权益。但是，基于网络环境中数据的可集成、可交互之特点，平台经营者应当在一定程度上容忍他人合法收集或利用其平台中已公开的数据，否则将可能阻碍以公益研究或其他有益用途为目的的数据运用，有违互联网互联互通之精神。

具体到该案，对于新浪微博平台的公开数据，微梦公司并未阻止用户在未登录新浪微博账号的状态下浏览、接收该部分信息甚至采取合法正当的途径进行二次利用。网络爬虫等技术手段虽系自动抓取网络数据的程序或脚本，但如其遵守通用的技术规则，亦无须访问权限即可访问上述新浪微博平台公开数据。因此，无论是通过用户浏览或网络爬虫获取该部分数据，其行为本质均相同，微梦公司在无合理理由的情形下，不应对通过用户浏览和网络爬虫等自动化程序获取数据的行为进行区别性对待。相反，如果被告抓取的是原告的非公开数据，则会构成不正当竞争。

蚁坊公司被诉行为是否构成不正当竞争，关键在于其所抓取的数据是新浪微博平台的公开数据还是非公开数据。就此，法院根据双方提供的证据情况，认定了下列具体事实：在用户未登录新浪微博的状态下，仅可查看数量有限的新浪微博，用户登录后才可访问到更多数据，使用更多功能。而当鹰击系统用户输入关键词时，无论是否属于新浪微博平台用户登录后才可访问的新浪微博平台数据，均可被实时采集和展示。同时，新浪微博平台用户发布微博后自行删除或因其他原因被删除的微博，用户即便在登录状态下也无权限查看，但这部分数据却可在鹰击系统中得到展示。

在蚁坊公司未就鹰击系统展示的新浪微博平台数据不符合微梦公司所作正常的访问限制之情形进行合理解释并提交相应证据证明的情况下，法院认定蚁坊公司抓取的新浪微博平台数据包括微梦公司已设置了访问权限的非公开数据。在蚁坊公司与微梦公司不存在合作关系的情形下，即便蚁坊公司自称系使用网络爬虫抓取微博平台数据属实，其要获取新浪微博平台的非公开数据，显然只能利用技术手段破坏或绕开微梦公司所设定的访问权限，而此种行为显然具有不当性。故此，法院认为被告蚁坊公司的行为属于《反不正当竞争法》第 12 条第 2 款第（四）项所规定的“其他妨碍、破坏其他经营者合法提供的网络产品或者服务正常运行”的不正当竞争行为。

第四节　数字音乐独占许可与反垄断

版权保护在于鼓励文学艺术创作，促进社会文化繁荣。合理的、有效的音乐版权保护与利用，有助于使音乐作品创造者和表演者通过市场化方式获得应得的经济收益。同时，版权本身是一种天然的垄断性权利，但版权权利人的分散通常不会导致市场垄断问题。近年来，随着数字网络技术的发展，国际上主要的跨国音乐巨头在某一特定国家通过版权独家许可合作安排，使该国的某一公司获取该国市场上所需要的大部分音乐作品的独占使用权，进而在该国数字音乐市场引起垄断问题的情况越来越多。这种现实情况，既不利于国内数字音乐经营者之间的合法竞争，也会损害国内广大音乐爱好者的合法利益，理应受到我国反垄断法的约束和规制。

一、数字音乐版权市场与独占许可

广义的音乐版权主要涉及三种类型的权利：一是音乐作品的著作权；二是音乐表演者的表演者权；三是音乐录制者的录音录像者权。音乐作品是指歌曲、交响乐等能够演唱或者演奏的带词或者不带词的作品。音乐作品的著作权由音乐作品的词作者和曲作者所享有。音乐作品的传播和欣赏，主要不是通过文字形式进行，而是通过表演或录音录像方式。经音乐作品著作权人许可，表演者（如歌星）表演音乐作品，那么表演者即可对其表演享有表演者权，即现场直播和公开传送其现场表演、录音录像，复制、发行录有其表演的录音录像制品，通过信息网络向公众传播其表演的排他性权利。经表演者和音乐作品著作权人许可，对表演者的表演首次进行录音录像的人，是录音录像制作者。录音录像制作者对其录音录像享有录音录像制作者权，即复制、发行、出租、通过信息网络向公众传播其录音录像并获得报酬的排他性权利。[1]

由于表演者表演的是作品，录音录像制作者录制的是作品的表演，无论是作品的表演，还是作品表演的录制，其相关权利均是来源于作品，且上述行为也均属于作品传播范畴，因此，表演者权和录音录像制作者权在我国和大陆法系国家通常被称为邻接权或有关权。同时，还需要注意的是美国对待音乐录音的做法与我国和大陆法系不同，美国版权法认为录音也可以具有独创性，因此，美国将录音（sound recordings）作为一类单独的作品进行保护。美国版权法规定，录音作

[1] 徐鹤薇，张雅光．论音乐作品的著作权保护［J］．行政与法，2012（9）：119-123.

品是指作为音乐、演讲或其他声音录制结果的作品，而不论该录音作品的存储物质（如磁盘、磁带或唱片等）的性质是什么，但是电影作品或视听作品的伴音不属于录音作品。

传统音乐版权市场主要可以划分为三类：一是音乐作品的原创市场；二是表演市场；三是录音或唱片市场。音乐作品原创市场，通常由分散的个体词曲作者组成。当然，唱片公司为了获取优质的原创歌曲，也有可能培养发展或雇用公司自己的原创词曲作家。音乐作品原创市场在音乐市场中居于上游位置，在国际上跨国音乐巨头通常会通过著作权转让、独占许可或普通许可的方式从分散的词曲作者那里获取海量的音乐作品著作权。由于每位词或曲作者的著作权在音乐整体市场上的著作权的影响极小，所以跨国音乐巨头单独收购特定的词曲著作权的行为，通常不会涉及市场垄断问题。

绝大部分音乐消费者主要的消费目的是欣赏音乐作品的表演，因此，音乐表演市场在音乐版权市场中占有重要的地位，也是文化产业市场的一个极为重要的组成部分。[1]表演者（包括表演组织者）一方面可以通过表演向观众提供现场的音乐享受服务，另一方面还可以通过录音或唱片等形式向消费者提供事后的音乐享受服务。录音或唱片市场则主要涉及唱片公司组织表演、录制唱片、复制发行唱片等行为。由于唱片公司需要整合词曲作者、表演者、录制者、发行者等各方面的力量和利益，因此，唱片公司一般在音乐市场中占据主导地位。同时，考虑到一首特定的歌曲可以由多位表演者分别进行表演和录音录像，一位表演者也可以对一首特定的歌曲进行多次表演和录音录像，因此，对特定歌曲的表演或录音录像，通常亦不会涉及反垄断问题。

---

[1] 林少坚．音乐表演专业发展市场前景浅析［J］．艺苑，2014（3）：105-106.

自 20 世纪 90 年代以来，随着互联网特别是移动互联网的发展，通过网络欣赏音乐的市场需求越来越大。在传统音乐市场之外，数字音乐市场应运而生并且发展迅猛。在数字音乐市场中，数字音乐服务提供者通过互联网向消费者分享音乐，具体方式主要有两种：一是通过网络向消费者提供音乐下载服务，使消费者通过网络可以获得音乐的电子复制件。消费者在获得电子复制件后，即可以不受网络连接的限制在其电子设备上播放音乐。音乐下载服务可以具体分为两种情况：一种是消费者下载的是可以永久保存且播放次数不受限制的电子复制件；另一种是消费者下载的电子复制件的保存期限受到限制或者该电子复制件的播放次数受到限制。二是通过网络直接向消费者提供音乐播放服务。网络直接向消费者提供音乐播放服务的技术，被称为流媒体技术，即数字音乐服务提供者通过网络向消费者实时连续传输音乐数据，消费者的电子设备接收到该音乐数据后实时播放该音乐。消费者的电子设备在播放音乐后即删除所收到的音乐数据，故此，通过流媒体技术提供音乐播放服务，不会使消费者的电子设备中保存相关音乐的永久复制件以供其再次欣赏。流媒体服务可分为如下两种情况：一是消费者可以自主选择时间、音乐作品等内容的交互性流媒体服务；二是消费者只能根据数字音乐服务提供者事先确定的时间表播放音乐的非交互性服务。[1] 事实上，数字音乐服务提供者通常会根据不同情况，针对不同人群提供上述所有方式的数字音乐服务。

传统音乐版权市场是数字音乐版权市场的基础。数字音乐版权市场需要传统音乐版权市场中的词曲著作权人、表演和录音录像权利人的许可才能合法地通过网络向消费者提供音乐。因此，在传统音乐市

[1] 刘家瑞．论美国数字音乐版权制度及启示［J］．知识产权，2019（3）：102-103.

场占有优势地位的音乐公司往往也可以在数字音乐市场获取市场主动权。由于跨国音乐集团在传统音乐市场通过企业并购提升市场占有率的行为率容易引起各国反垄断执法部门的关注，因此，近年来跨国音乐集团开始寻找迂回路径，以达到垄断某个单一国家数字音乐市场之目的。其中的一个主要的迂回路径就是“独占许可”。版权许可方式主要可以分为三类：一是一般许可，二是排他许可，三是独占许可。版权一般许可，是指版权人在签订许可协议许可被许可人使用其作品之后，版权人自己仍然有权使用其作品，同时，还有权向第三人再次发放使用许可。版权排他许可，是指版权人在签订许可协议许可被许可人使用其作品之后，版权人自己虽然仍有权使用其作品，但是，版权人不得再向第三人颁发使用许可。这样，在版权排他许可情况下，就只有一个被许可人和版权人可以使用该音乐作品。版权独占许可，则比排他许可更进一步，版权人在签订许可协议许可被许可人使用其作品之后，版权人不仅不能再许可第三人使用其作品，同时，版权人自己也不得再使用其作品。在版权独占许可情况下，就只有一个被许可人才可以使用该音乐作品，而包括版权人在内的其他所有人则均不能再使用该音乐作品。由上述三种版权许可方式的分析可见，版权排他许可，特别是版权独占许可具有严格的版权锁定效果。对于在数字音乐版权市场中发生的有一定影响的版权独占许可，需要从反垄断法角度审视其对正常市场竞争的影响。

二、数字音乐版权独占许可与垄断协议

垄断协议是市场主体之间达成或作出的具有排除或限制竞争效果的协议、决定或者其他协同行为。垄断协议可以分为横向垄断协议和

纵向垄断协议。横向垄断协议是指具有竞争关系的经营者所达成或共谋作出的涉及固定或变更商品价格、限制商品的生产数量或销售数量、分割销售市场或原材料采购市场、联合抵制交易等具有排除或限制竞争效果的协议或行为。纵向垄断协议是指具有上下游关系的经营者与交易相对人达成或共谋作出的涉及固定向第三人转售商品的价格、限定向第三人转售商品的最低价格等具有排除或限制竞争效果的协议或行为。

由于市场主体之间的垄断协议的目的本身就在于排除或限制竞争，因此，国际上原则上将垄断协议视为违法行为，即适用“本身违法”原则。例如，《欧盟运行条约》第 101 条第 2 款就明确规定，任何具有如下意图的协议均属无效：固定购买价格、销售价格或其他交易条件；限制生产、市场、技术进步或投资；分割市场或供应资源；在相同的交易环境下对不同的交易对象适用不同的交易条件，从而使他们处于不利的竞争地位；对交易对象附加与交易本身无关的义务。当然，考虑到垄断协议除了具有排除、限制竞争目的之外，在某些情况下还具有市场竞争所需要的正当的目的，因此，各国反垄断法通常会规定某些豁免。例如，我国《反垄断法》第 15 条即规定，具有下列情形之一的，不构成非法垄断：为改进技术、研究开发新产品的；为提高产品质量、降低成本、增进效率，统一产品规格、标准或者实行专业化分工的；为提高中小经营者经营效率，增强中小经营者竞争力的；为实现节约能源、保护环境、救灾救助等社会公共利益的；因经济不景气，为缓解销售量严重下降或者生产明显过剩的；为保障对外贸易和对外经济合作中的正当利益的；法律和国务院规定的其他情形。

在传统音乐市场，每个市场主体所拥有的音乐版权各不相同，具有显著的差异性，消费者对某首特定歌曲的选择并不会因音乐版权权属的变化而发生变化。同时，由于音乐版权的特殊性，基本上不可能对音乐版权进行准确的价值评估，而市场主体之间进行共谋行为，特别是价格共谋行为的前提就是要对共谋的标的进行恰当的估值，只有各市场主体明确知晓自己及对方投入共谋标的的价值，市场主体才能确定自己参与共谋是否有利可图，进而决定是否加入共谋。因此，一般情况下，传统音乐市场中的市场主体之间达成垄断协议，特别是进行价格共谋行为的经济动力并不充足。由于在传统市场中垄断协议的真正实施非常困难，因此，无论竞争对手如何选择，市场主体的最好选择通常还是竞争。而在由传统市场引发的新兴市场中，特别是在涉及信息网络的新兴市场中，由于这样的新兴市场具有“重复参与”和便捷的“信息交换”性质，所以，这样的价格共谋或卡特尔就具有现实的稳定性并有利可图。如果进入卡特尔门槛较低，并且该卡特尔因为参与市场主体越来越多而可以产生更多的利润，那么反过来该卡特尔就可以吸引更多的新的竞争者加入；这样，该卡特尔就会滚雪球式地增长。[1]

数字音乐市场是适合传统的跨国音乐巨头达成垄断协议的理想新兴市场。数字音乐市场需要传统跨国音乐巨头提供合法的音乐版权才能够健康发展。特别是在我国知识产权保护水平明显加强、政府和民众对盗版的容忍度越来越低、数字音乐盗版的监测效率越来越高的情况下，数字音乐市场中的经营者必须拥有合法版权才能行稳致远。[2]跨国音乐巨头之间虽然在传统音乐市场达成垄断共谋的可能性很小，但是他们在特定国家的数字音乐市场达成垄断共谋却极有可能发生。跨

---

❶ 基斯·希尔顿．反垄断法经济学原理和普通法演进［M］．赵玲，译．北京大学出版社，2009：55-57.

❷ 蒋涵．互联网环境下的音乐版权保护［J］．知识产权，2016（7）：117-119.

国音乐巨头要想快速进入特定国家的数字音乐市场，通常需要借助该国已经存在的数字音乐平台。跨国音乐集团向特定国家已经存在的数字音乐平台颁发音乐版权许可的方式主要有以下三种情况。

第一，多对多的一般许可。如果跨国音乐巨头以一般许可的方式将音乐版权分别许可给该特定国家的多个数字音乐平台，那么由于该国存在多个拥有相同音乐版权的数字音乐平台，这些数字音乐平台之间由于存在严重的同质化竞争，因此，这些数字音乐平台为了吸引国内消费者必然会尽力压低其销售价格，进而也会带动音乐版权购买价格的走低；当然，这样的充分市场竞争也会使国内消费者利益最大化。同时，在多对多的一般许可情况下，该国不同的数字音乐平台可以分别同时从跨国音乐巨头处获取特定音乐版权使用许可。因此，只要跨国音乐巨头向该国数字音乐平台发放的音乐版权一般许可的条件不具有歧视性，那么就不会存在非法垄断问题。

第二，多对多的独占许可。如果不同跨国音乐巨头 A、B、C 单独向不同的国内数字音乐平台 X、Y、Z 颁发音乐版权的独占许可，由于国内数字音乐平台 X、Y、Z 分别拥有不同歌曲的音乐版权，因此，他们之间在国内数字音乐市场中针对某首特定歌曲并不存在相互竞争。在这种情况下，国内数字音乐平台 X、Y、Z 虽然仅能分别单独使用 A、B 或 C 曲库中的音乐，即 X 不能使用 B 或 C 曲库中的音乐，Y 不能使用 A 或 C 曲库中的音乐，Z 不能使用 A 或 B 曲库中的音乐，但是只要 A、B 或 C 的各自单独的曲库在市场中不占有优势地位，那么 X、Y、Z 在该国国内的竞争就主要表现在各自曲库大小、歌手、音质效果等方面的竞争；在一般情况下，这种竞争可以控制在合理的限度之内。

第三，多对一的独占许可。如果不同的跨国音乐巨头 A、B、C 分别将其音乐版权独占许可给国内的某个数字音乐平台 X，使 X 可以在该国独占全部数字音乐市场，那么A、B、C向X颁发独占许可的行为虽然从表面上看是分别进行的，但在本质上可以视为一种特殊形式的垄断协议。我国《反垄断法》第13条规定："禁止具有竞争关系的经营者达成下列垄断协议：（一）固定或者变更商品价格；（二）限制商品的生产数量或者销售数量；（三）分割销售市场或者原材料采购市场；（四）限制购买新技术、新设备或者限制开发新技术、新产品；（五）联合抵制交易；（六）国务院反垄断执法机构认定的其他垄断协议。"由于这种多对一的独占许可一般会涉及固定独占许可价格事项，同时，这种多对一的独占许可必然会在客观上导致国内的其他数字音乐平台（如Y和Z）不能再从这些跨国音乐巨头那里获得音乐版权许可，所以，多对一独占许可既有可能涉嫌固定价格垄断协议，还更有可能构成联合抵制垄断协议。

三、数字音乐版权独占许可与经营者集中

经营者集中是指经营者通过合并、购买股权或资产等方式，引发或强化独立市场力量间联系的行为。经营者集中的实质在于原来在市场上相互独立的经营者之间的控制关联关系发生变化。《反垄断法》之所以要对经营者集中进行规制，主要原因在于在经营者集中之前，各经营者之间相互独立、相互竞争，不会对其他竞争者造成正常市场竞争之外的影响，也有利于通过市场配置资源；而在经营者进行集中之后，会使原来相互独立的经营者之间的控制关系发生变化，进而导致市场结构的变化，从而对市场中的其他主体和市场整体竞争环境产生

严重影响。❶

根据我国《反垄断法》的规定，经营者集中主要有三种情况：一是狭义的经营者合并，即两个或两个以上的经营者通过吸收合并或新设合并的方式最终形成一个市场主体的行为。二是经营者通过取得股权或者资产的方式取得对其他经营者的控制权，即收购企业与被收购企业在不改变各自法律主体资格的前提下，通过改变股权或资产的方式取得对被收购企业的实际控制，进而使收购企业与被收购企业成为事实上的同一主体，但这种事实上的同一主体在法律上看却是两个经营者各自作为独立的市场主体从事经营活动。三是两个或两个以上的经营者在保留各自独立法人资格的前提下，通过合同等方式形成控制与被控制的关系。❷

各国历来重视新兴市场中的新兴市场主体与传统优势主体之间的集中行为。20世纪早期，一种能够自动演奏乐曲的装置——钢琴卷（Piano roll）成为美国家庭欣赏音乐的一种重要方式，并在当时形成了一个新兴市场。在钢琴卷技术出现之前，美国版权法不可能通过立法方式给予音乐作品权利人利用钢琴卷自动演奏音乐的排他性权利，同时，美国法院在钢琴卷应用早期也通过判例认为人们不能在正常情况下浏览或阅读钢琴卷中反映的音乐作品，故钢琴卷不能构成版权法意义上的复制。在这种背景下，钢琴卷制造商奥理安（Aeolian）公司预测美国国会将会通过立法给予音乐作品权利人利用钢琴卷演奏音乐的排他性权利——即音乐作品机械复制权，故通过合同方式积极购买该项权利。由于奥理安公司在购买音乐作品机械复制权时，该项权利尚未由美国国会立法明确，因此，奥理安公司的收购价格极为低廉，并

---

❶ 叶军．经营者集中法律界定模式研究［J］．中国法学，2015（5）：223-247.

❷ 孟雁北．反垄断法［M］．2版．北京大学出版社，2017：185.

迅速积累了大量音乐作品的相关权利。美国国会在立法时既考虑到了给予音乐作品版权人机械复制权的必要性，同时，为了反垄断目的又对该项权利进行了限制，即允许其他市场主体通过法定许可的方式对音乐作品进行机械复制。[1]

虽然有学者根据奥理安公司在当时并未控制绝大多数市场份额且该公司在多年之前就已经不复存在的事实而对法定许可的必要性怀有疑问，但是，对该事实亦可以有另外一种解读：正是因为美国国会设计了音乐作品机械复制权的法定许可制度，才导致奥理安公司先前所收购的独占性权利在钢琴卷市场变得无效，其他的钢琴卷厂商可以不必受到竞争对手奥理安公司的制约而通过法定许可制度合法地制造、销售钢琴卷。这种制度设计，既保证了音乐作品权利人可以获得合理的利益，又促进了钢琴卷市场竞争主体之间的公平竞争，带动了整个钢琴卷市场的繁荣。

2018 年，为了进一步适应数字音乐市场的挑战，美国通过了《音乐现代化法案》。《音乐现代化法案》是过去 10 年美国国会通过的第一部版权实体立法。该法案主要从以下两个方面对美国原版权法作出了修改：第一，通过流媒体服务的方式使用音乐作品的行为将会通过格式使用费协议安排的方式获得报酬。美国的格式使用费协议安排类似于我国的法定许可制度，即音乐版权人不得拒绝他人通过流媒体服务的方式使用音乐作品，流媒体服务提供者使用音乐作品需要与音乐版权人协商使用费的计算标准或按照版权人事先公布的标准支付使用费，如果使用者与版权人不能就使用费支付问题达成一致，则可以提交版权法官裁决。第二，参与音乐制作并对音乐具有独创性贡献的制作师、

[1] 刘家瑞．论美国数字音乐版权制度及启示［J］．知识产权，2019（3）：87-104.

音响师或者音乐工程师，有权就通过网络或卫星服务播放音乐的行为获取报酬，其获得报酬的权利亦通过类似法定许可的方式实现。

由于《音乐现代化法案》允许数字音乐服务提供者通过类似法定许可的方式使用音乐作品，在数字音乐服务提供者同意支付使用费的前提下，音乐作品著作权人或独家许可使用权的拥有者并不能禁止数字音乐服务提供者通过网络方式分享音乐作品。因此，《音乐现代化法案》从法律上基本排除了美国数字音乐平台通过独占许可方式在音乐版权市场获得垄断地位的经济动力。而且，即使美国数字音乐平台通过独占许可方式在音乐版权市场进行集中获得了垄断地位，由于上述准法定许可的存在，该数字音乐平台对数字音乐市场竞争的影响也极为有限。这或许也是近年来美国反垄断执法机构对音乐版权市场关注比较少的一个原因。

我国《著作权法》第42条第2款规定："录音制作者使用他人已经合法录制为录音制品的音乐作品制作录音制品，可以不经著作权人许可，但应当按照规定支付报酬；著作权人声明不许使用的不得使用。"该条是我国音乐作品法定许可的规定，根据该条规定，我国音乐作品使用者适用法定许可的条件有三：第一，音乐作品著作权人未声明不得使用。因此，如果音乐作品著作权人明确声明他人未经许可不得使用其作品，那么使用者即不得再通过法定许可的方式使用该音乐作品，这也是如果我国某个数字音乐平台获得了某首音乐的独家使用权之后其他数字音乐平台必须下架该首音乐的根本原因。第二，音乐作品必须在已经被合法地录制为录音制品之后才能适用法定许可。质言之，即使词曲作品已经被公开发表了，甚至被合法地公开表演了，但如果词曲作品尚未经著作权人和表演者同意被合法地制作为录音制品，那么其他使用者也不能主张适用法定许可。第三，使用者通过法定许可的方式使用音乐作品，需要按规定向著作权人支付报酬。

需要注意的是，虽然我国《著作权法》也对音乐作品规定了法定许可制度，但是我国音乐作品法定许可制度与美国音乐作品法定许可制度有着明显区别。对于词曲作品的法定许可，美国并未规定著作权人有反对的权利，因此，在美国即使词曲作品被汇集到一家音乐公司，但不会妨害其他公司通过付费方式使用该词曲作品。而在我国，如果词曲作品著作权人或独占被许可人希望独占该词曲的使用，那么其他数字音乐平台即使同意向著作权人支付使用费并自己聘请歌唱家演唱及录制该词曲作品也会构成侵权。我国《著作权法》规定的法定许可仅是对已经合法录制为录音制品的音乐作品再次制作录音制品的法定许可，即在著作权人不反对的情况下，其他数字音乐平台可以使用已经被合法录制为录音制品的音乐作品制作录音制品。同时，根据最高人民法院的裁判指导案例，音乐法定许可的使用者还可以将其制作的录音制品对外发行。[1]但是，音乐法定许可的使用者是否可以将其制作的录音制品通过互联网传播，尚存在较大争议。同时，我国数字音乐平台通过网络传播他人合法制作的音乐录音制品，亦不得适用法定许可，而直接属于侵权行为。而根据美国版权法，美国数字音乐平台不仅可以以法定许可的方式自己制作和通过网络传播他人享有版权的非戏剧音乐词曲作品，而且可以根据准法定许可制度以流媒体方式向公众传播他人合法制作的音乐录音。

正是因为我国目前尚无符合音乐作品使用和传播规律的法定许可制度设计，跨国音乐巨头通过独占许可方式进行音乐版权集中才会在我国产生明显的反竞争效果。具体到上述多对一的独占许可情况，跨

---

[1] 王迁．论“制作录音制品法定许可”及在我国《著作权法》中的重构［J］．东方法学，2011（6）：50-58.

国音乐巨头 A、B、C 分别将其音乐版权独占许可给国内的某个数字音乐平台 X，从跨国音乐巨头 A、B、C 的角度进行观察，他们的行为可能构成垄断协议；而如果从国内数字音乐平台 X 的角度进行观察，X 的行为则会涉嫌构成经营者集中。由于跨国音乐巨头的核心资产就是音乐作品的著作权，而音乐作品的著作权又具有明显的地域性特点，因此，X 从 A、B、C 处购买音乐作品国内版权的独占使用权，本质上就是 X 收购了 A、B、C 在国内的核心资产。X 的收购行为虽然由于仅涉及国内版权，可能并不会对国外音乐市场构成影响，但是在国内却有可能产生明显的反竞争效果。需要注意的是，虽然 X 购买的版权独占许可并非版权本身，但是由于知识产权独占许可具有排他性效果，因此，各国对于市场主体获得知识产权独占许可的行为亦认为属于经营者集中的审查范围。[1]

事实上，国家有关部门已经关注到版权独占许可对数字音乐市场的潜在危害，并在采取措施避免发生反竞争后果。2017 年 9 月，国家版权局专门针对数字音乐版权问题，分别约谈了数字音乐服务商和境内外音乐公司主要负责人，要求促进数字音乐全面授权、广泛传播，不得哄抬价格、恶性竞价，避免采购和授予独家版权。[2] 国家版权局作为版权行政管理部门，从著作权管理的角度对数字音乐市场主体进行了行政指导，对于规范数字音乐市场主体的竞争行为具有重要意义。同时，对于符合我国经营者集中申报标准的数字音乐版权独占许可行为，反垄断执法部门亦应加强审查，对于应申报而未申报的经营者集

---

[1] 李慧颖．论与知识产权有关的经营者集中［J］．电子知识产权，2007（7）：23–26.

[2] 倪伟．国家版权局约谈数字音乐服务商及音乐公司，避免采购和授予独家版权［EB/OL］．(2017–09–14)［2021–01–12］．http://www.bjnews.com.cn/news/2017/09/14/458011.html.

中行为则应加强执法和处罚。当然，由于互联网行业的特殊性，在判断数字音乐市场集中行为的违法性时，不仅需要考虑传统行业集中行为的判断因素，同时，还必须考虑数字音乐市场中的核心知识产权、技术创新和新兴产业发展等新因素的影响。[1]

四、数字音乐版权独占许可与滥用市场支配地位

市场主体取得市场支配地位的原因有多种，有的是因为企业的创新和远见卓识，如微软公司凭借其在操作系统领域的著作权在世界软件市场中占据了优势地位，又如百度公司通过其市场经营和创新在我国搜索市场中所拥有的垄断地位；而有的可能来自政府的直接授权，如我国烟草公司对烟草行业的专营，这种市场支配地位当然是合法的。因此，反垄断法并不反对市场主体通过自身的正常发展在市场中取得市场优势或市场支配地位。但是，反垄断法禁止市场主体在取得市场优势后不正当地利用或滥用其市场支配地位。[2]

我国《反垄断法》第 17 条规定的具有市场支配地位的市场主体滥用市场支配地位的行为有 7 种：第一，以不公平的高价销售商品或者以不公平的低价购买商品；第二，没有正当理由，以低于成本的价格销售商品；第三，没有正当理由，拒绝与交易相对人进行交易；第四，没有正当理由，限定交易相对人只能与其进行交易或者只能与其指定的经营者进行交易；第五，没有正当理由搭售商品，或者在交易

---

❶ 叶明．互联网经济对反垄断法的挑战及对策［M］．法律出版社，2019：110-111.

❷ 王晓晔．禁止滥用市场支配地位——《反垄断法》释义之三［J］．中国商界（上半月），2008（1）：26-27.

时附加其他不合理的交易条件；第六，没有正当理由，对条件相同的交易相对人在交易价格等交易条件上实行差别待遇；第七，国务院反垄断执法机构认定的其他滥用市场支配地位的行为。由此可见，在判断市场主体是否滥用市场支配地位时，并不适用“本身违法”原则，而是应当适用“合理性”原则。质言之，即使具有支配地位的市场主体作出了掠夺定价、拒绝交易、限定交易、捆绑交易、差别待遇等法律所规定的行为，但还必须考量这些行为是否具有市场合理性，只有在没有合理理由的情况下，这些行为才属于反垄断法意义上的非法垄断行为。

在数字音乐市场“多对一”独占许可情况下，如果国内某个数字音乐平台获得了大部分市场所需要的音乐版权的独占使用权，那么该数字音乐平台就有可能在国内数字音乐市场拥有市场支配地位，并进而涉及市场支配地位滥用问题。在认定数字音乐平台的市场支配地位时，需要考虑互联网产业的特殊性。与传统产业相比，互联网产业具有以下特征：一是网络效应，即一个用户使用某种产品或服务所获得的效用会随着使用该产品或服务的用户人数的增加而增加的现象。二是锁定效应，即网络用户从一个产品或服务转移到另一个产品或服务的转移成本很高，从而使用户对产品或服务的使用越多越难以退出。三是兼容性与标准化。互联网企业要想更好地满足用户需求，必须不断协调不同互联网企业的各种产品或服务之间的关系，这就需要数据的兼容性和技术的标准化。[1]

互联网产业的上述特征，使得数字音乐平台市场支配地位认定的考量因素发生了显著变化。在传统产业中，市场支配地位的认定以市

---

[1] 刘佳．互联网产业中滥用市场支配地位法律问题研究［M］．人民出版社，2018：26-30.

场份额为主；而在数字音乐市场中，市场支配地位的认定除了要考查市场份额之外，还应重点考虑数字音乐平台的用户数量、音乐版权数量及占有率等情况。[1]特别是由于版权本身就具有法定的排他性效力，如果数字音乐平台所获得音乐版权（包括版权所有权和版权独占使用权）数量超过了市场所需要的50%以上，那么通常就应直接认定该平台拥有市场支配地位。

版权作为知识产权，是一种法定的排他性权利。通常情况下，版权权利人有权拒绝许可他人使用其版权作品，这是版权权利人依据《著作权法》所享有的合法权利。《反垄断法》第55条规定："经营者依照有关知识产权的法律、行政法规规定行使知识产权的行为，不适用本法；但是，经营者滥用知识产权，排除、限制竞争的行为，适用本法。"由此可见，版权权利人在行使其版权时如涉嫌滥用知识产权排除、限制竞争，亦应受到《反垄断法》的规制。

在数字音乐市场，数字音乐平台滥用市场支配地位主要涉及"必需设施"理论。反垄断法意义上的"必需设施"，也被称为"必要设施"或"核心设施"，是指基于地理、法律或经济上的原因其他竞争者无法或者非常难以复制的且竞争者进行市场经营所必需的设施。在"必需设施"理论中，当一个设施被认定为"必需"之后，设施的拥有者就在一定程度上需要承担以合理条件开放使用的义务，而不得拒绝交易。这在反垄断理论与实践上具有非常重要的意义。因为在"必需设施"理论下，设施的拥有者将不再具有契约自由的权利，市场被完

---

[1] 贾东明. 数字音乐独家版权反垄断规制的路径探析［J］. 法制与社会，2019(34)：32-33，42.

全封闭的状况也将因此而大为改善。[1]

国家市场监督管理总局发布的《禁止滥用市场支配地位行为暂行规定》第16条规定，具有市场支配地位的经营者拒绝交易相对人在生产经营活动中以合理条件使用其必需设施，属于滥用市场支配地位。在认定经营者滥用市场支配地位时，应当综合考虑以合理的投入另行投资建设或者另行开发建造该设施的可行性、交易相对人有效开展生产经营活动对该设施的依赖程度、该经营者提供该设施的可能性及对自身生产经营活动造成的影响等因素。在数字音乐市场中，具有市场支配地位的数字音乐平台X因为拥有该市场所需要的大部分音乐版权，那么在这种情况下，其他竞争者如果要合法地开展数字音乐服务，则必须使用X所拥有的音乐版权，否则其他竞争者就难以合法地开展数字音乐服务。质言之，X所拥有的音乐版权是其他竞争者进入数字音乐市场的必要条件，同时，也是其他竞争者难以复制的条件，即其他竞争者基本上没有另行获取相应音乐版权的可能性。因此，在这种情况下，数字音乐平台X所拥有的音乐版权就会构成数字音乐发展的“必需设施”，数字音乐平台X如拒绝以合理的条件向其他竞争者颁发音乐版权许可，则可以构成滥用市场支配地位。

还需注意到，由于数字音乐市场属于轻资产市场且市场主体可以通过版权独占许可的方式迅速转移其主要资产，加之数字音乐市场主体的市场份额计算难度较大且变化较快，因此，认定某个市场主体在数字音乐版权市场具有支配地位会很困难。与此同时，通过独占许可方式汇集巨量数字音乐版权的市场主体又确实可能滥用其市场地位，破坏正常的市场竞争，在这种情况下，如何对之进行有效规制，则是

---

[1] 李剑．反垄断法中核心设施的界定标准——相关市场的视角［J］．现代法学，2009，31（3）：69-81.

一个亟待解决的问题。

2016年2月，原国务院法制办[1]公布了《反不正当竞争法（修订草案送审稿）》向社会公开征求意见。该修订草案引入了“相对优势地位”概念，其第6条规定：“经营者不得利用相对优势地位，实施下列不公平交易行为：（一）没有正当理由，限定交易相对方的交易对象；（二）没有正当理由，限定交易相对方购买其指定的商品；（三）没有正当理由，限定交易相对方与其他经营者的交易条件；（四）滥收费用或者不合理地要求交易相对方提供其他经济利益；（五）附加其他不合理的交易条件。”“相对优势地位”概念是对“市场支配地位”概念的补充，对于维护市场公平竞争具有重要意义。[2]虽然由于各种原因《反不正当竞争法》最终未正式引入“相对优势地位”理论，但是，该理论对于解决数字音乐市场版权独占许可问题却具有启发意义。例如，我国《价格法》第14条第5项规定，经营者提供相同商品或者服务，不得对具有同等交易条件的其他经营者实行价格歧视。经营者之所以可以进行价格歧视，根本原因在于该经营者具有市场支配地位或相对优势地位。因此，拥有相对优势地位的数字版权所有者如果在向其他数字音乐平台颁发版权许可时实行价格歧视，那么受损害方则可以根据《价格法》寻求救济。

数字音乐市场经过最近几年的发展，已经成为我国最具活力、发展最迅速的市场之一。在数字音乐市场快速发展繁荣的同时，数字音乐市场上的参与者、竞争者应在法律的限度内进行公平竞争。如果音

---

[1] 根据第十三届全国人民代表大会第一次会议关于国务院机构改革方案的决定，将司法部和国务院法制办公室的职责整合，重新组建司法部，作为国务院组成部门，不再保留国务院法制办公室。——编辑注。

[2] 王晓晔．论滥用“相对优势地位”的法律规制［J］．现代法学，2016，38（5）：79-92.

乐公司、数字音乐平台意图利用不合理、不合法的方式获取或滥用数字音乐市场垄断地位，则不利于我国数字音乐市场的正常竞争，进而使广大消费者不能获取优质的、价格合理的音乐作品，同时，也理应受到我国《反垄断法》的约束和规制。在适用《反垄断法》时，反垄断执法部门和人民法院应当充分考虑数字音乐版权市场的特点，对垄断协议、市场集中和滥用市场支配地位行为进行判断和认定。另外，为了促进数字音乐市场的健康发展，我国亦有必要考虑建立类似于美国的法定许可制度，使得数字音乐平台可以以法定许可的方式使用已经发表的音乐作品。[1]这样，既可以有效保护音乐作者和数字音乐消费者的合法权益，又可以最大限度地有效解决数字音乐市场的垄断问题。

第五节　数字平台与反垄断

随着信息技术、互联网、人工智能等现代技术在经济生活中的广泛应用，信息网络技术和人工智能技术已经日益成为科技研发、生产制造、生活消费的基础性工具，数字经济、共享经济等新经济、新业态蓬勃发展。在这一背景之下，融合生产者、销售者和消费者等各方数据和资源的数字平台不断涌现。在数字经济的网络效应和集中效应的不断推动下，一些数字平台已经快速发展为超级平台。这些超级数字平台对于国计民生和市场经济竞争的影响和作用越来越大，因此，各国在最近几年开始特别关注数字平台的反垄断问题。

---

[1] 17 U.S.C. §§ 115（a）.

一、数字平台反垄断的原因

数字产业的蓬勃发展，离不开公平竞争的市场环境，正是竞争造就了日新月异的平台经济。平台经济的竞争，并非无序竞争，而必须在法律允许的范围内进行公平竞争，因此，虽然平台经济是一个新生事物，但是平台经济绝非反垄断的法外之地。当前在平台经济领域加强反垄断，有其历史逻辑、现实逻辑和理论逻辑。

数字平台反垄断的历史逻辑在于平台经济发展初期需要较为宽容的反垄断政策。反垄断法是市场经济的“宪法”，对于防范优势企业滥用市场优势地位等野蛮竞争的行为具有重要意义。任何新生的产业或经济业态，均需要较为宽松的反垄断政策，以便培育和形成该产业内的优势企业，进而带动整个新业态的发展。平台经济始于 20 世纪 90 年代。随着互联网的诞生和快速发展，门户网站、搜索引擎、电子商务、社交网络、视频分享、操作系统、云计算等各种数字服务平台不断涌现，并且在宽松的反垄断政策和资本市场的加持之下迅速做大做强。

数字平台反垄断的现实逻辑是一些数字平台已经成为市场经济中的“巨无霸”企业，国民经济、人民生活对这些数字平台的依赖日益加深。根据普华永道公司报告，2020 年全球市值最高的上市公司前十名分别是沙特阿美、微软、苹果、亚马逊、ALPHABET、阿里巴巴、脸书、腾讯、伯克希尔和强生。[1]上述 10 家公司中，至少有 7 家公司属于平台企业。由此可见，伴随着网络经济的快速发展，一些数字平

[1] 新经济观察者 . 2020 年全球市值百强发布，微软和苹果让出榜首，阿里和腾讯进十［EB/OL］.（2020-07-07）［2021-01-12］.https：//baijiahao.baidu.com/s? id=1671524200454933976&wfr=spider&for=pc.

台企业获取了大量的投资和资源，已经成为全球市场中的龙头企业。与此同时，这些大型数字平台掌握着数以亿计的消费者和大量的中小企业、政府机构、科研事业等单位的身份、产品、服务和交易等关键数据，为各市场主体之间的交易进行撮合和服务。因此，至少对这些超级数字平台再执行宽松的反垄断政策已经与平台经济发展现实不相吻合。

数字平台反垄断的理论逻辑在于反垄断理论的创新，多边市场、轴辐协议等理论在数字经济反垄断实践中日益受到重视。平台经济与传统经济业态的显著差别就是平台市场涉及多方主体，业务类型复杂、竞争动态多变。平台经济的多边市场性质现象是其最为显著的特征之一，同时也对传统的相关市场界定带来了前所未有的挑战。在反垄断法领域，给予互联网多边平台一个明确的定位并及时针对其特点适时更新竞争规则就具有了突出的重要性。[1]正是得益于反垄断理论的不断创新，平台反垄断立法与执法实践才不断地向前稳步发展。

二、数字平台反垄断的目标

数字平台反垄断并非为了限制数字平台或数字经济的发展，其根本目的在于通过预防和制止互联网平台经济领域垄断行为，保护数字市场公平竞争，维护消费者利益和社会公共利益，进而促进数字经济的持续健康发展。具体而言，数字平台反垄断应致力于达到以下三个目的。

一是营造公平竞争的市场环境。平台经济虽然仍然属于新兴产业，

---

[1] 吴启迪．多边市场条件下互联网行业竞争规则适用研究：以相关市场界定为中心［J］．北京政法职业学院学报，2017（2）：87-93.

但是随着其逐渐步入稳步发展阶段，主要适用于传统产业、传统领域的反垄断政策、基本制度、规制原则和分析框架亦应一视同仁地适用于平台经济领域的所有市场主体。同时，还应根据平台经济的发展状况、发展规律和自身特点，强化数字市场的竞争分析和法律论证，不断加强和改进反垄断监管，增强反垄断执法的针对性、科学性。在平台经济领域加强反垄断执法，尤其应着力预防和制止超级数字平台排除、限制竞争的垄断行为，维护平台经济领域公平竞争、开放包容的发展环境，降低中小数字平台和中小经营企业的市场进入壁垒，促进更多主体进入市场公平有序参与竞争。

二是激发市场主体的创新创造活力。在平台经济领域，应通过反垄断监管，发挥平台经济对供给侧与需求侧进行高效匹配，以降低交易成本、发展新兴市场，进而推动资源配置优化、技术进步、效率提高，支持和促进实体经济发展。同时，还应密切关注市场中出现的新趋势、新问题，重点防范超级数字平台凭借数据、技术、资本优势造成的竞争失序风险，鼓励超级数字平台发挥和承担其作为市场看门人的作用和责任，引导并激励平台经营者将更多资源用于技术革新、质量改进、服务提升和模式创新；防止非法垄断行为抑制平台经济创新发展和经济活力，有效激发全社会创新创造动力，构筑经济社会发展新优势和新动能。

三是维护平台各方合法利益。平台经济发展涉及多方主体，包括超级数字平台、中小数字平台、平台内经营者、平台内消费者等。平台经济反垄断绝非要抑制超级数字平台的正常发展，而是要防范超级数字平台无序野蛮发展及滥用市场支配力量。因此，对于超级数字平台既要加强反垄断执法，使其在法律的框架内运营和发展，还要根据超级数字平台的特点，赋予其必要的作为市场看门人的相关权利，使之能够配合政府相关部门共同维护市场的公平竞争环境。中小数字平台是平台经济的新进入者，对于平台经济的市场竞争具有重要补充作用。因此，在进行反垄断监管时，一方面应防范中小数字平台与超级数字平台的垄断协议或合谋行为，另一方面更应注重防范超级数字平台利用其优势地位非法打压中小数字平台的行为。平台内经营者对数字平台，特别是超级数字平台具有高度的依赖性。反垄断政策应充分考虑这种特殊性，着力维护平台内经营者和消费者等各方主体的合理合法权益，使全社会能够共享平台技术进步和经济发展成果，实现平台经济整体生态和谐共生和健康发展。

三、数字平台反垄断的未来趋势

反垄断法规制的垄断行为主要包括垄断协议、滥用市场支配地位和具有排除、限制竞争效果的经营者集中等三类行为。随着数字经济规模的不断扩大，平台竞争已经成为反垄断监管的核心领域，未来在平台领域的经营者集中、垄断协议和滥用市场支配地位均会受到反垄断政策的重点关注。具体而言，数字平台反垄断将可能有如下发展趋势。

第一，在经营者集中方面，超级数字平台的并购行为将会受到反垄断的重点监管。事实上，超级数字平台针对与其具有竞争关系且处于较弱势地位的竞争对手的一个主要竞争策略就是收购。2020 年 7 月美国国会对脸书进行反垄断质询的一个主要问题就是该公司收购照片墙（Instagram）公司。根据美国国会提出的证据，脸书在讨论收购照片墙问题时，该公司 CEO Zuckerberg 在一封内部邮件中表示：照片墙可能会对脸书造成“极大破坏”，是一个潜在的竞争者，这是其收购动机的一部分。[1]

2020 年 12 月，我国国家市场监督管理总局对阿里巴巴收购银泰商业、阅文集团收购新丽传媒和丰巢网络收购中邮智递等三起经营者集中案作出了行政处罚。该处罚之所以引起广泛关注，一个重要原因就是反垄断执法机构首次明确将互联网可变利益实体架构（即 VIE 架构）纳入了经营者集中的监管框架之中。通过 VIE 架构，离岸公司根据其投资设立的外商独资企业与境内业务实体签订一系列协议，可以成为境内公司的实际受益人和资产控制人。[2]VIE 架构是当前我国大型互联网企业在收购其他企业时普遍采取的方式，我国反垄断执法部门在此之前对涉及 VIE 架构企业之间的集中行为并无明确态度；而国家市场监督管理总局通过这次对阿里巴巴、阅文集团、丰巢网络等公司的处罚，明确了应进行申报和接受审查的经营者集中的范围，对于强化数字平台并购行为的反垄断监管具有重要意义。

第二，在规制滥用市场支配地位方面，市场支配地位的认定将更加灵活、更加符合数字平台反垄断的实际需要。随着数字经济的快速发展，超级数字平台利用其在上游市场的优势地位而在下游市场打压同类竞品的行为越来越多。根据传统的反垄断理论，规制滥用市场支配地位行为的前提是界定相关市场和认定市场支配地位。但是，由于平台经济通常属于多边市场，如果按照传统理论对相关市场进行准确界定及对市场支配地位进行具体认定经常会遇到难以逾越的障碍，进而不能及时、有效地打击超级数字平台滥用市场支配地位的行为。

---

[1] FUNG B. Congress grilled the CEOs of Amazon，Apple，Facebook and Google［EB/OL］.（2020-07-30）［2021-01-12］.https：//www.cnn.com/2020/07/29/tech/tech-antitrust-hearing-ceos/index.html.

[2] 荣倩．海外上市中 VIE 架构初探［J］．公民与法（法学版），2013（7）：62-64.

为了应对这种情况，近年来各国、各地区纷纷提出针对性措施，以便于对超级数字平台反竞争行为的打击。2020年12月，欧盟提出了《欧盟数字市场法（草案）》，该草案主要目标是通过规制具有看门人地位的超级数字平台以确保数字市场的公平竞争。根据该草案规定，如果一个数字平台面向三个以上欧盟成员国提供服务，并且年度营业额超过65亿欧元或者市值超过650亿欧元，且在欧盟的月活终端用户达到4500万人次、年活商业用户超过1万人次，那么就可以推定认为该数字平台具有看门人地位。这样，该草案通过具体的量化指标界定具有看门人地位的超级数字平台，进而在相当程度上避免了相关市场界定与市场支配地位认定的难题。

我国国家市场监督管理总局在2020年11月公布了《关于平台经济领域的反垄断指南（征求意见稿）》向社会公开征求意见，并于2021年2月7日以国务院反垄断委员会名义正式颁布了《国务院反垄断委员会关于平台经济领域的反垄断指南》。该指南对市场支配地位的认定亦采取了灵活性的态度。根据该指南，平台经济领域相关商品市场界定的基本方法是替代性分析。在个案中界定相关商品市场时，可以基于平台功能、商业模式、应用场景、用户群体、多边市场、线下交易等因素进行需求替代分析；当供给替代对经营者行为产生的竞争约束类似于需求替代时，可以基于市场进入、技术壁垒、网络效应、锁定效应、转移成本、跨界竞争等因素考虑供给替代分析。具体而言，可以根据平台一边的商品界定相关商品市场；也可以根据平台所涉及的多边商品，分别界定多个相关商品市场，并考虑各相关商品市场之间的相互关系和影响。另外，值得注意的是，《关于平台经济领域的反垄断指南（征求意见稿）》中还特别规定，在特定个案中，如果直接事实证据充足，只有依赖市场支配地位才能实施的行为持续了相当长时间且损害效果明显，准确界定相关市场条件不足或非常困难，可以不界定相关市场，直接认定平台经济领域经营者实施了垄断行为。虽然正式颁布的指南删除了上述“可以不界定相关市场”的规定，但是，从中可以看出我国反垄断执法机构对于认定相关市场的灵活性态度。

第三，在垄断协议规制方面，反垄断政策将重点关注轴辐协议等具有平台经济特点的垄断协议或行为。轴辐协议是一种特殊形式的垄断协议，它将当事人的行为比喻为一个自行车轮，其包含一个轴心（hub）和多个辐条（spokes），轴心与辐条并不处在市场的同一层次，往往是上下游关系，辐条之间则互为竞争对手，但辐条之间没有直接的意思联络，它们之间的横向联系以每个辐条与轴心之间的纵向关系为纽带。[1]

在某一数字平台中通常会拥有多个相互竞争的平台内经营者。这些平台内经营者在业务上是互相竞争的关系，但他们都通过平台获取终端用户，并在平台上进行交易及存储相关产品与交易信息，而数字平台则可以通过提供上述帮助交易的服务行为获得利益。在这种情况下，具有竞争关系的多个经营者就可能借助与平台经营者之间的纵向关系，或者由平台经营者组织、协调，达成具有横向垄断协议效果的轴辐协议。

在平台经济中，由于作为“轴心”的数字平台掌握着其平台内各经营者的交易数据、产品信息等关键资源，加之在一定程度上降低平台内经营者之间的竞争，既可以吸引其他经营者加盟数字平台，又可以迅速扩大终端用户数量，进而使平台获利。因此，通常情况下，数字平台既有能力又有动力设计或促成其平台内的轴辐协议。客观地说，

---

[1] 焦海涛．反垄断法上轴辐协议的法律性质［J］．中国社会科学院研究生院学报，2020（1）：25-36.

在平台经济发展初期，由于数字平台的谦抑和精心设计，一些平台内的轴辐协议对于降低市场交易成本、提高交易效率起到了重要作用，实现了平台、平台内经营者和终端用户之间的多赢。

随着某些数字平台规模的扩大并逐渐发展成超级平台，这些平台内形成的轴辐协议对相关市场的影响越来越大，数字平台利用其优势地位组织帮助形成的轴辐协议越来越可能具有反竞争效果。因此，平台领域内的轴辐协议正在逐渐引起各国反垄断政策的重视。我国国家市场监督管理总局在《关于平台经济领域的反垄断指南（征求意见稿）》中不仅明确提出了轴辐协议的概念和适用规则，而且在其公布的《〈反垄断法〉修订草案（公开征求意见稿）》中新增了组织帮助型垄断协议的规制，对于有效回应和解决平台经济中普遍存在的平台企业充当轴心角色的轴辐协议问题具有重要意义。[1]

---

[1] 戴龙．论组织帮助型垄断协议的规制——兼议我国《反垄断法》的修订［J］．法学评论，2021，39（1）：105–114.

第六章

人工智能与知识产权管理及运用

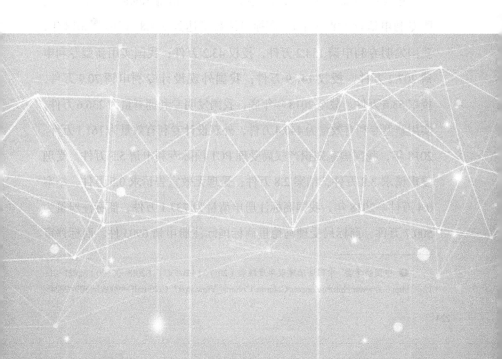

第一节　新技术革命对知识产权管理工作的挑战

随着以信息网络和人工智能为基础的新技术革命时代的来临，科技进步与新兴经济业态和产业蓬勃发展，给知识产权管理工作带来了巨大挑战。主要表现在以下五个方面。

第一，数量庞大且快速增长的专利申请、商标申请与有限的专利审查资源、商标审查资源之间的矛盾。由于当代科技创新多为“分段式”技术，且当代科技进步呈现迭代快速发展之势，加之我国“创新驱动发展”战略的实施和市场经济的完善，因此，我国科技成果数量在近年来呈现出了井喷式的增长，我国专利申请数量和商标申请数量极为庞大。

根据相关统计数据，2017 年全国专利申请量 369.8 万件（其中发明专利申请量 138 万件），商标申请数量达到 574.8 万件。[1]2018 年，我国发明专利申请 154.2 万件，授权 43.2 万件；我国实用新型专利申请 207.2 万件，授权 147.9 万件；我国外观设计专利申请 70.9 万件，授权 53.6 万件。截至 2018 年年底，我国发明专利拥有量为 236.6 万件，实用新型专利有效量为 440.4 万件，外观设计专利有效量为 161.1 万件。2018 年，我国国家知识产权局受理 PCT 国际专利申请 5.5 万件。受理复审请求 3.8 万件，结案 2.8 万件；受理无效宣告请求 0.5 万件，结案 0.4 万件。2018 年，我国商标注册申请量为 737.1 万件，商标注册量为 500.7 万件。商标局受理马德里商标国际注册申请 6903 件。商标评审

[1] 中国法学会 . 中国法治建设年度报告（2017）[EB/OL] .（2018-06-30）[2021-01-12] . https：//www.chinalaw.org.cn/Column/Column_View.aspx？ ColumnID=900&InfoID=28246.

委员会共收到各类商标评审案件申请 32.2 万件，结案 26.5 万件。截至 2018 年年底，我国有效注册商标量 1956.4 万件；我国申请人马德里商标国际注册有效量为 3.1 万件。[1]2019 年，我国发明专利申请 140.1 万件，发明专利授权 45.3 万件；我国实用新型专利申请 226.8 万件，实用新型专利授权 158.2 万件；我国外观设计专利申请 1.2 万件，外观设计专利授权 55.7 万件。截至 2019 年 12 月底，我国发明专利有效量为 267.1 万件，实用新型专利有效量为 526.2 万件，外观设计专利有效量为 179.0 万件。2019 年，我国国家知识产权局受理 PCT 国际专利申请 6.1 万件，其中，国内申请人提交 5.7 万件。同时，我国国家知识产权局受理复审请求 5.5 万件，结案 3.7 万件；受理无效宣告请求 0.6 万件，结案 0.5 万件。2019 年，我国商标申请量为 783.7 万件，商标注册量为 640.6 万件；我国商标异议申请 14.4 万件，完成异议案件审查 9.0 万件；我国商标局收到中国申请人马德里商标国际注册申请 6491 件；收到各类商标评审案件申请 36.1 万件，结案 33.7 万件。截至 2019 年 12 月底，我国有效注册商标量 2521.9 万件。[2]2020 年，我国发明专利授权 53.0 万件；受理 PCT 国际专利申请 7.2 万件，其中国内申请人提交 6.7 万件；我国实用新型专利授权 237.7 万件，外观设计专利授权 73.2 万件；专利复审结案 4.8 万件，同比增长 28.9%，无效宣告结案 0.7 万件，同比增长 34.1%；我国商标注册 576.1 万件；收到国内申请人马德里商标国际注册申请 7553 件；完成商标异议案件审查 14.9 万件，同比增长 64.7%；完成各类商标评审案件审理 35.8 万件，同比增长 7.8%。截至

---

[1] 国家知识产权局 . 2018 年知识产权年度统计数据与特点［EB/OL］.（2019-01-25）［2021-01-12］.https：//www.cnipa.gov.cn/20190125091255376153.pdf.

[2] 国家知识产权局 . 2019 年 1—12 月知识产权主要统计数据［EB/OL］.（2020-02-03）［2021-01-12］.https：//www.cnipa.gov.cn/20200203123754249256.pdf.

2020年年底，我国国内（不含港澳台）发明专利有效量221.3万件。

通过上述数据可以看出，最近几年，在国家知识产权局努力下，虽然我国专利申请数量、商标申请数量有所下降，但是，在挤干“非正常申请”的水分之后，我国仍然存在海量的为了市场目的需要而进行的正常申请，这也是我国改革开放和科技快速发展的一个具体体现。当前，我国负责专利审查、商标审查等工作的人员约为20 000名左右，[1]已经远远高于美国专利商标局12 000人、欧洲专利局6700人、日本特许厅2800人、韩国知识产权局1700人的规模。[2]与此同时，我国专利、商标申请数量不仅存量庞大，而且从目前的趋势来看，还将继续保持较快速增长之势。故此，我国有限的审查资源与快速增长且数量庞大的知识产权申请数量之间矛盾极为突出，如果不能有效解决这个矛盾，这个问题极有可能成为制约我国知识产权战略目标实现的主要瓶颈。

第二，科技迭代加速发展与发明专利授权周期漫长之间的矛盾。由于新科技革命时代最主要的特点就是科技进步迭代加速发展，同时，绝大多数技术属于集成技术创新或二次创新，这些技术创新市场周期较短，通常只有几年甚至几个月的时间，而传统的发明专利审查授权周期相对较长，大约需要两三年的时间。这样，如果这些技术需求发明专利保护，那么在很多情况下，技术被授予专利权之时，也是该技术的市场价值结束之时。因此，为了适应新科技革命时代的科技创新规律，我国知识产权制度设计需要对发明创造进行分类：对于原始创

---

[1] 该数字包括各地专利审查协作中心和商标审查协作中心，且该数字仅为笔者根据相关公开数据的估测，不是准确数字。

[2] 中国国家知识产权局战略规划司 . 2018年世界五大知识产权局统计报告（中文版）[EB/OL] . (2020-04-09) [2020-12-15] . http: //www.cnipa.gov.cn/module/download/down.jsp? i_ID=403778collD=90.

新，仍然适用现行的发明专利制度进行保护；对于集成技术创新或二次创新，可以考虑实行“快授权（注册）、短保护”政策，具体可以对我国现行实用新型专利制度进行改造，将其变为“小发明”保护制度。

第三，科技快速发展与发明专利申请18个月公开制度之间的矛盾。专利制度根本的设计目的在于以公开换保护，避免重复研发，激励创新，促进社会科技整体进步。在20世纪60年代之前，大多数国家专利局只公开已获得授权的专利技术，对于尚在申请过程中的专利信息则暂不公开。由于专利授权审批时间通常较长，社会无法获知未授权专利的相关信息，容易出现重复投资和重复申请现象。为解决这一问题，荷兰首先于1964年采用了“早期公开延迟审查”制度，即专利自申请日起满18个月便向社会公开，专利局应申请人的请求对专利进行实质审查。这一规定是符合当时的技术发展水平的。因为当时计算机信息技术刚刚起步，民用互联网络尚不存在，技术信息的交流主要依靠纸质书面形式，技术信息传输扩散需要用时一两年比较正常。因此，“早期公开延迟审查”制度一方面可以引导申请人撤回商业价值较低的专利，以减轻专利局工作量；另一方面也可以让社会及时了解技术发展现状，避免重复投资和研发。继荷兰之后，其他国家也陆续采用了这一制度，如德国（1968年）、日本（1970年）、英国（1978年）。我国《专利法》自1985年颁布以来即采取了“早期公开延迟审查”制度。[1]

进入人工智能时代，技术发展迭代进步如此之快，专利审查实践中经常出现相同发明主题专利申请仅差几天的情况。发明专利申请后18个月再公开，已经难以避免重复研发，不利于科技发展进步。同时，

---

[1] 叶静怡，李晨乐，雷震，等. 专利申请提前公开制度、专利质量与技术知识传播［J］. 世界经济. 2012（8）：116.

由于目前绝大多数专利申请已经实现了电子申请，专利局公开专利申请已经不需要实质性的准备时间。因此，在人工智能时代，有必要根据当前研发的特点和专利保护的根本出发点，对发明专利申请延期18个月公开制度进行彻底改造，对发明专利申请实行即时公开制度，即只要申请人提出了专利申请并且没有明确声明反对，在进行保密审查之后，应立即予以公开。同时，对实用新型专利申请、外观设计专利申请亦应实行即时公开制度。

第四，科技发展与知识产权保护客体的调整和拓展。知识产权保护的客体是人类的智力成果。由于我国科研能力的快速提升，创新频率越来越快，市场变化日新月异，我国需要根据自身的科技发展水平和市场需要，不断优化、调整和扩展知识产权保护的客体。例如，随着人工智能技术的发展，人类通过控制机器人进行绘画、写作和谱曲。人工智能创作的“作品”甚至已经达到与人类直接进行绘画、写作或谱曲所创作的作品难分伯仲的境地。因此，人工智能创作物能否成为著作权保护的客体，已经成为人们日益关注的问题。又如，在人工智能技术的推动之下，大数据已经成为一个国家、一个企业的重要战略资源，在海量数据存在的今天，大数据将是下一个社会发展阶段的金矿。但是，由于大数据通常不能被划入某一传统的知识产权类别，导致很多情况下只能通过商业秘密对其进行保护。另外，围绕大数据的所有权也涌现出很多问题，包括数据隐私和安全的问题、数据的权属问题等。对此，能否将符合知识产权特征的数据纳入知识产权保护体系，以及能否加强对大数据的隐私安全保护变得迫在眉睫。再如，随着人工智能技术的发展，人工智能技术将可以根据已有技术知识对未来的科技发展方向和趋势自动作出分析研究，而这些分析研究成果有可能满足专利保护要件。对这些人工智能分析研究成果是否应该进行专利保护及其利弊得失，也需要知识产权学者认真加以考虑。

第五，“分段式”技术知识产权保护与创新产品市场应用之间的矛盾。如前所述，当代创新个体的科技进步呈现“分段式”特点，一个具有市场价值的产品或服务，通常需要用到多个创新主体的科技成果，而这些科技成果的知识产权则由该多个创新主体“分段式”拥有。因此，任何一个市场主体要将一项新产品或新服务推向市场，就可能需要分别获得多个知识产权权利人的许可，这样，无疑会大大增加交易成本，也会迟滞每项“分段式”技术的市场应用。而要破解这一难题，需要国家从多个方面考虑解决之策。

第二节 人工智能给知识产权管理及运用带来的机遇

随着科技的发展和新科技在知识产权工作中的应用，特别是人工智能技术的广泛应用，科技发展在对知识产权制度带来挑战的同时，也会给知识产权管理及运用等工作带来新的机遇和活力。特别是信息网络技术、人工智能技术和区块链、时间戳技术，在知识产权申请、审查、注册、授权、保护、运用等工作中的应用越来越广泛，对于提高知识产权工作的服务质量和效率具有重要作用。具体的典型表现如下。

第一，人工智能、信息网络技术便于知识产权信息的充分利用。知识产权信息是当代知识库的重要组成部分。根据世界知识产权组织估计，全球专利技术信息可以披露世界80%以上的科技成果。[1]因此，

[1] 李建蓉．专利文献与信息［M］．北京：知识产权出版社，2002：531.

充分、有效地利用全球知识产权信息，对于避免重复研发、促进科技创新具有极为重要的意义。传统上，知识产权信息，特别是专利技术信息，主要记载在纸质文件上，进入21世纪以来，随着信息网络技术在专利申请、审查和管理等工作中应用的不断深入，目前大部分专利技术信息已经实现了数字化，且可以通过信息网络向社会公众开放。

知识产权信息利用的便捷程度，与专利局的知识产权信息系统密切相关。例如，美国专利商标局已经实现了批量化数据下载功能，并可以访问可视化库和应用程序编程接口，进而增强了专利与商标数据的可发现性和可利用性。同时，美国专利商标局还为用户建立了一个可分享的“社交”平台，使用户可以展示其技术和数据，并将其与经济、地理等其他数据相结合，从而使其可以利用人群的力量对数据进行分享，回答有关技术和创新趋势的问题。[1]我国亦有必要借鉴相关经验，通过利用信息网络技术促进知识产权信息的充分利用。

第二，人工智能分析技术提高知识产权审查效率和质量。随着人工智能技术的发展，人工智能技术在图形模式识别、文字语义分析等方面均有重大突破，这些技术至少可以运用到商标审查工作之中，并可能引起商标注册制度的革命性变革。具体而言，商标初步审定公告之前的商标审查工作，可以主要由人工智能系统完成，而将现有的商标审查人员可以充实到应诉复议处等其他部门。由于商标初步审查由人工智能自动化完成，所以，申请人在申请后一两天基本上就可以获得初步审定公告；如果申请人对审查结果不服，由于应诉复议处等部门力量大大加强，申请人也可以迅速地获得公正的裁判结果。这样，

[1] 欧洲专利局，日本特许厅，韩国知识产权局，等.2016年世界五大知识产权局统计报告[EB/OL].(2017-05-21)[2021-01-15].http://www.sipo.gov.cn/tjxx/tjxxsjwdzscqjndtjbg/1107998.htm.

既可以大幅提高商标审查的工作效率，又可以在一定程度上增强商标审查的客观性，促进商标审查质量的提高，进而可以在相当程度上预防和消减当前存在的非正当大量囤积注册商标的乱象。其实，世界知识产权组织目前已经制作了一个商标模式识别人工智能审查系统，以帮助商标审查员快速、准确地对图形商标申请与在先商标进行对比和判断。[1]当前，世界知识产权组织正在与一些国家的商标局进行合作，通过大规模使用和训练该系统，以提高该系统的准确性和适用性。

同时，人工智能技术在专利审查工作中的应用，亦应加强研究。特别是在现有技术的检索、外文同族专利技术文献的翻译等方面，人工智能技术均大有可为。另外，据估计，每年有超过25万件针对相同发明的专利申请向中美欧日韩五局中两个或两个以上的专利局提出申请。因此，利用信息网络和人工智能技术，充分实施专利审查高速路计划（PPH），尽最大可能地参考、借鉴其他国家或地区的已有专利审查信息，对于提升我国专利审查效率和质量具有重要意义。

第三，人工智能、区块链和时间戳技术提高知识产权确权效率，降低知识产权确权成本。以人工智能和信息网络技术为基础的区块链是分布式数据存储、点对点传输、共识机制、加密算法等计算机技术的新型应用模式，通俗而言，就是一个难以篡改的、去中心化的分布式记账系统。时间戳，是一个能够可信地证明一份数据在某个特定时间之前已经存在、完整且可验证的标记，该标记通常也是一个字符序列。区块链技术和时间戳技术，对于证明知识产权的存在具有重要意义。按照是否需要官方注册的标准，可以将知识产权分为两大类：一类是需要官方注册才能获得保护的知识产权，如专利权、注册商标权

---

[1] FRANCIS G. Artificial intelligence and intellectual property［EB/OL］.（2018-05-10）［2021-01-15］.http：//www.wipo.int/wipo_magazine/en/2018/05/article_0001.html.

等；另一类是不需要官方注册也可以获得保护的知识产权，如著作权、商业秘密等。

对于需要注册的知识产权，如专利权、注册商标权，由于存在官方文档，要证明其权利主体和权利内容及状态，相对容易且可靠。但是，对于不需官方注册的知识产权，一个主要的实践难题就是权利确权困难，即由于没有唯一的官方注册，难以确定谁是某一作品的真正著作权人，或谁真正地拥有某一商业秘密。比如，在作者完成作品之后其著作权就自动产生，不需要登记。而在作品发表之后，其他人很容易篡改作品的作者署名；同时，作者转让著作权后，公众也很难知晓该事实。这样，作品著作权的受让者或使用者就难以确定谁是真正的著作权人，从而造成著作权转让或许可的不稳定，甚至会给受让人或被许可人带来严重损失。例如，杨臣刚《老鼠爱大米》音乐著作权纠纷系列案，就是由于杨臣刚与多人分别签订了著作权转让协议而引发的；而之所以如此，根本原因就是协议受让人不能获得真实的著作权权属状态。而利用区块链技术或时间戳技术，就能有效地解决著作权或商业秘密权属证明困难的问题，进而有效地降低知识产权确权成本，以促进社会经济文化的发展。[1]

第四，人工智能、大数据等技术有助于更准确地进行知识产权价值评估，促进知识产权运用。知识产权的价值在于运用。在新一轮科技革命时代，知识产权已日益成为社会财富的重要来源和国家竞争力的核心战略资源。将知识产权从无形资产变成有形财富，有赖于知识产权的有效运用。对于知识产权事业的发展而言，知识产权运用是充分发挥知识产权价值的必由之路，也是知识产权工作的目的所在。知

[1] 董美根．论版权转让登记的对抗效力——评著作权法修改草案（送审稿）第59条［J］．知识产权，2016（4）：37.

识产权运用中的关键问题和难点之一即是知识产权价值评估。知识产权价值评估需要收集和分析与该知识产权有关的技术、研发、产业、市场、财务、法律等各种因素和信息。传统上，知识产权价值评估是一项极为耗时、耗力的工作，评估成本很高。同时，由于评估主体收集信息的渠道有限，评估方法各异，不同评估主体对知识产权进行价值评估所获得的评估结果通常差异很大。因此，评估结果对知识产权运用各方当事人的参考作用有限。

运用人工智能和大数据技术进行知识产权价值评估，通过分析大量的数据并寻找规律，编制一套信息识别规则让计算机学习，使得计算机能够自动识别和抓取与评估有关的数据和信息，并可根据不断自我优化调整的估值模型获得价值评估结果。这种基于人工智能的知识产权价值评估系统，一方面可以极大降低价值评估成本，进而有效降低知识产权运用当事人的交易成本；另一方面人工智能知识产权价值评估系统还可以有效避免自然人评估的主观性，使价值评估结果具有更高的客观性，因此，更容易获得知识产权运用各方当事人的共同认可。[1]另外，借助人工智能技术，亦可以实现专利数据与企业需求的自动匹配对接，帮助知识产权权利人在专利运营过程中快速发现潜在买家，或者帮助企业及投资者准确寻找合适的投资项目，进而促进知识产权的运用。[2]

第五，人工智能技术有助于高效准确地保护知识产权。由于物权保护的客体是物，知识产权保护的客体是智力成果，所以，该两类权

---

❶ STADING T. The Role of Artificial Intelligence in Intellectual Property [EB/OL]. (2017-07-27) [2021-01-15] .https: //www.ipwatchdog.com/2017/07/27/role-artificial-intelligence-intellectual-property/id=86085/.

❷ 朱萍. 人工智能整合专利数据自动评估推动产融深度结合 [EB/OL]. (2018-03-28) [2021-01-15].http: //tech.sina.com.cn/it/2018-03-28/doc-ifysshiz6679246.shtml.

利人获知侵权的难易程度存在较大差异。如果侵犯物权，比如第三人未经许可而占有或使用物权人的物，那么物权人通常能够在侵权时立即知晓该侵权行为；而知识产权侵权则不然，如果第三人未经许可而使用受知识产权保护的智力成果，知识产权权利人通常很难当时即知晓该侵权行为，即使在事后通常也难以获取该侵权信息。正是因为如此，传统上，知识产权保护的一个主要难题就是如何快速、准确地监测和发现侵权人。在信息对比、模式识别方面，人工智能技术的相关速度和容量已经远远超过了自然人的能力，同时，人工智能信息对比和模式识别的准确度也已经能够与自然人相媲美。

因此，利用人工智能技术对知识产权侵权行为进行监测已经越来越普遍。特别是在版权保护过程中，著作权人和社会有关方面越来越重视人工智能技术在版权监测方面的应用。例如，据《南京日报》报道，江苏省未来网络创新研究院日前开发了一个针对网络视频及图片的智能化搜索系统，可通过互联网感知与大数据分析，对版权作品进行监测和保护。[1] 又如，中国版权协会在 2017 年专门建立了版权监测中心。该中心利用人工智能、云计算、版权大数据分析等方面的先进技术，为影视、体育、音乐、图文、游戏等类型作品提供不间断监测，监测范围涵盖公众号、云盘、网盘、视频、音频平台、各类影视移动应用、中小网站等超过 1.5 万个。截至 2017 年 11 月，该中心就累计监测保护作品超过 1000 万件，处理盗版侵权链接资源超过 400 万条。由此可见人工智能技术在知识产权保护方面的作用之强大。[2]

---

[1] 尹淑琼．有一种“南京智能搜索”能让侵权无所遁形［EB/OL］.（2018-10-26）［2021-01-15］. http：//www.njdaily.cn/2018/1026/1732582.shtml.

[2] 晏如．中国版权协会监测保护作品逾千万件［EB/OL］.（2017-12-05）［2021-01-15］.http：//www.iprchn.com/Index_NewsContent.aspx？NewsId=104337.

当前，人工智能技术已经成为新技术革命的基础和核心，人工智能的广泛应用已在一定程度上替代了人类的脑力劳动，并必将给人类生产、生活、经济、社会、法律等方方面面带来深刻影响。[1]在这种情况下，以人类智力成果为保护客体、以激励创新为根本目标的知识产权制度将会受到人工智能发展与应用的重大挑战；同时，人工智能的发展也为进一步优化知识产权运行机制提供了技术支撑和保障。因此，在以人工智能为基础的新技术革命时代，一方面，应对目前的知识产权制度进行完善和"升级"，以从法律制度层面应对人工智能的挑战；另一方面，还应深入研究人工智能技术在知识产权创造、管理、保护、运用等方面的具体应用场景，以提升知识产权制度的运行绩效。

---

[1] Loui R P . From Berman and Hafner' s teleological context to Baude and Sachs' interpretive defaults: an ontological challenge for the next decades of AI and Law [J] . Artif Intell Law , 2016, 24 (4): 371.

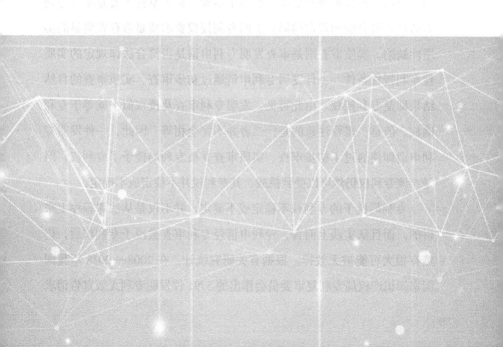

第七章 人工智能时代知识产权制度的发展趋势

第一节　专利制度的发展趋势

专利制度的核心是专利权保护。没有专利权保护，专利制度的一切均无从谈起。专利权保护的前提是专利确权，只有确定权利人对某项技术方案享有专利权并确定清晰的专利权利边界，才能够对专利权人进行法律保护。人工智能技术的发展，已经使得专利审查部门可以在一定程度上利用人工智能技术辅助专利审查，并且这种辅助审查的作用将会随着技术的发展而越来越大。因此，专利制度，特别是专利确权制度，将有可能会随着人工智能技术的发展而发生重大变化。

专利确权是指对专利权及其权利边界的确定。专利确权与专利审查具有密切的关系。根据我国《专利法》的规定，我国发明专利申请的审查包括初步审查和实质审查两个步骤。初步审查主要是审查专利申请是否符合法律规定的形式上的专利授权要求或是否存在明显的实质性缺陷。实质审查则是审查发明专利申请是否符合法律规定的实质性专利授权条件。一件发明专利申请通过初步审查、实质审查的自然结果即是专利授权。由此可见，发明专利审查及授权似乎就等于专利确权。但是，需要注意的是，二者并不完全相等。因此，一件发明专利申请即使通过了初步审查、实质审查并被专利局授予了专利权，但是，该专利权仍然可以受到挑战，其专利权并不稳定或不确定。

专利局授予的专利权不稳定或不确定，并不仅是从法律程序上来讲的，而且从实践上而言，专利申请经专利审查被授予专利权后，仍然有很大可能被无效掉。根据有关研究统计，在2008—2018年我国国家知识产权局专利复审委员会作出的5791件发明专利无效宣告请求审查决定[1]中，有2644件全部维持有效，占比45.66%；有2101件全部无效，占比36.28%；有977件部分无效，占比16.87%；有69件修改后维持有效，占比1.19%。[2]由上述数据可见，专利审查部门对发明专利审查并授权的完全准确率尚不足50%。另外，还需要注意，通常只有具有市场价值的发明专利权才有可能被他人提出专利无效请求。比如，专利权人对使用者提出专利侵权诉讼，作为使用者的被告采取抗辩手段，会针对原告的专利权向国务院专利行政部门提出无效宣告请求。

考虑到提出专利侵权诉讼和提出专利无效宣告请求均需要一定的经济成本，因此，无论是专利权人，还是专利技术的使用者，均会高度重视专利权的有效性。质言之，专利权人在专利申请和提起诉讼时都会相信其专利技术按照专利法的规定应该是可以获得保护的。那么，在这种情况下，这些专利权才有45.66%的可能性被完全维持有效。而对那些专利权人不特别关注、其他人基本也不会使用的专利权而言，其如果被提出挑战并最终被维持有效的概率就可能会更低了。

同时，还需注意，我国专利法规定了三种专利：发明专利、实用新型专利和外观设计专利。发明专利申请需要经过初步审查和实质审查才能获得专利授权；而实用新型专利申请和外观设计专利申请只需通过初步审查就可以获得专利授权，并不必经过实质审查。此种制度

[1] 需要指出的是，本书所引用的统计分析报告统计分析的发明专利无效宣告请求审查决定共5791件，但是2008—2018年我国国家知识产权局专利复审委员会作出的发明专利无效宣告请求审查决定并非只有5791件，理论上来说应该比5791件多，只是由于该统计分析报告所使用的数据库及检索策略等原因，该统计分析报告检索到的发明专利无效宣告请求审查决定只有5791件。——笔者注。

[2] 郑海洋.2008—2018年度中国专利无效案件统计分析报告［EB/OL］.（2019-02-03）［2021-01-18］.https：//mp.weixin.qq.com/s/N3eA2LcU3gQSp-hSWY5w3g.

设计，自然会让人们认为发明专利授权的质量更高、权利的稳定性更高，而实用新型专利或外观设计专利授权的稳定性则会很低、专利质量亦较低。这种认识自然是正确的，并且也是符合事实的。但是还有一个问题，即经过实质审查的发明专利授权质量比未经过实质审查的实用新型专利或外观设计专利授权质量高多少？根据前述统计分析报告，在 2008—2018 年我国国家知识产权局国务院专利行政部门作出的 13 682 件实用新型专利无效宣告请求审查决定中，有 4664 件全部维持有效，占比 34.90%。[1] 而发明专利无效宣告请求案件中全部维持有效的比率为 45.66%。质言之，与未经过实质审查程序的实用新型专利相比，经过实质审查程序的发明专利授权质量提高了 10.76%。另外，在 2008—2018 年我国国家知识产权局专利复审委员会作出的 10 705 件外观设计专利无效宣告请求审查决定中，有 4475 件全部维持有效，占比 41.80%。[2] 故此，与不经过实质审查程序外观设计专利授权相比，经过实质审查程序的发明专利授权质量仅提高了 3.86%，提高的程度则更低。

需要说明的是，根据上述数据而得出的结论，是一个正常的专利现象，绝不能据此说明我国专利审查部门的审查质量有问题。同时，与国际上其他主要专利局授权专利的无效率相比，我国授权专利无效率并不高。郑成思先生很早就曾指出美国专利权无效率为 50% 左右。经专利局实质审查并授权的专利之所以有相当可能性会被无效掉，主要原因有以下三个方面。

一是审查员知识范围的局限。任何审查员作为自然人，其知识范

---

❶ 郑海洋 .2008—2018 年度中国专利无效案件统计分析报告［EB/OL］.（2019-02-03）［2021-01-18］.https：//mp.weixin.qq.com/s/N3eA2LcU3gQSp-hSWY5w3g.

❷ 同❶.

围都是有限的，加之审查员现有技术检索资源的有限性，所以，审查员只能尽量趋近但不可能掌握到某一技术领域的全部现有技术。因此，审查员在对专利申请进行实质审查，特别是在判断新颖性、创造性的时候，未检索到某些会影响新颖性和创造性判断的现有技术文献是正常的、客观的。

二是非对抗性程序性质。一件专利申请从审查到授权的正常程序，本质上是非对抗性的，即使审查员在审查时提出一些相反的意见，但由于审查员的中立性质，审查员必然远远不如利害关系人（如专利侵权案件的被告、潜在的技术使用者等）更有动力并投入资源搜索和查找无效专利权的证据。

三是专利审查效率所致。专利审查质量越高，所需要检索、分析的资源就会越多。而与检索、分析资源相对应的则是科技人力资源。目前，根据2018—2019年的数据，我国每年的发明专利申请数量是140万至150万件，我国能够投入专利实质审查的人力资源大约是1万人，由此可见，我国进行实质审查的审查员每年平均需要审查100 ~ 150件专利申请。质言之，一件发明专利申请进行实质审查所需要的时间是2 ~ 3个工作日。一位审查员进行实质审查时至少需要进行以下工作：阅读专利申请文件，理解技术方案，检索现有技术并挑选出相关现有技术文献，阅读及理解现有技术文献，对权利要求与现有技术进行对比。如果发现专利申请有缺陷，还需要与专利申请人进行交流和讨论。一位审查员需要在2 ~ 3个工作日内完成上述所有工作，才能符合审查效率要求。在上述审查效率标准的约束之下，要求发明专利授权的无效率有明显下降，既不客观，也不公平。

正是因为专利制度的核心在于专利保护，而专利保护的前提在于专利确权，同时，考虑到专利实质审查后进行的专利授权仍然有很大概率被无效掉，而专利的最终确权通常还需要在专利实质审查之后再走专利无效宣告、专利无效行政诉讼等程序，因此，笔者认为在人工智能技术可以对专利审查起到较大辅助作用的情况下，专利实践在未来有可能发生以下变化或趋势。

第一，专利审查的智能化、自动化。事实上，随着信息技术和人工智能技术的发展，发明专利初步审查已经逐步实现了人工智能化和自动化。当前，在国家知识产权局发出的《发明专利申请公布及进入实质审查阶段通知书》中，在“审查员”一项中，有的通知书上写的即是“自动审查”。由此可见，当前的技术条件已经基本达到了对发明专利初步审查进行自动审查的水平，审查员参与初步审查的作用将会越来越小。同时，世界知识产权组织及国际上主要国家的专利局亦在研究或讨论实质审查自动化的问题。由于专利申请文件可以比较容易地转化为结构化数据，因此，相信在不久的未来，发明专利申请实质审查也将在一定程度上初步实现智能化和自动化。

第二，由人工智能系统进行实质审查，将专利审查的人力资源后置，专利实质审查的主要资源向专利复审与无效程序转移。以人工智能替代审查员进行初步审查，应该没有太大争议，并且已经有了相关实践，因为初步审查主要是审查专利申请的形式问题，信息技术和人工智能技术做这项工作是成熟的，一般不会产生较多问题。但是，如果以人工智能替代审查员进行实质审查，则可能会有较多争议。

笔者认为，在实质审查方面，人工智能对于审查员的替代可以分为以下三步：一是在对发明专利申请进行实质审查时首先由人工智能系统进行分析判断，如果人工智能系统认为符合授权的实质性条件，则自动授予专利权；二是如果人工智能系统认为不符合授权的实质性条件，并经反馈给专利申请人修改后，如果认为符合授权的实质性条件（在此阶段可以有审查员少量的介入），则自动授予专利权；三是如果人工智能系统实质审查后认为不符合授权条件且经反馈给专利申请人修改后仍不符合授权条件的，则驳回专利申请，如果专利申请人对驳回决定不服的，可以提出复审请求，进而由审查员在复审程序中按照传统的方式进行人工实质审查。

同时，专利局可以对人工智能系统实质审查的宽严标准进行调整，以确保人工智能系统授予专利权占发明专利申请总量的比例与由审查员实质审查授予专利权占专利申请总量的比例相似或略低。这样，就可以确保绝大部分如果由审查员进行实质审查可以获得专利授权的专利申请通过人工智能系统审查也能获得专利授权。与此同时，还可以确保本应授予专利权却未被人工智能系统授予专利权的专利申请，可以在复审程序中通过传统的人工审查方式获得专利授权。

由人工智能系统进行实质审查的优点在于可以使专利局有能力在极短的时间内对专利申请作出是否授权的决定，专利申请人在提出专利申请后几日之内就能获得专利授权或收到驳回申请的决定。这种做法对于有效满足当代新技术革命所要求的快速授权需求具有极为重要的意义；并且还可以以最快的速度将申请专利的发明创造向社会公开，进而有效避免重复研发，避免社会研发资源的浪费。同时，这种做法还将大量节省现行实质审查制度所需要的人力审查资源，并把这些人力审查资源转移到专利复审程序和专利无效程序之中，进而提高专利复审程序和专利无效程序的审查质量和工作效率。

当然，上述由人工智能系统进行实质审查的做法有可能产生的问题有二：一是某些不符合授权实质性条件的专利申请被授予专利权。但是，由审查员进行实质审查亦会产生类似问题，并且由上面统计数据可以看出，即使由审查员进行实质审查，其所授予的专利权亦会有

50%以上概率被全部无效或部分无效。由此可见，无论由人工智能系统进行实质审查，还是由审查员进行审查，均会出现不符合授权条件而被授予专利权的问题。二是某些符合授权实质性条件的专利申请被拒绝授予专利权。客观地说，如果由人工智能系统进行实质审查，并根据审查结果直接作出是否授权或是否驳回申请的决定，那么通常会导致复审案件数量的增加，甚至会有较大幅度的增加。但是，由于专利复审案件的数量相对于专利申请总量而言，毕竟比例极小，而将原来进行实质审查的审查员配置到专利复审程序中，那么专利复审的人力资源的增长就会远高于专利复审案件数量的增长，这样，分配给每个专利复审案件的人力资源就会比现有制度框架下每个复审案件的人力资源高出很多，因此，相应地，专利复审案件的审查质量和效率也就必然有较大程度的提高。另外，现有制度框架下专利实质审查的人力资源亦会有相当一部分分流到专利无效程序之中，进而亦可以大幅度提高专利无效程序的审查质量和工作效率。

上述专利审查、复审和无效实践的变化需要专利制度进行相应的修改和完善。具体可以涉及以下三个方面的变化。

首先，对于我国、美国、日本、欧洲专利局等实行发明专利实质审查的国家或地区而言，可以将实质审查程序的适用扩大到实用新型和外观设计申请。由于实用新型、外观设计的内容主要表现在外部的可视特征之上，而目前人工智能系统对可视物体的分析和判断具有明显的优势，因此，相对于发明而言，人工智能系统对实用新型、外观设计申请的新颖性、创造性进行判断的准确性程度更高。所以，为了提高实用新型、外观设计申请授权的准确率，并且在确保授权效率不变或显著提高的前提下，利用人工智能系统对实用新型、外观设计申请进行实质性审查，是可行的。这样，就需要修改专利法，规定实用新型、外观设计申请亦需要进行实质审查才能获得授权。

其次，取消发明专利实质审查请求制度。我国《专利法》第 35 条规定:“发明专利申请自申请日起三年内，国务院专利行政部门可以根据申请人随时提出的请求，对其申请进行实质审查；申请人无正当理由逾期不请求实质审查的，该申请即被视为撤回。”此即发明专利实质审查请求制度。设立发明专利实质审查请求制度的根本原因有二：一是各国专利局实质审查资源均有限，故发明专利申请实质审查程序均需要较长时间；二是当前的、由审查员执行的实质审查工作需要较高成本，该成本应由申请人承担。故此，为了减轻发明专利申请人在申请专利时的经济负担，同时减轻专利局实质审查的数量压力，所以才将发明专利授权的主要费用分成申请费和实质审查费两部分，实质审查费可以延迟到提出实质审查请求时缴纳。同时，申请人还可以在申请日与实质审查请求日之间考虑和判断是否有必要付出实质审查费用以继续进行专利授权程序，这样，亦会有部分申请人不再提出实质审查请求，专利局也就相应地减轻了实质审查的工作压力。

而如果由人工智能系统进行实质审查，专利局实质审查的经济成本就会大大降低，其边际成本甚至可以趋近于零，同时，工作效率亦会显著提高，因此，上述由审查员执行实质审查工作所要求的请求制度即可取消，即只要发明专利申请人提出专利申请，专利局就自动地进行初步审查和实质审查。当然，在专利制度作出如此变化的情况下，为了补偿专利局实质审查费用的损失，同时，也因为专利复审工作质量会显著提升，专利申请费可以适当提高，专利复审费应较大幅度提高。

最后，取消或修改 18 个月公布制度。我国《专利法》第 34 条规定:“国务院专利行政部门收到发明专利申请后，经初步审查认为符合本法要求的，自申请日起满 18 个月，即行公布。国务院专利行政部门可以根据申请人的请求早日公布其申请。”这就是18个月公布制度。18个月公布制度是在专利实质审查需要较长时间的情况下，对于申请人和社会公众的利益进行平衡的一个制度选择。由于专利申请能否通过实质审查并获得授权，是未知的，因此，如果为了使公众尽快获得最新的发明创新信息，而在专利授权之前即公布发明专利申请的内容，那么，在该专利申请未通过实质审查、不能获得专利授权的情况下，申请人的发明创造就会无偿地使社会公众获取并使用，这种结果对申请人并不公平。所以，原则上，在专利授权之前，专利局应该对申请人的发明创造进行保密，不得公布。

但是，如前所述，由审查员执行实质审查工作，在专利申请较多的情况下，专利申请就会出现大量积压，一件发明专利申请可能需要多年时间才能获得专利授权，社会公众才能知道该申请的存在，这样，社会公众就不能及时获得已申请专利的发明创造内容，进而会导致重复研发，造成社会研发资源的巨大浪费。同时，由于其他科研人员不能知晓已经存在相关专利申请而在投入巨大资源研发成功后，却突然发现与其相同的成果已经被申请了专利并被授予了专利权，其投入巨大资源形成的研发成果却不能进行商业性的使用。这样的结果，显然对其他科研人员而言，或者对社会公众而言，都是极不公平的。因此，考虑到专利申请人和社会公众双方的利益平衡，国际社会才逐步建立了18个月公布制度。

同样，如果由人工智能系统进行实质审查，专利局实质审查的效率会显著提升，专利申请人可以在申请后几日之内就能获得能否授权的通知。如果该专利申请被授权，发明创造的内容自然会随着授权而被公布；如果该专利申请被驳回，那么该申请的发明创造内容则不会被公开，仍然处于保密状态。因此，在这种情况下，18个月公布制度存在的前提就已经丧失。所以，专利法就没有必要在保留该制度。当然，考虑到由人工智能系统进行实质审查后，会有较多的驳回申请进入复审程序，而复审程序是由审查员进行的，需要较长的时间，同时，考虑到进入复审程序的专利申请还处于未公开状态，因此，为了平衡复审请求人与社会公众的利益，专利法有必要考虑在复审程序中建立一个强制公开制度。

第二节　商标制度的发展趋势

随着人工智能技术在图像模式识别、文字语义及比对分析等方面能力的加强和广泛应用，人工智能技术在商标注册审查程序中发挥的作用将越来越多。商标审查自动化、智能化的主要难点在于图形商标的比对和审查。2019 年 1 月 25 日，我国商标图形智能检索功能正式上线，这是商标信息化建设继商标网上服务系统全面上线、商标数据库免费向社会开放后新的里程碑，标志着我国商标审查从自动化向智能化转变的新起点。为破解我国图形商标审查智能化程度低、审查员工作强度大的难题，实现审查效率与审查质量双提升的改革目标，商标局积极探索人工智能技术在商标审查中的应用。智能检索技术的应用，实现了商标审查工作由纯人工检索向“以图搜图”智能检索的转变，有效避免了人工判断可能存在的标准不一的问题。通过大幅压缩商标近似比对数量，解放了审查生产力，查看数量从原来的数万件商标图样减少到约五千件。我国率先实现将图形智能检索功能应用到审查实践，摸索出一条适合我国近 3500 万存量商标数据的智能审查道路，从商标拥有量上的领先者向智能审查标准制定者的角色转变，将在国际合作中显著增强话语权。同时，我国商标局将继续推动人工智能技术与商标审查深度融合，扩大人工智能等新技术在商标领域的应用范围，加强信息化建设，进一步提升商标审查质量和效率，不断提升商标公众服务水平。[1]

相信在不久的未来，人工智能系统进行商标审查的准确率将会达到或超过现有商标审查程序中审查员的准确率。在此种情况下，我国可能需要对商标法律制度和相关实践作出如下几个方面的修改。

第一，缩短商标审查期限。我国《商标法》第28条规定："对申请注册的商标，商标局应当自收到商标注册申请文件之日起9个月内审查完毕，符合本法有关规定的，予以初步审定公告。"事实上，随着人工智能等技术在商标审查中的应用及其他各种措施的强化，我国近年来商标审查效率显著提高。国家知识产权局商标局局长崔守东在2020年度商标注册便利化改革集中宣讲活动启动仪式上表示，我国商标注册平均审查周期已缩短至4个月11天，达到相同商标注册制度国际较快水平。[2]在人工智能系统商标审查的准确率接近审查员审查的准确率的情况下，为了节省商标审查人力资源成本、进一步提高商标审查效率，有必要全面取消商标审查程序中的人力介入，并由人工智能系统进行全自动审查。这样，商标审查的期限就不必再规定为9个月。考虑到人工智能系统在审查后可能需要申请人对其商标申请内容作出说明或者修正，因此，上述9个月审查期限可以修改为1个月。同时，

---

❶ 国家知识产权局商标局. 借力人工智能，开启智慧审查——商标图形智能检索功能正式上线[EB/OL].(2019-01-31)[2021-01-18].http://sbj.cnipa.gov.cn/ztbd/ggjxs/blhgg/201901/t20190131_281363.html.

❷ 国家知识产权局商标局. 2020年年底前将商标审查周期缩短至4个月以内[EB/OL].(2020-07-29)[2021-01-18].http://www.gov.cn/xinwen/2020-07/29/content_5530993.htm.

在实际情况中，如果不需要申请人作出说明或修正，那么，人工智能系统即可在审查后马上作出初步审定公告的决定或者驳回申请的决定。

第二，商标审查的人力资源向商标复审、异议处理、无效宣告等程序转移。全面取消商标审查程序中的人力审查员介入并非意味着这些审查员的失业。由于我国超大规模市场的快速发展，即使剔除一些非正常申请，但是正常的商标注册申请数量仍然会进一步增长，这是客观的市场需要。随着商标注册申请数量的增长，商标异议、复审、无效宣告等程序的案件数量亦必然会有所增长。商标异议、复审、无效宣告等工作亦必须经过人力审查员的主观判断，才能确保结论的准确。同时，考虑到提升商标异议、复审、无效宣告等工作的质量和效率，对于服务市场经济、促进公平竞争具有重要意义，因此，有必要将商标审查程序中节省下来的人力资源充实到商标异议、复审、无效宣告等程序中。

第三，缩短商标异议处理、异议复审、无效、“撤三”等程序的审查时限。我国《商标法》第35条第1款规定：“对初步审定公告的商标提出异议的，商标局应当听取异议人和被异议人陈述事实和理由，经调查核实后，自公告期满之日起十二个月内作出是否准予注册的决定，并书面通知异议人和被异议人。有特殊情况需要延长的，经国务院工商行政管理部门批准，可以延长六个月。”第35条第3款规定：“商标局作出不予注册决定，被异议人不服的，可以自收到通知之日起十五日内向商标评审委员会申请复审。商标评审委员会应当自收到申请之日起十二个月内作出复审决定，并书面通知异议人和被异议人。有特殊情况需要延长的，经国务院工商行政管理部门批准，可以延长六个月。被异议人对商标评审委员会的决定不服的，可以自收到通知之日起三十日内向人民法院起诉。人民法院应当通知异议人作为第三人参加诉讼。”第44条第2款规定：“商标局作出宣告注册商标无效的决定，应当书面通知当事人。当事人对商标局的决定不服的，可以自收到通知之日起十五日内向商标评审委员会申请复审。商标评审委员会应当自收到申请之日起九个月内作出决定，并书面通知当事人。有特殊情况需要延长的，经国务院工商行政管理部门批准，可以延长三个月。当事人对商标评审委员会的决定不服的，可以自收到通知之日起三十日内向人民法院起诉。”第44条第3款规定：“其他单位或者个人请求商标评审委员会宣告注册商标无效的，商标评审委员会收到申请后，应当书面通知有关当事人，并限期提出答辩。商标评审委员会应当自收到申请之日起九个月内作出维持注册商标或者宣告注册商标无效的裁定，并书面通知当事人。有特殊情况需要延长的，经国务院工商行政管理部门批准，可以延长三个月。当事人对商标评审委员会的裁定不服的，可以自收到通知之日起三十日内向人民法院起诉。人民法院应当通知商标裁定程序的对方当事人作为第三人参加诉讼。”第45条第2款规定：“商标评审委员会收到宣告注册商标无效的申请后，应当书面通知有关当事人，并限期提出答辩。商标评审委员会应当自收到申请之日起十二个月内作出维持注册商标或者宣告注册商标无效的裁定，并书面通知当事人。有特殊情况需要延长的，经国务院工商行政管理部门批准，可以延长六个月。当事人对商标评审委员会的裁定不服的，可以自收到通知之日起三十日内向人民法院起诉。人民法院应当通知商标裁定程序的对方当事人作为第三人参加诉讼。”第49条第2款规定：“注册商标成为其核定使用的商品的通用名称或者没有正当理由连续三年不使用的，任何单位或者个人可以向商标局申请撤销该注册商标。商标局应当自收到申请之日起九个月内作出决定。有特殊情况需要延长的，经国务院工商行政管理部门批准，可以延长三个月。”

由上述规定可以看出，当商标注册申请人或相关利害关系人就商标是否应注册问题提出挑战后，商标局至少需要9个月或12个月的时间才能作出决定。在此期间，商标相关权益处于高度不确定状态，这种情况对于当代快速的市场竞争尤为不利。同时考虑到由于人工智能在商标审查中的应用，商标审查的人力资源可以全面向商标复审、异议处理、无效宣告等程序转移，因此，商标异议处理、异议复审、无效、“撤三”等程序的审查时限可以大幅度缩短，建议统一缩短至2个月或3个月。

第三节　著作权制度的发展趋势

著作权保护不仅对于发展和繁荣社会主义文化和科学事业具有重要意义，而且对国民经济发展具有重要贡献。根据中国新闻出版研究院《2019年中国版权产业经济贡献》的调研报告，我国版权产业2019年行业增加值已经达到7.32万亿元人民币，同比增长10.34%，占GDP的比重为7.39%。[1]在著作权保护和产业利用过程中，著作权权属的准确性，一直是困扰行业发展的一个重要问题。随着信息网络技术与人工智能技术的发展，著作权制度有可能在此问题上有所突破。具体而言，未来著作权制度与实践可能会出现如下趋势。

第一，弱化或修改著作权自动保护原则。所谓自动保护原则，是指作品一经创作完成即应在缔约国自动获得著作权保护，而无须履行

[1] 2019年中国版权产业增加值已占到GDP的7.39%［EB/OL］.(2020-12-30)［2021-01-18］.http：//www.ncac.gov.cn/chinacopyright/contents/12558/353539.shtml.

任何登记注册手续或其他手续。1886年版本的《伯尔尼公约》并未规定自动保护原则，在1908年对该公约进行第一次修订时，缔约国达成了共识，取消了对版权保护所要求的一切手续或附加条件，在公约中写入了自动保护原则。现行版本的《伯尔尼公约》第5条第2款规定，版权的享有和行使，无须履行任何手续，并与作品来源国给予的保护无关。[1]自动保护原则大大降低了著作权人在其他国家保护其作品的经济成本和负担，对于便利著作权国际保护具有重要意义。当前，各国普遍实行著作权自动保护原则。

著作权自动保护原则固然便利了著作权人，但是却可能给著作权交易安全带来巨大的风险。根据著作权法的规定，作品的初始著作权原则上属于作品的作者所有，且在作品上署名的人被推定为作者。这样，如果他人在作品上虚假署名，就会让使用者误认为该冒名者为作者和著作权人，并与该冒名者进行著作权交易。另外，即使在作品署名的人是真正的作者和原始著作权人，但是，该作者亦有可能在之后将其著作权转让或许可给他人，而使用者仍有可能误认为作者是该作品的实际著作权人，并与该已经不享有著作权的作者进行交易。出现上述的问题的根本原因在于著作权制度中没有类似于专利或商标制度中的登记或注册机制，而著作权的客体——作品本质上属于一种信息，不同于房屋、机械设备等具有有形的形状或者可以进行物理上排他性占有，因此，作品很容易让他人冒称拥有著作权，且交易对方当事人亦没有能力证否或证真。

著作权自动保护原则是在信息社会之前，在便利作者与增加交易风险之间作出的一个二选一的政策选择。随着信息网络技术和人工智

---

[1] 世界知识产权组织．保护文学艺术作品伯尔尼公约指南［M］．刘波林，译．中国人民大学出版社，2002：28-29.

能技术的快速发展，作品登记的成本已经越来越低且趋近于零，著作权自动保护原则的政策选择基础正在渐趋消失。在这种情况下，著作权自动保护原则就应逐步弱化或进行修正甚至取消。笔者认为，由于受到《伯尔尼公约》等国际知识产权条约的制约，我国至少可以对国内的电影作品、电视剧作品的著作权采取登记保护原则。国际公约所规定的自动保护原则，是针对外国人著作权保护的最低标准，只要对外国人的著作权采取自动保护原则即可满足国际公约的要求。因此，在知识产权保护国际公约未做修改的情况下，我国只能对本国人的作品规定自动保护原则的例外制度。之所以建议对国内电影作品和电视剧作品的著作权采取登记保护原则，主要原因是电影作品、电视剧作品的制作成本很高，其著作权的价值也相应很高。因此，为了确保交易安全，电影作品、电视剧作品的著作权人即使付出一些成本进行登记，也是极为赞同的，并且也是必要的。

第二，国家提供免费的统一的著作权登记服务。我国实行的著作权自愿登记原则。《著作权法》第 12 条第 2 款规定："作者等著作权人可以向国家著作权主管部门认定的登记机构办理作品登记。"同时，根据国家版权局的有关规定，作品登记机关是国家版权局和各省、自治区、直辖市版权局；有些省级版权局既是作品的登记机关，也是作品登记的具体办理机构；另外，为了方便著作权人，提高公共服务效率，国家版权局和部分省级版权局作为作品的登记机关委托某些机构具体负责作品登记业务的办理工作。目前，我国作品著作权的登记办理机构有中国版权保护中心、北京版权保护中心等 35 家单位（有的省市的办理机构有多家）。客观而言，虽然分散于国内各地的著作权登记办理机构有助于著作权人就近办理作品登记，同时，也是信息网络技术勃兴之前的客观现实需要，但是，此种登记管理方式亦会导致著作权登记信息过于分散、效率低下等问题。在信息网络、人工智能等技术越来越发达、应用越来越广泛的情况下，国家亦有必要对上述登记管理方式进行改进和完善。

笔者认为，我国未来可以建立国家统一的著作权登记管理服务系统。国内当前存在的作品登记办理机构应接入国家著作权登记管理服务系统。登记办理机构在提供登记服务时，应将相关登记信息输入国家著作权登记管理服务系统进行统一存储。同时，国家著作权登记管理服务系统还应面向全社会提供互联网公众服务接口。作者或著作权人亦可通过互联网公众服务接口直接进行著作权登记，国家著作权登记管理服务系统接收到作者或著作权人的直接登记申请后，将对该登记申请进行自动的形式审查，如果符合登记的形式要求，则可以直接给申请人发放电子登记证书。

第三，建立著作权的转让、专有许可对抗登记制度。虽然目前的著作权保护国际公约实行的是自动保护原则，但是国际公约并未对著作权转让、许可是否需要登记或履行一定的手续及其效力等问题作出明确要求。传统上，考虑到自动保护原则的影响，以及转让、许可当事人的便利，各国著作权法通常规定著作权转让、许可不需要登记或履行一定的手续。我国目前亦对著作权转让、许可的登记采取自愿原则。我国《著作权法实施条例》规定："与著作权人订立专有许可使用合同、转让合同的，可以向著作权行政管理部门备案。"同时，我国并未规定著作权转让、许可备案的法律效力，即只要当事人之间签订了著作权转让与许可合同，那么，无论是否进行备案，均不会对合同当事人产生实质性影响。

随着信息网络和人工智能技术的发展，著作权转让和使用登记或备案工作成本已经极为降低。对于著作权转让、许可的当事人而言，由于登记成本极大降低，相对于登记成本而言，著作权转让或许可不登记的交易风险就会相对增高。故此，在著作权转让、许可登记成本越来越低的情况下，我国有必要建立有实质法律效力的著作权转让或许可登记制度。当然，考虑到传统实践的影响，至少在近期，著作权转让或许可登记的法律效力没有必要采取登记生效主义，而采取登记对抗主义即可。即著作权转让或许可即使未经登记，仍然可以法律上生效，但是只能在当事人之间产生效力，而不能对抗进行登记的第三人。如果第三人与著作权人签订了著作权转让或专有许可合同并进行了登记，那么在登记之前即使存在未经登记的转让或专有许可合同，第三人仍然可以根据转让或许可登记受让著作权或专有许可使用权。

参考文献

中文文献

[1] 曹建峰，祝林华．人工智能对专利制度的影响初探［J］．中国发明与专利，2018，15(6)：53-57.

[2] 曹交凤．第一次工业革命结束前英国的专利制度［J］．学理论，2010(11)：66-67.

[3] 曾祥基．新科技革命的特点与经济全球化趋势［J］．成都大学学报(社会科学版)，2000(3)：1-3，53.

[4] 陈虎．著作权领域人工智能"冲击论"质疑［J］．科技与法律，2018(5)：68-73.

[5] 樊春良．新科技革命和产业变革趋势下中国科技强国建设之路［J］．科技导报，2018，36(21)：63-68.

[6] 管育鹰．人工智能带来的知识产权法律新问题［J］．贵州省党校学报，2018(5)：5-14.

[7] 何传启．新科技革命的预测和解析［J］．科学通报，2017，62(8)：785-798.

[8] 何传启．第六次科技革命的"核心专利争夺"已悄然展开——2001 年以来第六次科技革命的十种前兆［J］．世界科技研究与发

展，2012，34（4）：535-538，550.

[9] 季冬梅．人工智能发明成果对专利制度的挑战——以遗传编程为例［J］．知识产权，2017（11）：59-66.

[10] 孔祥俊．积极打造我国知识产权司法保护的“升级版”——经济全球化、新科技革命和创新驱动发展战略下的新思考［J］．知识产权，2014（2）：3-16.

[11] 寇宗来，石磊．理解产业革命发生在英国而非中国的关键——李约瑟之谜的专利制度假说［J］．国际经济评论，2009（2）：44-48.

[12] 寇宗来．专利制度与工业革命［N］．文汇报，2012-08-06(00B).

[13] 李彦涛．人工智能技术对专利制度的挑战与应对［J］．东方法学，2019（1）：84-93.

[14] 李扬，李晓宇．康德哲学视点下人工智能生成物的著作权问题探讨［J］．法学杂志，2018，39（9）：43-54.

[15] 李宗辉．人工智能专利授权的理论争议与实践发展［J］．河南财经政法大学学报，2018，33（6）：152-160.

[16] 李宗辉．论人工智能对知识产权应用的影响［J］．中国发明与专利，2020，17（6）：14-19.

[17] 刘礼歌，王维．新时代科技革命开启知识产权建设新征程——2018 知识产权南湖论坛综述［J］．中国发明与专利，2018，15（5）：30-37.

[18] 刘强，彭南勇．人工智能作品著作权问题研究［J］．南京理工大学学报（社会科学版），2018，31（2）：35-44.

[19] 刘鑫．人工智能创造物知识产权保护的正当性释疑——黑格尔“财产权人格学说”下的理论证成与制度调适［J］．科技与法律，2020（6）：41-47.

[20] 鲁甜，郭雨笛，刘云开．2018年知识产权南湖论坛——“新时代科技革命与知识产权”国际研讨会综述[J]．电子知识产权，2018(6)：94-99.

[21] 马治国，刘桢．人工智能创作物的著作权定性及制度安排[J]．科技与出版，2018(10)：107-114.

[22] 钱时惕．新科技革命的历史、现状及未来[J]．物理通报，2008(1)：4-7.

[23] 阮小黑，韦锋．一场官司推动了一次技术革命——浅谈专利制度在人类技术发展史上的作用[J]．广东科技，2004(7)：59-61.

[24] 孙建丽．人工智能生成物著作权法保护研究[J]．电子知识产权，2018(9)：22-29.

[25] 孙山．人工智能生成内容著作权法保护的困境与出路[J]．知识产权，2018(11)：60-65.

[26] 王景川．加强知识产权保护 推动科技进步与创新[J]．中国科学院院刊，2002(1)：53-54.

[27] 王有生．新科技革命发生的主要原因及其特点[J]．财经科学，1984(6)：21-25.

[28] 王正中，吴思璇．人工智能在商标权利保护中的应用[J]．科技资讯，2018，16(22)：221-222，224.

[29] 吴汉东，张平，张晓津．人工智能对知识产权法律保护的挑战[J]．中国法律评论，2018(2)：1-24.

[30] 吴桂德．德国人工智能创造物的知识产权法保护及其启示[J]．电子知识产权，2021(1)：83-97.

[31] 徐芝永．人工智能知识产权保护话题浅析——在韩国知识产权法律框架下[J]．专利代理，2018(3)：33-37.

[32] 闫文锋，王福涛．新科技革命对我国三种专利保护客体模式的挑战［J］．知识产权，2017（12）：80-85.

[33] 杨延超．人工智能对知识产权法的挑战［J］．治理研究，2018，34（5）：120-128.

[34] 杨长青．基于人工智能的企业知识产权管理规范支撑技术研究［J］．中国发明与专利，2018，15（2）：83-85.

[35] 易信．新一轮科技革命和产业变革对经济增长的影响研究——基于多部门熊彼特内生增长理论的定量分析［J］．宏观经济研究，2018（11）：79-93.

[36] 仲新亮．英国专利制度催生工业革命［J］．发明与创新（综合版），2006（7）：29-30.

[37] 周俊，马克，陈燕．日本特许厅引入人工智能优化专利审查和管理［J］．中国发明与专利，2018，15（1）：31-34.

[38] 朱广菁．新科技革命将呈现新人文特点——中国科协第五期新观点、新学说学术沙龙探讨高科技未来［A］．中国科学技术协会学会学术部．新观点、新学说学术沙龙文集5：高科技的未来——正面与负面影响［C］．中国科学技术协会学会学术部：中国科学技术协会学会学术部，2007：3.

[39] 朱雪忠，张广伟．人工智能产生的技术成果可专利性及其权利归属研究［J］．情报杂志，2018，37（2）：69-75.

英文文献

[40] AMIR H K，RON B. Automatic discovery of prior art：big data to the rescue of the patent system［J］. John Marshall Review of Intellectual Property Law，2016（16）：44-65.

[41] AMIR H K. The makings of an “individualized–industrial” revolution: three–dimensional printing and its implications on intellectual property law [J] . Journal of High Technology Law, 2015 (16): 1–28.

[42] ANA R. Will robots rule the (artistic) world?: a proposed model for the legal status of creations by artificial intelligence systems [J] . Journal of Internet Law, 2017 (21): 1–22.

[43] ANNEMARIE B. Coding creativity: copyright and the artificially intelligent author [J] . Stanford Technology Law Review, 2012 (2012): 1–27.

[44] ARTHUR R M. Copyright protection for computer programs, databases, and computer–generated works: is anything new since contu? [J] . Harvard Law Review, 1993 (106): 977–1072.

[45] BARRY R L, Gottlieb, Rackman et al. Blockchain and patents [J] . Westlaw Journal Computer & Internet, 2018 (35): 2.

[46] BEN H, JOSHUA G. Patents in an era of infinite monkeys and artificial intelligence [J] . Stanford Technology Law Review, 2015 (19): 32–51.

[47] BENJAMIN L W S. Artificial intelligence’ s fair use crisis [J] . Columbia Journal of Law & the Arts, 2017 (41): 45–96.

[48] BLAKE A. Artificial intelligence and the future of the legal profession[J]. Wyo.Law, 2018 (41): 26–28.

[49] CAROLINE E K. Insta–fringement: what is a fair use on social media? [J] . John Marshall Review of Intellectual Property Law, 2018 (18): 102–122.

[50] CHLOÉ M. Note: the application of big data analytics to patent litigation [J]. Journal of the Patent and Trademark Office Society, 2017 (99): 305–347.

[51] CHRISTINE M G, MELISSA INCE. Robots, the human brain, and the law [J]. SciTech Lawyer, 2008 (4): 12–15.

[52] COLLEEN V C. Opening the patent system: diffusionary levers in patent law [J]. Southern California Law Review, 2016 (89): 793–862.

[53] DANE E J. Statute of anne–imals: should copyright protect sentient nonhuman creators? [J]. Animal Law, 2008 (15): 15–52.

[54] DAVID E C. Artificial intelligence and the practice of law or can a computer think like a lawyer? [J]. TXCLE Business Disputes, 2016 (8): 25.

[55] DAVID G, LES O. Patenting, intellectual property rights and sectoral outputs in industrial revolution Britain, 1780 - 1851 [J]. Journal of Econometrics, 2017 (139): 340–354.

[56] DAVID L, PAUL O. Playing with the data: what legal scholars should learn about machine learning [J]. U.C. Davis Law Review, 2017 (51): 653–717.

[57] DOOKYU K. Intellectual property in the fourth industrial revolution era [J]. les Nouvelles, 2018 (53): 20–22.

[58] EDWARD T. Hayes. International law [J]. Louisiana Bar Journal, 2017/2018 (65): 271–272.

[59] ELEANOR S. Substantial musical similarity in sound and notation: perspectives from digital musicology [J]. Colorado Technology Law

Journal, 2018 (16): 249–279.

[60] ELISE D G. WIPO' sgurry: artificial intelligence, gene editing latest "winners" in innovation [N]. Intellectual Property Watch, 2017-7-13.

[61] ERAN K. Trademarks in cyberspace: 2013 in review [J]. Business Lawyer, 2014/2015 (70): 277–287.

[62] ERIC J S. Infringing a fantasy: future obstacles arise for the united states patent office and software manufacturers utilizing artificial intelligence [J]. Villanova Sports and Entertainment Law Journal, 2004 (11): 173–202.

[63] EUGENE C, GEORGE C, ARTHUR H, et al. Part iv electronic transactions [J]. International Encyclopaedia of Laws: Cyber Law, 2018 (50/51): 1–582.

[64] FABIO E M, TERI H P N. From Alappat to Alice: the Evolution of Software Patents [J]. Hastings Science & Technology Law Journal, 2017 (9): 1–28.

[65] FRANCIS X. Law and neuroscience 2.0 [J]. Arizona State Law Journal, 2016 (48): 1043–1086.

[66] FRANK A D, ALIZA G C, FINNEGAN, et al. Intellectual property protection for artificial intelligence [J]. West law Journal Intellectual Property, 2017 (24): 1–7.

[67] GARY D. What is protected by a program copyright? [J]. New England Law Review, 1992 (27): 61–83.

[68] HARRY S. Technological cost as law in intellectual property [J]. Harvard Journal of Law & Technology, 2013 (27): 135–201.

[69] HYUNJONG R J. Think big! the need for patent rights in the era of big data and machine learning [J]. NYU Journal of Intellectual Property and Entertainment Law, 2018 (7): 78–110.

[70] IAN D M. Commoditizing intellectual property rights: the practicability of a commercialized and transparent international IPR market and the need for international standards [J]. Buffalo Intellectual Property Law Journal, 2008 (6): 13–33.

[71] IRIS K. U.S. copyright protection for our world chess champions: a futile zugzwang [J]. University of San Francisco Law Review Forum, 2015 (49): 11–23.

[72] REICHMAN J H, PAMELA S. Intellectual property rights in data? [J]. Vanderbilt Law Review, 1997 (50): 51–163.

[73] JAMES G. Copyright for literate robots [J]. Iowa Law Review, 2016 (101): 657–681.

[74] JOHN J Q. Controlling pandora's box: the need for patent protection in transgenic research [J]. University of Miami Business Law Review, 2007 (15): 303–316.

[75] JOHN R A, MARK A L. The growing complexity of the United States patent system [J]. Boston University Law Review, 2002 (82): 77–141.

[76] JONATHAN. Developing and diffusing green technologies: the impact of intellectual property rights and their justification [J]. Washington and Lee Journal of Energy, Climate, and the Environment, 2013 (4): 53–101

[77] KIMBERLEE W. Safeguards for defendant rights and interests in

international intellectual property enforcement treaties [J] . American University International Law Review, 2016 (32): 211–277.

[78] LARRY N Z. Artificial intelligence in the judiciary [J] . Journal of the Kansas Bar Association, 2016 (85): 20.

[79] LAUREN B. Symposium–governance of emerging technologies: law, policy, and ethics [J] . Jurimetrics Journal, 2016 (56): 219–222.

[80] LEWIS D S, SUZANNE E. S. Developing critical technologies: a legal and policy analysis [J] . Santa Clara Computer and High Technology Law Journal, 1993 (9): 153–191.

[81] LINCOLN T, DANIEL A K, JACQUELINE M, et al. The impact of artificial intelligence on medical innovation in the European Union and United States [J] . Intellectual Property & Technology Law Journal, 2017 (29): 3–10.

[82] MARK A L. Property, intellectual property, and free riding [J] . Texas Law Review, 2005 (83): 1031–1075.

[83] MARK D P, MARK V. Inventions and works of authorship by nonhumans [J] . DRI For the Defense, 2018 (60): 72.

[84] MARTIN C. Not all bad: an historical perspective on software patents [J] . Michigan Telecommunications and Technology Law Review, 2005 (11): 191–246.

[85] MATTHEW M. The uspto's sisyphean plan: increasing manpower will not match artificial intelligence's inventive capabilities [J] . Texas Law Review, 2018 (96): 873–889.

[86] PAUL R G. Quick decisions in patent cases [J] . Georgetown Law

Journal, 2018（106）: 619–681.

[87] PAUL T B. The "monkey selfies": reflections on copyright in photographs of animals [J]. U.C. Davis Law Review Online, 2018（52）: 103–117.

[88] PETER M K. When the invention is an inventor: revitalizing patentable subject matter to exclude unpredictable processes [J]. Minnesota Law Review, 2008（93）: 779–814.

[89] PETER S M. The challenges of reforming intellectual property protection for computer software [J]. Columbia Law Review, 1994（94）: 2644–2654.

[90] PHILIP M D. Three cheers for trekonomics: the future of copyright doctrine according to star athletica and star trek [J]. Cornell Journal of Law & Public Policy, 2017（27）: 207–233.

[91] RICHARD D M. High technology legislation as an eighteenth century process [J]. Stanford Law and Policy Review, 1994（6）: 17–22.

[92] ROBERT C D. Ex machina: copyright protection for computer-generated works [J]. Rutgers University Law Review, 2016（69）: 251–286.

[93] ROBERT W K, MICHAEL J R. The semiconductor chip protection act of 1984: a swamp or firm ground [J]. Minnesota Law Review, 1985（70）: 417–470.

[94] ROBIN C M. Cause of action against possessor of land for injury or death suffered in diving accident [J]. Causes of Action First Series, 1982（12）: 723.

[95] ROELAND D B. Autonomous intelligent cars on the european intersection of liability and privacy [J]. European Journal of Risk Regulation, 2016 (7): 485–501.

[96] RUSS P. Recognizing artificial intelligence (AI) as authors and inventors under U.S. intellectual property law [J]. Richmond Journal of Law and Technology, 2018 (24): 1–37.

[97] RYAN A. Everything is obvious[J]. UCLA Law Review, 2019(66): 2–51.

[98] RYAN C. Robotics and the lessons of cyberlaw [J]. California Law Review, 2015 (103): 513–562.

[99] SAAHIL D, AMULYA C. Printing a revolution: the challenges of 3D printing on copyright [J]. George Washington Law Review Arguendo, 2016 (64): 68–94.

[100] STEPHEN H. Patents and the wealth of nations [J]. George Mason Law Review, 2016 (23): 811–835.

[101] STEVEN G. Gene patents and the death of dualism [J]. Southern, 1996(5): 25–40.

[102] STEVEN G. The reluctant embrace: law and science in America [J]. Georgetown Law Journal, 1987 (75): 1341–1388.

[103] URS G. Recoding privacy law: reflections on the future relationship among law, technology, and privacy [J]. Harvard Law Review Forum, 2016 (130): 61–70.